西北民俗风情
旅游发展研究

梁旺兵 席武辉 著

中国社会科学出版社

图书在版编目（CIP）数据

西北民俗风情旅游发展研究/梁旺兵，席武辉著. —北京：中国社会科学出版社，2022.3

ISBN 978-7-5203-9892-3

Ⅰ.①西… Ⅱ.①梁…②席… Ⅲ.①民俗风情旅游—旅游业发展—研究—西北地区 Ⅳ.①F592.74

中国版本图书馆CIP数据核字（2022）第041212号

出 版 人	赵剑英	
责任编辑	孙　萍	
责任校对	夏慧萍	
责任印制	王　超	

出　　版	中国社会科学出版社	
社　　址	北京鼓楼西大街甲158号	
邮　　编	100720	
网　　址	http://www.csspw.cn	
发 行 部	010-84083685	
门 市 部	010-84029450	
经　　销	新华书店及其他书店	
印　　刷	北京明恒达印务有限公司	
装　　订	廊坊市广阳区广增装订厂	
版　　次	2022年3月第1版	
印　　次	2022年3月第1次印刷	
开　　本	710×1000 1/16	
印　　张	18.5	
插　　页	2	
字　　数	295千字	
定　　价	99.00元	

凡购买中国社会科学出版社图书，如有质量问题请与本社营销中心联系调换
电话：010-84083683
版权所有　侵权必究

自　序

西北地区是中国少数民族聚居最为集中的地区之一，民族旅游资源丰富。随着国家西部大开发战略的稳步推进，近30年来，西北地区民族旅游成为促进我国民族地区社会经济发展的重要产业，对国民经济具有战略性支撑作用。旅游业的发展不仅为当地经济发展注入了新的活力，促进了当地经济的增长，缓解了农村剩余劳动力的就业问题，推动了区域经济一体化的进程，而且在帮助民族地区摆脱贫困、实现跨越式发展，推进民族地区精准脱贫、实现全面建成小康社会方面起着举足轻重的作用。但是，随着民族地区旅游业的不断发展，旅游业的发展也给当地带来巨大的负面影响，如生态环境巨变、民族文化变迁、民族传统冲击等，民族地区的利益相关者生存保障等问题不断出现，其旅游发展模式的弊端逐渐暴露出来。西北民族地区的旅游业发展如何向生态效益、经济效益、文化效益与社会效益均衡发展模式转变，成为西北民族地区旅游发展实践中亟待解决的问题。

在当前有关民族旅游的相关研究文献中，大多数学者聚焦于民族地区某特定时间节点、单一案例地开展旅游发展及其影响研究，缺乏动态性对比追踪研究，针对西北地区民族旅游发展及影响的长时间跨度学术研究更呈滞后状态。对西北民族地区旅游发展及其对当地的经济、社会文化和环境影响进行研究，构建民族地区旅游影响评价指标和数学应用评价模型，及时掌握旅游业发展带来的正负面效应可以为我国民族地区尤其是西北民族地区旅游可持续发展等提供基础科学参照，对制定适合我国西北民族地区旅游业发展的产业发展政策、加强旅游业发展的宏观调控，实现我国西北民族地区旅游业的可持续发展具有重要意义。本书以我国西北地区民族旅游为主要研究对象，着重阐述了20多年来西北民族地区旅游的发展及其对当地经济、社会文化及环境带来的影响等，提出了西北民族地区旅游业发展的对策建议。

本书是在笔者主持的国家社科基金项目"20年来西北民族地区旅游发展及其影响研究"（项目编号：14BMZ069）的基础上，结合笔者多年从事民族旅游教学和研究及对我国西北民族地区旅游发展现状实地调研的基础上完成的。在笔者完成本书的过程中，笔者的研究生们承担了一部分内容。本书共分为六章，由梁旺兵总体设计并统稿。各章节分工如下：前言、第一章，梁旺兵；第二章，梁旺兵、席武辉；第三章，高璐、雷雪；第四章，曹智辉、席武辉；第五章，杜嘉伟、张馨月、申玲慧；第六章，魏欣、席武辉、梁旺兵。此外，我的研究生吴宇锋、秦旭、田红旭、易义湘等在引文的甄别、书稿的完善等方面做出了他们的贡献。在此，我谨向他们致以衷心的谢意！我还要特别感谢我的家人和同事，没有他们的支持和帮助，本书是不可能完成的。

笔者在撰写本书过程中，对国内外文献资料、政府工作报告、统计年鉴等二手资料进行参阅，在此，对所涉及的作者及相关人士表示崇高的敬意与诚挚的感谢！由于笔者水平有限，书中难免出现疏漏，敬请广大读者批评指正。

梁旺兵
2020年12月

目 录

第一章 绪论 ·· (1)

  第一节 研究背景 ·· (1)

    一 旅游业的迅猛发展 ·· (1)

    二 旅游扶贫任务艰巨 ·· (1)

    三 旅游影响感知研究的重要性 ···································· (2)

    四 西北民族地区旅游业可持续发展的需要 ······················ (2)

  第二节 研究意义 ·· (3)

    一 理论意义 ·· (3)

    二 实践意义 ·· (4)

  第三节 本书拟解决的关键问题 ·· (4)

    一 分析把握西北民族地区旅游影响规律，实现旅游发展
       向生态效益、经济效益、文化效益与社会效益的均衡
       发展模式转变 ·· (4)

    二 建立旅游影响的调控机制，引导民族地区旅游业的
       可持续发展 ·· (5)

    三 通过系统理论研究，由旅游影响评价模型分析旅游对
       西北民族地区的总体影响，并为西北民族地区旅游
       发展提出相对应的建议 ·· (5)

  第四节 研究方法与技术路径 ··· (5)

    一 研究方法 ·· (5)

    二 技术路径 ·· (7)

  第五节 国内外研究现状 ·· (7)

    一 国外民族地区旅游影响研究现状 ······························ (7)

二　国内民族地区旅游影响研究现状 …………………………（12）
　　三　西北民族地区旅游影响研究现状 ………………………（15）
　　四　民族地区旅游影响研究评述 ……………………………（18）

第二章　基本概念与理论基础 …………………………………………（21）
　第一节　基本概念 ………………………………………………（21）
　　一　旅游影响 …………………………………………………（21）
　　二　居民感知与态度 …………………………………………（21）
　　三　居民心理 …………………………………………………（22）
　　四　历时性研究 ………………………………………………（22）
　　五　民族社区 …………………………………………………（23）
　第二节　理论基础 ………………………………………………（24）
　　一　旅游地生命周期理论 ……………………………………（24）
　　二　"愤怒指数"理论与修正模型 ……………………………（24）
　　三　社区增权理论 ……………………………………………（26）
　　四　感知觉理论 ………………………………………………（27）
　　五　利益相关者理论 …………………………………………（27）
　　六　社会交换理论 ……………………………………………（28）
　　七　文化传播理论 ……………………………………………（29）
　　八　可持续发展理论 …………………………………………（30）
　　九　可持续生计理论 …………………………………………（31）

第三章　西北民族地区旅游发展的历程、现状及问题 ………………（32）
　第一节　民族地区旅游业发展现状 ……………………………（32）
　　一　民族地区旅游资源现状 …………………………………（32）
　　二　民族地区旅游发展概况 …………………………………（33）
　　三　民族地区旅游发展的政策保障 …………………………（35）
　第二节　西北民族地区旅游产业发展历程 ……………………（37）
　　一　探索初创期 ………………………………………………（37）
　　二　转轨规范发展期 …………………………………………（39）
　　三　成熟期 ……………………………………………………（41）

四　转型换代期 …………………………………………… (44)
　　五　西北民族地区旅游业发展的特征 ……………………… (52)
　第三节　西北民族地区旅游发展的现状及存在的问题 ………… (54)
　　一　西北民族地区旅游业发展现状 ………………………… (54)
　　二　西北民族地区旅游产业发展比较 ……………………… (54)
　　三　西北民族地区旅游产业发展存在的问题 ……………… (58)

第四章　西北民族地区旅游发展的总体影响研究 …………… (61)
　第一节　西北民族地区旅游发展的正面与负面影响
　　　　　研究 ………………………………………………… (61)
　　一　西北民族地区旅游发展产生的正面影响 ……………… (61)
　　二　西北民族地区旅游发展产生的负面影响 ……………… (63)
　第二节　西北民族地区各省旅游发展的影响研究 ……………… (66)
　　一　旅游发展对新疆民族地区的影响 ……………………… (66)
　　二　旅游发展对青海民族地区的影响 ……………………… (72)
　　三　旅游发展对宁夏民族地区的影响 ……………………… (75)
　　四　旅游发展对甘肃民族地区的影响 ……………………… (78)

第五章　西北民族地区旅游影响的实证研究 ………………… (85)
　第一节　西北民族地区旅游影响评价模型的构建 ……………… (85)
　　一　旅游影响评价模型的构建 ……………………………… (85)
　　二　旅游影响评价模型的验证 ……………………………… (85)
　第二节　基于居民感知的甘南藏族自治州旅游发展
　　　　　影响研究 …………………………………………… (88)
　　一　研究区域概况 …………………………………………… (88)
　　二　旅游地不同生命周期阶段的居民对旅游影响
　　　　感知分析 ……………………………………………… (91)
　　三　不同类型的居民对旅游影响的感知分析 ……………… (95)
　　四　不同文化背景的居民对旅游影响感知与态度的分析 …… (111)
　　五　居民对旅游影响感知的历时性研究 …………………… (126)
　　六　对甘南藏族自治州旅游影响的评价与建议 …………… (132)

第三节 旅游发展对拉卜楞镇居民身份认同与藏族女性的
       影响研究 …………………………………………… (134)
  一 研究区域概况 ……………………………………… (134)
  二 旅游影响下的拉卜楞镇居民身份认同嬗变研究 ……… (135)
  三 旅游发展对拉卜楞镇藏族女性的影响研究 ………… (149)
  四 结论 ………………………………………………… (160)
第四节 旅游发展对肃南裕固族民族文化变迁的影响
       研究 ……………………………………………… (161)
  一 研究区域概况 ……………………………………… (161)
  二 样本信度与效度分析 ……………………………… (162)
  三 旅游发展对裕固族文化变迁影响评价指标体系
     构建 ………………………………………………… (165)
  四 旅游发展对肃南裕固族文化变迁的影响 …………… (172)
  五 结论 ………………………………………………… (176)
第五节 旅游发展对民族社区居民生计方式与"旅二代"
       生活方式的影响研究 …………………………… (177)
  一 研究区域概况 ……………………………………… (177)
  二 旅游影响下的民族社区居民生计方式的变迁研究 …… (177)
  三 旅游发展对民族社区"旅二代"生活方式的
     影响研究 …………………………………………… (214)

第六章 西北民族地区旅游影响调控机制的构建及
       对策建议 ………………………………………… (251)
  第一节 西北民族地区旅游影响调控机制的构建 ………… (251)
    一 西北民族地区旅游影响调控的内容 ……………… (251)
    二 西北民族地区旅游影响调控的原则 ……………… (252)
    三 西北民族地区旅游影响的作用机制 ……………… (255)
    四 西北民族地区旅游影响调控机制 ………………… (259)
    五 基于利益相关者旅游发展调控方案 ……………… (261)
  第二节 西北民族地区旅游业发展的对策建议 …………… (262)
    一 加强西北民族地区区域内的基础设施建设 ……… (263)

二　结合当地民族文化，开发有特色的旅游产品 …………（263）
三　结合民族特色，塑造旅游形象 ……………………………（264）
四　处理好旅游资源开发与环境保护的关系 …………………（264）
五　加强居民旅游感知态度监测 ………………………………（264）
六　加快培养当地旅游人才 ……………………………………（265）
七　深层次挖掘民族特色文化 …………………………………（265）
八　面向区域可持续发展，合理开发旅游资源 ………………（266）

参考文献 ……………………………………………………………（267）

附录1　旅游发展对民族社区"旅二代"生活方式的
　　　　影响访谈提纲 ………………………………………（276）

附录2　旅游影响下民族社区居民生计结果访谈提纲 ……………（277）

附录3　旅游影响下民族社区居民生计调查问卷 …………………（279）

图 目 录

图 1　研究技术路线 ……………………………………………（7）
图 2　巴特勒的旅游地生命周期模型 …………………………（25）
图 3　旅游主客社会交换模型 …………………………………（29）
图 4　1990—2006 年新疆入境旅游人数折线 …………………（38）
图 5　2001—2007 年新疆旅游业总收入情况
　　　（单位：亿元人民币）……………………………………（42）
图 6　2001—2010 年宁夏国内旅游人数 ………………………（42）
图 7　2001—2010 年宁夏国内旅游收入 ………………………（43）
图 8　2017 年青海省旅游收入与增长率 ………………………（48）
图 9　2017 年青海省旅游总人数与增长率 ……………………（48）
图 10　2011—2017 年甘肃省旅游业总收入与增长率变化 ……（50）
图 11　2011—2017 年甘肃省旅游总人数与增长率变化 ………（50）
图 12　2011—2017 年甘肃省旅游收入占全省 GDP 比重变化 …（51）
图 13　2011—2017 年甘肃省旅游综合收入与全省 GDP ………（51）
图 14　宁夏回族自治区地区生产总值构成 ……………………（76）
图 15　宁夏回族自治区就业人员结构 …………………………（76）
图 16　旅游影响评价模型 ………………………………………（86）
图 17　地缘结构比例 ……………………………………………（97）
图 18　不同地缘对经济维度的感知 ……………………………（98）
图 19　不同地缘对社会文化维度的感知 ………………………（99）
图 20　不同地缘对环境生态维度的感知 ………………………（100）
图 21　性别结构比例 ……………………………………………（101）
图 22　不同性别对经济维度的感知 ……………………………（101）

图23　不同性别对社会文化维度的感知 …………………………（102）
图24　不同性别对环境生态维度的感知 …………………………（103）
图25　年龄结构统计 ………………………………………………（104）
图26　不同年龄人群对经济维度的感知 …………………………（104）
图27　不同年龄人群对社会文化维度的感知 ……………………（105）
图28　不同年龄人群对生态环境维度的感知 ……………………（106）
图29　民族结构比例 ………………………………………………（122）
图30　不同民族对经济维度的感知 ………………………………（122）
图31　不同民族对社会文化维度的感知 …………………………（123）
图32　不同民族对环境生态维度的感知 …………………………（124）
图33　拉卜楞镇当地居民身份认同嬗变影响因素感知
　　　雷达 ………………………………………………………（145）
图34　旅游地当地居民身份认同影响因素系统 …………………（146）
图35　2006年夏河县收入结构 ……………………………………（188）
图36　2013年夏河县收入结构 ……………………………………（188）
图37　2018年夏河县收入结构 ……………………………………（189）
图38　2011—2018年夏河县消费品零售总额及增速 ……………（189）
图39　夏河县第三产业收入变化（单位：亿元）………………（190）
图40　拉卜楞镇受访居民生计资本计算结果 ……………………（194）
图41　旅游发展对民族社区"旅二代"生活方式影响的
　　　理论模型 …………………………………………………（233）

表 目 录

- 表1 2000—2016年民族地区各省份国内旅游接待人数逐年增长率（单位:%） ……（33）
- 表2 2000—2016年民族地区各省份国内旅游收入逐年增长率（单位:%） ……（34）
- 表3 我国民族地区旅游发展政策与法规 ……（35）
- 表4 新疆民族地区入境旅游消费及构成（单位：万美元、%） ……（46）
- 表5 2012—2017年甘肃旅游产业发展的主要指标 ……（49）
- 表6 2018—2020年甘肃省旅游综合收入预测表 ……（51）
- 表7 长三角地区和西北地区的民族旅游产业发展 ……（56）
- 表8 新疆旅游业发展状况 ……（67）
- 表9 1978—2015年甘肃省历年生产总值构成 ……（79）
- 表10 甘肃省国内旅游情况 ……（81）
- 表11 甘肃省民族自治地方生产总值（单位：万元） ……（82）
- 表12 甘南藏族自治州旅游影响感知评价统计 ……（87）
- 表13 调查指标可靠性检测统计 ……（96）
- 表14 最终聚类中心 ……（96）
- 表15 不同地缘对经济维度的感知 ……（98）
- 表16 不同地缘对社会文化维度的感知 ……（99）
- 表17 不同地缘对环境生态维度的感知 ……（100）
- 表18 不同性别对经济维度的感知 ……（101）
- 表19 不同性别对社会文化维度的感知 ……（102）
- 表20 不同性别对环境生态维度的感知 ……（103）

表21	不同年龄人群对经济维度的感知	(104)
表22	不同年龄人群对社会文化维度的感知	(105)
表23	不同年龄人群对生态环境维度的感知	(106)
表24	甘南州与临夏州居民旅游影响感知差异	(112)
表25	甘南州居民对旅游影响感知与态度的相关分析	(115)
表26	临夏州居民对旅游影响感知与态度的相关分析	(116)
表27	甘南州居民旅游影响感知与态度的逐步多元线性回归分析	(117)
表28	甘南州居民影响感知各项与态度的逐步多元线性回归分析	(118)
表29	临夏州居民旅游影响感知与态度的逐步多元线性回归分析	(119)
表30	临夏州居民影响感知具体项与态度的逐步多元线性回归分析	(120)
表31	不同民族对经济维度的感知	(122)
表32	不同民族对社会文化维度的感知	(123)
表33	样本人口学特征统计 N=450	(136)
表34	人口统计学特征调查表	(151)
表35	可靠性高低对照	(152)
表36	旅游发展对藏族女性影响的调查问卷信度检验	(152)
表37	藏族女性对拉卜楞镇当地旅游业发展的态度分析	(153)
表38	拉卜楞镇旅游发展对藏族女性的经济影响	(154)
表39	拉卜楞镇旅游发展对藏族女性的社会文化影响	(155)
表40	拉卜楞镇旅游发展对藏族女性的家庭影响	(155)
表41	肃南裕固族自治县旅游业发展调查人口学统计	(163)
表42	肃南裕固族自治县社会文化要素变迁数据统计	(165)
表43	肃南裕固族自治县社会文化变迁要素统计	(166)
表44	指标均值及标准差	(168)
表45	物质文化相关性	(169)
表46	民族文化变迁的影响评价指标体系表	(169)
表47	一级评价指标权重及一致性	(170)

表 48	二级指标权重及一致性	(171)
表 49	二级指标权重及一致性	(171)
表 50	二级指标权重及一致性	(171)
表 51	生计结果评价指标体系	(178)
表 52	民族社区可持续生计分析框架指标体系	(180)
表 53	可持续生计结果测量指标编码	(184)
表 54	访谈人员统计	(185)
表 55	2006年、2013年、2018年经济收入结构统计（单位：亿元）	(187)
表 56	拉卜楞镇社区生计变迁表现	(190)
表 57	拉卜楞镇旅游开发前后生计活动对比	(192)
表 58	拉卜楞镇受访居民生计资本计算结果	(193)
表 59	2018年年末夏河县常住人口及构成	(194)
表 60	拉卜楞镇居民生计变迁具体表现	(198)
表 61	样本描述性统计结果（N=291）	(203)
表 62	生计结果量表信度分析	(204)
表 63	生计结果量表的KMO和Bartlett's检验	(206)
表 64	生计结果量表的总方差解释	(206)
表 65	旋转后的成分矩阵	(207)
表 66	不同性别差异性分析	(208)
表 67	不同年龄差异性分析	(208)
表 68	不同学历差异性分析	(209)
表 69	不同收入差异性分析	(209)
表 70	验证性因素分析结果	(210)
表 71	访谈对象基本信息	(216)
表 72	开放性编码分析（示例）	(218)
表 73	主轴性编码分析	(230)
表 74	选择性编码分析	(231)

第一章

绪　　论

第一节　研究背景

一　旅游业的迅猛发展

在整个经济下行大环境中,新发展速度、新发展动力、新经济发展引擎和供给侧结构性改革,使中国经济在新常态下做出了重大调整。中国的旅游业发展态势依然迅猛,进入大众旅游的新时代后,消费成为经济增长的强大动力,旅游业有望成为中国经济增长的新引擎。旅游业是新兴服务业中的代表行业,在我国经济结构优化升级中作用重大,再加上各种旅游政策、法律法规的相继出台,旅游业的发展成为经济发展的新引擎和新动力,全力支持和发展旅游业也成为当前我国政府的重大举措。

二　旅游扶贫任务艰巨

2021年2月25日,习近平总书记在全国脱贫攻坚总结表彰大会上宣布我国脱贫攻战取得了全面胜利。而如何防范贫困地区返贫则成为一个新的重大任务。在中国庞大的贫困人口中,西部少数民族地区贫困人口数量巨大,如何以旅游带动当地经济的发展,以旅游为动力,防止贫困地区返贫,成为各地政府在"十四五"中要解决的重要问题之一。民族地区旅游作为旅游产业的重要组成内容,其发展直接影响到一个国家旅游产业发展进程与品质,少数民族地区独特的自然和人文景观使旅游业得到了较快发展。

三　旅游影响感知研究的重要性

我国对旅游影响的研究晚于国外学者，国外学者对旅游影响的研究开始于20世纪50年代，最初关注的是旅游的经济影响，逐渐开始研究旅游对文化和环境的影响，直至目前旅游研究的重要领域是旅游发展对目的地的效应。近年来旅游的迅猛发展给目的地带来了巨大的经济效益，大大提升了当地居民的生活水平，更是为经济发展落后地区的发展带来了生机。与此同时，发展旅游业也不可避免地给旅游目的地带来了众多消极影响，如环境的破坏、对当地传统文化的冲击以及贫富差距的增大等。在这样的背景下，旅游目的地的居民对于发展旅游的态度成为旅游可持续发展至关重要的因素。因此，对于旅游目的地居民的旅游影响感知的相关研究日益成为众多学者的研究焦点和研究热点。

四　西北民族地区旅游业可持续发展的需要

西北地区自古以来就是一个多民族聚居的区域，多民族在这里创造了灿烂的文化。西北民族地区主要是指甘肃、宁夏、青海和新疆的民族地区。经过近30年的发展，西北民族地区旅游业的发展不仅为当地经济发展注入了新的活力，促进了当地经济的增长，缓解了农村剩余劳动力的就业问题，推动了区域经济一体化的进程，而且在帮助民族地区摆脱贫困、实现跨越式发展，推进民族地区精准脱贫等方面也有了重大突破，推动着小康社会的全面建设。

旅游业在推动西北民族地区发展的过程中虽然做出了一定的贡献，但由于其自身条件的先天性不足，且西北地区社会经济发展与东部沿海地区相差较大，因而存在着许多问题。首先，西北民族地区虽然拥有着丰富的自然和人文旅游资源，但是在人才、资金等方面严重缺乏，导致旅游产业整体开发层次较浅，旅游发展还停留在传统发展的基本模式之中，旅游市场狭窄。其次，民族旅游中最具核心吸引力的民族文化在旅游的发展过程中发生了潜移默化的变化，民族文化同质化严重，过度注重旅游经济的增长导致民族文化商品化，过度迎合游客导致民族文化汉化。最后，旅游对西北民族地区的影响十分复杂，西北民族地区的技术、政策跟不上发展的需要，旅游影响调控手段尚不完善。因此，研究旅游影响是实现西北民族地区可持续发展的当务之急。

第二节 研究意义

在我国民族地区，旅游业的发展给当地带来了巨大的经济增长。但是，随着民族地区旅游业的不断发展，旅游也给当地带来了巨大的影响，如生态环境巨变、民族文化变迁、民族传统冲击等，民族地区的利益相关者生存保障等问题不断出现，其旅游发展模式的弊端逐渐暴露出来。目的地的旅游发展如何向生态效益、经济效益、文化效益与社会效益均衡发展模式转变，成为我国旅游目的地旅游可持续发展理论与实践中亟待解决的问题。

一 理论意义

民族旅游开发主要是以少数民族地区的文化资源为基础，旅游开发和再生产成本较低，可以说是一种高效的新型经济发展方式，许多民族地区依托多姿多彩的民族文化风情实现了脱贫致富。在现有的相关文献研究中，大多数学者对民族地区的旅游影响研究更多的是对某一个时间或某一个地点进行的分析，整体缺乏对一个旅游目的地的长时间跟踪研究，本研究通过对西北民族地区近二十年的旅游影响进行对比跟踪研究，完善学术界对民族旅游影响研究的不足，在一定程度上丰富了民族旅游和旅游可持续发展的理论体系，拓宽了其研究内容和涉猎丰富度。

对民族地区旅游经济、社会文化和环境影响的研究，不仅在完善旅游影响的理论基础上有一定的意义，更对旅游目的地本身也有不可忽视的重要意义。研究旅游目的地居民对旅游影响的感知不仅仅有助于增加目的地的吸引力，改善当地人文环境，更有助于增加游客的体验满意度，促进旅游目的地旅游产品的开发、销售和市场的开拓。旅游影响是一个长期、动态的过程，旅游影响及其影响因素能够为目的地政府、旅游管理者、当地居民和游客实现共赢的局面，同时为西北民族地区旅游业的发展提供一定的借鉴意义。

二 实践意义

民族地区的发展不仅要靠国家的帮助与扶持,更重要的是要利用自身优势与社会各界的共同发展。目前,旅游业已经成为我国经济发展的战略性支柱产业,民族旅游也成为民族地区发展经济摆脱贫困的重要举措。在此背景下通过对民族地区近20年来旅游影响的跟踪调查研究,构建民族地区旅游影响评价指标和数学应用评价模型,可以为我国民族地区旅游可持续发展等提供基础科学参照,也能更及时了解居民对旅游影响的感知与态度,及时掌握旅游业发展产生的正负面效应,制定适合地区发展的旅游产业发展政策,加强旅游业宏观调控,从而实现民族地区旅游的可持续发展。

甘南藏族自治州的旅游活动的开展在很大程度上都依赖于景区内的居民,游客在甘南藏族自治州的一切旅游活动与当地居民的交流非常密切,为了当地旅游业的可持续发展和环境保护,需协调好旅游开发过程中各利益群体之间的利益分配,处理好政府与居民、居民与游客之间的关系,这样才有利于当地政府和旅游管理部门制定有利于发展的方针策略,促进整个西北地区旅游产业的发展。西北民族地区拥有着十分丰富的自然和人文旅游资源,可替代性不强,但是旅游发展对西北民族地区的消极影响日渐突出,旅游管理部门的正确引导及其调控十分必要。因此,研究旅游业对西北民族地区带来的影响以及当地居民对旅游的感知与态度就显得尤为重要。

第三节 本书拟解决的关键问题

一 分析把握西北民族地区旅游影响规律,实现旅游发展向生态效益、经济效益、文化效益与社会效益的均衡发展模式转变

旅游目的地是一个地区发展旅游业的重要载体,对旅游的影响研究有助于处理居民、旅游开发者和政府之间的相互利益关系,保证旅游目的地合理开发。旅游的发展可能引起当地居民对旅游影响的认知和对旅游业发展态度的改变,利益主体的感知是评价旅游目的地可持续发展的

核心标准之一。旅游产业实现生态、经济、文化三大效益的均衡发展是旅游目的地的根本目标,通过对西北民族地区旅游发展的影响研究,分析其形成的最关键因素,把握旅游影响的基本规律,探索民族地区旅游业实现可持续发展的发展模式。

二 建立旅游影响的调控机制,引导民族地区旅游业的可持续发展

旅游影响即旅游效应,是指旅游业在发展的过程中引起的各种积极的和消极的影响,其中不但包括对旅游活动的体验性和目的地整体的影响,更重要的是对各个利益相关者产生的影响,而后者便是旅游活动的外部影响,它是旅游影响研究尤其需要给予关注的方面。根据研究结果,旅游业发展对甘南藏族自治州主要是经济方面、社会文化方面和环境方面的影响,且影响程度都较大,也导致了相当一部分负面影响的产生。民族地区要实现旅游业的可持续发展就必须正确面对旅游影响的冲击,尽早建立行之有效的旅游影响调控机制,保持积极影响继续发展,在互联网技术发展的背景下合理调控、减少负面影响,使目的地旅游业朝着健康良好的态势发展。

三 通过系统理论研究,由旅游影响评价模型分析旅游对西北民族地区的总体影响,并为西北民族地区旅游发展提出相对应的建议

科恩1978年就曾提出,把注意力都集中放在旅游的负面影响上是过分强调消极方面,应考虑到旅游对目的地整个社会的综合贡献。本研究旨在通过系统的理论研究和实践调查研究,将研究内容有机融合,通过旅游影响评价模型分析旅游对西北民族地区的总体影响,系统地、完整地对民族地区旅游影响进行归纳整理,进而对西北民族地区旅游发展提出针对性策略和发展战略。

第四节 研究方法与技术路径

一 研究方法

通过对样本点目的地居民和游客的全程跟踪调查,采用定性与定量

相结合的方法，运用实地调查、访谈、因子分析、聚类分析、层次分析与模糊分析相结合的方法，对民族地区旅游影响进行分析。定性分析主要表现在对影响因素和现象的属性归类、解释及作用机制的分析；定量分析主要表现在对影响目的地的某些因子的数量分析和旅游对民族地区影响效应的模糊综合评判。

（一）文献综述法

本研究对国内外相关著作、调查报告、期刊、学术论文等进行查阅，归纳了目前相关研究的主要范式和方法，充分了解了案例地甘南藏族自治州、肃南裕固族自治县、临夏回族自治州等地的旅游发展历史，尤其是民族旅游和居民感知的相关文献资料，完整地、系统地整理发展现状，为本研究的后期分析建立了坚实的基础。

（二）问卷调查与深度访谈

本研究的数据主要来源于笔者及其项目成员多次实地调研和深度访谈所获得的第一手资料。研究组先后多次进入甘南藏族自治州、临夏回族自治州、裕固族自治县进行实地考察，与当地居民进行深度交流与沟通，体验当地居民的日常生活和劳作方式。

（三）统计分析法

本研究的数据处理主要运用 SPSS 和 Excel，采用了描述性统计分析法、因子分析法、聚类分析法、单因素方差变量以及样本比较检验和线性回归分析等，对评价模型采用层次分析与模糊分析、聚类分析法等，保证研究结论的准确性与可信度。

（四）扎根理论法

扎根理论是由哥伦比亚大学的 Anselm Strauss 和 Barney Glaser 两位学者于 1964 年在研究临终照护机构中医护人员处理临终病人的一项田野调查中首次应用的，并于 1967 年在《扎根理论之发现：质化研究的策略》一书中首次提出。扎根理论属于定性研究方法，其实质就是在文本资料、经验资料的基础上进行信息编码，然后针对研究问题建立理论模型并进行维度分析。这种自下而上建立实质理论的方法，能更好地在全面收集资料的基础上，发现反映研究问题或现象的本质核心概念，科学合理地利用各个概念间的联系建构成相关的理论模型。

二 技术路径

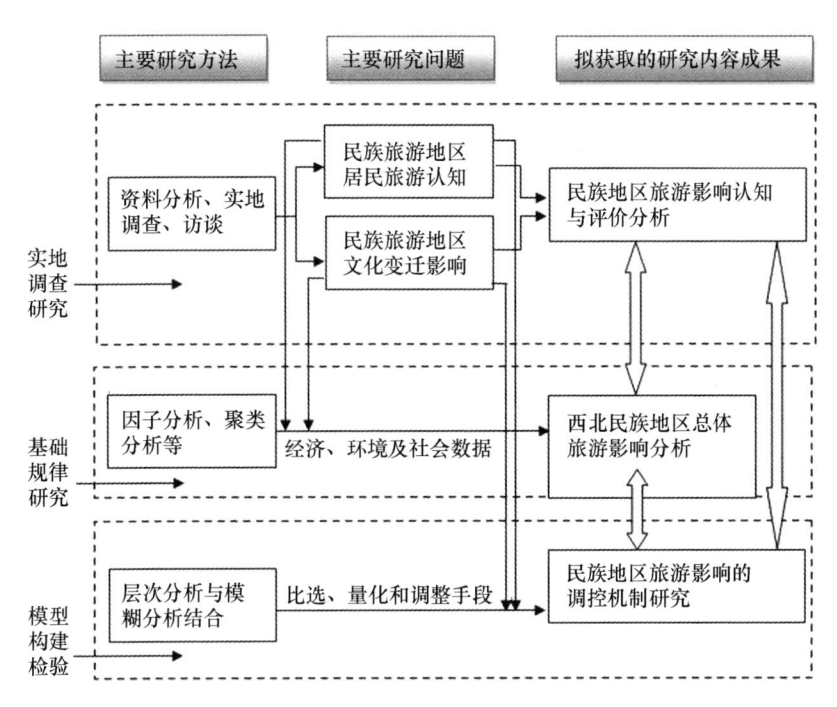

图1 研究技术路线

第五节 国内外研究现状

一 国外民族地区旅游影响研究现状

1973年的《东道主与游客》一书可以说是拉开了研究旅游影响的序幕，随后学术界关于旅游影响的研究逐渐增多，并且一直是相关领域的热点问题。国外关于旅游影响的研究涉及人类学、社会学、经济学、地理学等各个学科和领域，其研究主要集中在居民对旅游影响的感知与态度、相关理论等方面。

（一）旅游影响研究的内容

国外关于旅游影响研究的内容主要包括经济影响、社会文化影响和环境影响三个方面。

经济影响。旅游对经济的影响主要分为积极影响和消极影响,积极方面主要包括旅游促进经济增长、提供就业机会等,消极方面主要包括物价上涨、外汇漏损等。Bofssevain 研究发现,旅游业给当地居民提供了大量就业机会,有效避免了当地人员外出务工,对维持社会稳定具有重要意义。[1] Archer 首次提出了"旅游经济的乘数效应"用来研究旅游在经济方面带来的影响。[2] Keogh B. 对加拿大民族地区进行调查发现,旅游发展振兴了当地的经济发展,作用巨大。[3] Perver 研究发现在旅游业中从事低级或低收入工作的主要是土著居民,旅游的发展严重制约了当地居民获得劳动技能和利益的机会。[4] Akis 在塞浦路斯的研究表明居民对经济利益的感知最为明显,旅游增加就业机会、降低失业率、增加税收,带来了更多的商机。[5] Oppermann M. 研究发现,德国的南部乡村旅游季节性强、基础设施不够完善等条件阻碍了当地经济水平的发展,同时,当地的旅游企业规模较小、就业层次较低、居民收入水平有限。[6] Ross E 对旅游业与社区和政府税收之间的关系进行了研究。[7] Mark 在爪哇岛的社区研究发现社区居民多数在景区附近从事商业活动,获取经济收益。[8]

---

[1] Boissevain. J., "The Impact of Tourism on an Dependent Island: Gozo, Malta", *Annals of Tourism Research*, Vol. 6, No. 1, January 1979, p. 76.

[2] Archer, "Tourism Multipliers: The State of the Bangor", *Occasional Papers Economics*, Vol. 5, No. 11, May 1980, p. 85.

[3] Keogh B., "Social Impacts of Outdoor Recreation in Canada", *Toronto: John Wiley Press*, 1985, p. 23.

[4] Perver Korca, "Resident Attitudes toward Tourism Impacts", *Annals of Tourism Research*, Vol. 23, No. 3, July 1996, p. 696.

[5] Akis S., N. Peristianis, J. Warner, "Residents Attitudes to Tourism Development: The Case of Cyprus", *Tourism Management*, Vol. 17, No. 7, December 1996, p. 485.

[6] Oppermann M., "Rural Tourism in Southern Germany", *Annals of Tourism Research*, Vol. 23, No. 3, October 1996, p. 90.

[7] Ross E. Mitchell, Donald G. Reid, "Community Integration: Island Tourism in Peru", *Annals of Tourism Research*, Vol. 28, No. 1, January 2001, p. 120.

[8] Mark R. Hampton, "Heritage: Local Communities and Economy Development", *Annals of Tourism Research*, Vol. 32, No. 4, May 2005, p. 212.

社会文化影响。旅游影响中研究体量最大、内容最多的是对社会文化影响的研究，主要集中在对当地居民社会文化变迁、社区依恋、民族自尊心等方面的关注，尤其是民族地区旅游发展的研究，文化是研究的重中之重。Mathieson. A.、G. Wall 研究认为旅游的社会文化影响主要发生在旅游目的地。[1] David Jamison 经过研究得出：旅游的发展促进了种族关系的缓和发展、文化交流和拓宽视野。[2] Pierre L. van den Berghe 对印第安人的相关研究表明：民族旅游过程中当地土著居民的社会地位逐渐提高而不是下降，相比之前较少受到不公平待遇。[3] Robes Yiping Li 对加拿大温根遗址公园进行研究，分析得出政府、企业和社区的管理能力在旅游业的发展中不断提高。[4] Besculides 旅游的发展实现了多种利益的均衡发展，对旅游地的传统文化复兴具有促进作用。[5] C. A. Santos and G. Yan 通过分析芝加哥唐人街汉文化景观在后现代市场需求与商品化语境下的创造性破坏过程，认为一切的活动都与旅游活动有着紧密的关系。[6] Jennifer Devine 研究发现拉丁美洲危地马拉的许多餐馆雇用非土著妇女，她们穿着当地玛雅服饰吸引前来旅游的游客，让游客体验到土著文化。[7]

环境影响。旅游在让目的地生态环境得到重视和保护的同时，不断涌入的游客产生的旅游垃圾和不文明行为也破坏了目的地的自然与社会文化环境。Hawkins J. 通过对危地马拉的实证研究表明，旅游事业像鹅

---

[1] Mathieson. A., G. Wall, "Tourism: Economic, Physical and Social Impacts", *Harlow: Longman*, 1982, p.112.

[2] David Jamison, "Tourism and Ethnicity: the Brotherhood of Coconuts", *Annals of Tourism Research*, Vol.26, No.4, October 1999, p.944.

[3] Pierre L. van den Berghe, "Marketing Mayas: Ethnic Tourism Promotion in Mexico", *Annals of Tourism Research*, Vol.22, No.3, July 1995, p.568.

[4] Robes Yiping Li, "Ethnic Tourism: A Canadian Experience", *Annals of Tourism Research*, Vol.27, No.1, January 2000, p.115.

[5] Besculides A., M. Lee, P. McCormick, "Residents Perceptions of the Cultural Benefits of Tourism", *Annals of Tourism Research*, Vol.29, No.2, April 2002, p.303.

[6] C. A. Santos, G Yan, "Representational Politics in Chinatown: the Ethnic Other", *Annals of Tourism Research*, Vol.35, No.4, October 2008, p.879.

[7] Jennifer Devine：《拉丁美洲的旅游与社会文化变迁》，张进福译，《旅游学刊》2013年第28期。

一样,在下金蛋的同时也弄脏自己的巢。[1] Liu 研究认为,旅游业发展维护了旅游地的生态环境,自然资源得到了有效的保护,文化得到有效利用,社区环境改善。[2] Rafael Marks 通过对坦桑尼亚的石头城进行的为期十年的研究,发现旅游发展会一味迎合游客需求,导致原始建筑的大量拆除和改建,破坏石头城的原有社会生态系统。[3] Ross S. 和 Wall G. 研究认为旅游活动相当复杂,造成的环境影响较难评估。[4] Linda E. 认为旅游活动的无序进行会严重破坏当地的社会环境。[5]

(二) 旅游影响的理论研究

国外学者在研究旅游影响感知方面运用了大量相关的科学理论,Butler 的旅游地生命周期理论是旅游研究者在研究过程中使用最为广泛的理论模型。[6] Doxey 于 1982 年提出了"愤怒指数"理论,Milligan 在 1985 年对"愤怒指数"理论进行了修正,他们都认为旅游目的地居民对旅游影响的感知与态度因旅游发展的阶段不同而不同,居民对旅游业的发展态度大致是由积极向消极转变。[7] Smith 将居民划分为不同的类型,将旅游影响的感知与态度归因于个人特质。[8] John A. P. 的社会交换理论和 Freeman 的利益相关者理论认为旅游活动的开展是建立在社会

---

[1] Hawkins J., "Inverse Images: The Meaning of Culture, Etlmicity and Family in Postcolonial Guatemala", *Albuquerque: University of New Mexico Press*, 1983, p. 133.

[2] Liu J. C., P. J. Sheldon, T. Var, "Residents Perceptions of the Environmental Impacts of Tourism", *Annals of Tourism Research*, Vol. 14, No. 1, April 1987, p. 17.

[3] Rafael Marks, "Conservation and Community: the Contradictions and Ambiguities of Tourism In the Stone Town of Zanzibar", *Habitat Intl*, Vol. 20, No 2, June 1996, pp. 265 – 278.

[4] Ross S., Wall G., "Evaluation Ecotourism: The Case of North Sulawesi, Indonesia", *Tourism Management*, Vol. 20, No. 6, Vol. 20, No. 6, December 1999, p. 673.

[5] Linda E. Kruger, "Community and Landscape Change in Southeast Alaska", *Landscape and Urban Planning*, Vol. 72, No. 1, April 2005, p. 235.

[6] Butler. R. W., "The Conception of a Tourist Area Cycle of Evolution: Implications for the Management of Resources", *Canadian Geographer*, Vol. 24, No. 3, December 1980, p. 78.

[7] Doy. G., "A Causation Theory of Visitor – resident Irritants, Methology and Research", *Proceedings of the Travel and Tourism Research Association Conference*, San Diego, 1975.

[8] Smith. M. D., Krannich. R. S., "Tourism Dependence and Resident Attitude", *Annals of Tourism Research*, Vol. 4, No. 4, October 1998, p. 783.

交换和利益的基础上的,旅游的发展是用牺牲社会环境来换取经济收益。①② Pearce 的社会表征(象)理论认为,居民的感知和态度原因是多种多样的。③

(三) 旅游影响的研究方法

随着研究者的不断探索,居民旅游影响感知与态度的研究由定性研究向定量研究不断转化,研究方法不断量化,各种模型被运用到旅游研究当中。Lichty 和 Steinnes 在经济学的基础上提出了投入产出模型,这是比较早的研究模型,在美国明尼苏达州 Ely 社区进行了实证研究,量化评价了该地区的旅游经济方面的影响。④ Deying Zhou 在 1997 年对原有的投入产出模型进行了优化,构建了 Computable General Equilibrium Model(简称 CGE 模型),对夏威夷的游客进行调查研究,进一步验证了该模型的准确性。⑤ Kim 在旅游影响研究模型上进行了不同维度的构建,对旅游影响进行了正、负面评价,随后有学者在其基础上增加了"固定价值"因子。⑥ 此外,戴维斯在 20 世纪 80 年代使用聚类法对居民的态度与感知进行聚类分析,将居民归类为热爱者、有理由的热爱者、谨慎热爱者、中立者、憎恨者五种类型。⑦ 尽管在居民感知与态度的评价体系方面的研究较多,但是也有不少研究者认为量表中的指标没有代表性、评价维度和尺度普适性不高,影响研究结论。

---

① Thoh A. P., "Residents Perceptions on Tourism Impacts", *Annals of Tourism Research*, Vol. 19, No. 4, 1992, p. 665.

② Freeman. R. E., "Strategic Management: A Stakeholder Approach", *Boston: Pitman*, 1982.

③ Pearce L. P., Mocardo G, "Tourism Community Analysis, Asking the Right Questions", London: Boutledge, 1999.

④ Lichty R. W., Steinnes D. N, "Measuring the Impact of Tourism on a Small Community", *Growth and Change*, Vol. 13, No. 2, 1982, p. 36.

⑤ Deying Zhou, John F. Yanagida, Ujjayant et al., "Estimating Economic Impacts from Tourism", *Annals of Tourism Research*, Vol. 24, No. 1, 1997, p. 76.

⑥ 邹统钎等:《旅游学术思想流派》,南开大学出版社 2008 年版。

⑦ David, Allen J. and Cosenza R. M., "Segmenting Local Residents by their Attitude Interests and Opinions toward Tourism", *Journal of Travel Research*, Vol. 24, No. 2, 1988, p. 8.

二 国内民族地区旅游影响研究现状

国内关于旅游影响的研究相对较晚，研究模式大多遵循国外的研究范式。

（一）旅游影响的理论基础研究

社会学相关理论是学者们在旅游影响研究中应用较多的理论，刘赵平通过对河北野三坡的调查研究，运用社会交换理论研究了旅游对当地社会文化的影响，居民在获得较高经济利益的情况下更容易接受旅游产生的负面影响。[1] 李志飞在社会交换理论的基础上研究了不同利益群体的旅游影响感知与态度，社区居民能够从旅游发展中真正的获益。居民是旅游目的地最重要的利益相关群体。[2] 林欣通过研究衡山的旅游发展，发现旅游效应的主要承担者就是当地居民，无论是积极影响还是消极影响，维护当地居民的相关利益才能保证旅游目的地健康有序发展。[3] 另外国外的相关理论也普遍应用于我国旅游影响研究中，比如"愤怒指数"理论、巴特勒旅游地生命周期理论等，杨二俊运用距离衰减规律解释了居民感知越强的分布在距旅游中心地越近的地方，感知越弱的离旅游地中心距离越远。[4]

（二）旅游影响研究的内容

经济影响。经济影响是研究者涉及最早的内容，其研究重点是旅游对经济发展的贡献，包括GDP、就业率、扶贫效率以及经济发展相关模式与发展策略等。魏小安对旅游的经济贡献进行了肯定，并分析出了如何培育旅游经济的增长点。[5] 张帆等研究了旅游产业对秦皇岛财政收

---

[1] 刘赵平：《社会交换理论在旅游社会文化影响研究中的应用》，《旅游科学》1998年第4期。

[2] 李志飞：《少数民族山区居民对旅游影响的感知和态度——以柴埠溪国家森林公园为例》，《旅游学刊》2006年第2期。

[3] 林欣：《基于居民感知视角的旅游影响研究——以南岳衡山为例》，硕士学位论文，湖南师范大学，2010年。

[4] 杨二俊：《藏区旅游地居民对旅游影响的感知研究——以夏河拉卜楞镇为例》，硕士学位论文，西北师范大学，2008年。

[5] 魏小安：《关于旅游业成为经济增长点的若干问题》，《旅游调研》1999年第3期。

入、就业率和外汇收入的贡献。① 赵秋红发现腾冲的旅游发展大幅度地促进了当地农业的发展以及居民收入、就业等。② 民族地区的研究中，马剑锋通过对黑龙江少数民族地区进行研究，发现旅游对民族地区经济发展影响更为显著，并提出了民族旅游发展的经济模式。③

社会文化影响。寻求文化差异、获得体验价值是旅游的本质，对社会文化影响的研究在我国起步较晚但成果颇丰。胡志毅、张兆干从社会文化方面研究了旅游地可持续发展的问题。④ 张波从人类学、社会学角度研究了旅游对目的地造成的负面效应以及社会文化变迁，探究了其演化变异的影响因素。⑤ 张文在总结旅游影响的基本格局的同时构建了社会文化影响的逻辑关系体系。⑥ 冯晓宪等以贵州省为例，运用唯物主义辩证分析了少数民族地区非物质文化遗产的开发与保护的关系。⑦ 孙九霞等以傣楼景观为研究对象，论述了旅游对傣族物质文化变迁及资本化的影响。⑧ 近年来关于社会文化保护的研究逐渐增多，何玲以墨竹工卡县甲玛乡赤康村为例，重点探讨了该地区旅游发展后的文化变迁与保护研究。⑨ 贺祥等调查了黔东南西江千户苗寨的居民对旅游影响的感知与态度，分析出旅游对当地社会文化的影响效应，结果显示旅游业的发展在经济方面的经济影响较大却减弱了居民的民族文化认同感，社会文化受到很大冲击，村寨民族文化同质化、商业化趋势明显。⑩ 苏静等从旅

---

① 张帆、王雷震、李春光：《旅游业对秦皇岛市社会经济的贡献研究》，社会科学文献出版社2003年版。
② 赵秋红：《腾冲旅游开发对农村发展的影响研究》，《云南地理环境研究》2005年第17期。
③ 马剑锋：《黑龙江省少数民族旅游经济发展初探》，《黑龙江民族丛刊》2010年第3期。
④ 胡志毅、张兆干：《社区参与和旅游业可持续发展》，《人文地理》2002年第17期。
⑤ 张波：《旅游对接待地社会文化的消极影响》，《云南师范大学学报》2004年第36期。
⑥ 张文：《旅游影响——理论与实践》，社会科学文献出版社2007年版。
⑦ 冯晓宪、晏妮、彭秀英：《贵州少数民族非物质文化遗产保护与旅游开发的辩证关系研究》，《贵州民族研究》2009年第6期。
⑧ 孙九霞、张倩：《旅游对傣族物质文化变迁及其资本化的影响——以傣楼景观为例》，《广西民族大学学报》（哲学社会科学版）2011年第153期。
⑨ 何玲：《旅游发展背景下的民族文化变迁与保护研究》，硕士学位论文，西南财经大学，2014年。
⑩ 贺祥、贺银花、蔡运龙：《旅游活动对民族文化村寨影响效应的研究——以贵州省西江苗寨为例》，《凯里学院学报》2013年第31期。

游发展的微观研究角度出发,研究了贵州从江县岜沙苗寨的社会关系在旅游发展前后的变化,通过个案研究发现旅游的发展改变了外部主体与目的地村民建立社会关系的方式,但并未改变原有居民之间的社会关系。[1]

环境影响。旅游对环境影响研究的体量较大、起点高,主要是对目的地旅游产生的环境消极影响的解析以及意见和建议,在民族地区环境方面研究较少。1996年刘晓冰等全面比较了国内外旅游环境影响的进展,为国内研究各区域旅游环境影响奠定了基础。[2] 蒋宗豪以黄山风景区为研究对象,指出其自然环境退化很大程度上是由游客造成的,包括生态破坏、容量超载、水污染等。[3] 吴士峰研究不同生活方式对环境的影响,发现旅游影响带来的生活方式的改变通过不同物质要素和不同的精神要素对环境产生相应的影响,物质要素作用越强,旅游对环境的负面影响就越大;精神要素作用越强,其对环境的保护作用越强。[4] 张丽通过对延边地区三个民俗村进行研究,感知越强的居民对环境影响的认识越强。[5]

(三) 旅游影响的评价体系及研究方法

国内对于旅游影响评价模型的研究相对较少,比较有代表性的是卢小丽、肖贵蓉通过对全球著名旅游学者的深度访谈和我国旅游目的地的实地调查考证,综合运用经济学和统计学分析方法开发了针对我国居民旅游影响感知的测量量表体系。[6] 张文等首先对于 Ap 等人构建的旅游效应评价体系进行了测试和检验,从而找出了一些不足,并在此基础

---

[1] 苏静、孙九霞:《旅游影响民族社区社会关系变迁的微观研究——以岜沙苗寨为例》,《旅游学刊》2017年第32期。
[2] 刘晓冰、保继刚:《旅游开发的环境影响研究进展》,《地理研究》1996年第15期。
[3] 蒋宗豪:《黄山风景区旅游容量及相关环境问题研究》,《农村生态经济》1996年第2期。
[4] 吴士峰:《西北民族地区不同生活方式对环境影响的时空比较研究》,硕士学位论文,兰州大学,2011年。
[5] 张丽:《延边地区民俗村居民对旅游影响的感知与态度研究》,硕士学位论文,延边大学,2012年。
[6] 卢小丽、肖贵蓉:《居民旅游影响感知测量量表开发的实证研究》,《旅游学刊》,2008年第6期。

上，选用了指数概念与乘积函数对德克萨斯的三个著名的旅游地社区进行调查，建立并净化了评价尺度。① 赵赞通过"原因—效应—响应"模型，探究了旅游对传统文化产生的冲击及作用机理，并且建构了旅游对少数民族地区原生文化冲击的 PSR 模型。② 黄玉理等在平遥、丽江古城等世界遗产地对当地居民旅游感知情况进行研究分析，运用 25 项评价指标分析得出世界遗产地居民对旅游的正面感知较负面感知强，大多数居民表示支持当地旅游发展。③ 薛尘琪等通过构建居民潜在旅游影响感知评价指标体系，对丹江口水库两岸居民的旅游影响感知进行了评价研究。④

三　西北民族地区旅游影响研究现状

对西北民族地区旅游影响研究的学者主要是本省或本地区的相关学者，研究人员较少，研究体量较小、文献数量少。其中将甘肃省民族地区作为研究对象的主要有以下成果：把多勋、杜敏以甘南藏族自治州为例研究了西北民族地区旅游产业对充分就业水平的影响，指出要使甘南州旅游资源优势转变为经济优势、产业优势，必须要调整旅游发展的战略结构、提高资金支持力度。⑤ 陈淑琳基于夏河县的实证分析，研究民族旅游对目的地社会文化的影响，研究发现旅游对目的地文化的影响是全面的，使民族地区少数民族居民衣食住行、宗教信仰、思想观念、节日庆典、行为组织等都发生了变化，同时也是有利有弊的，其中部分变迁有助于少数民族实现现代化、享受旅游发展带来的现代文明成果，而部分则明显弱化了文化特质，不利于旅游发展和居民生活，也对我国边

---

①　张文、唐飞：《评述 Ap 和 Crompton 的旅游影响评估尺度》，《北京第二外国语学院学报》2004 年第 24 期。
②　赵赞：《基于 PSR 模型框架下旅游发展对民族传统文化影响机制分析》，《中国农学通报》2010 年第 13 期。
③　黄玉理、龙良富、王玉琼：《我国世界遗产地居民对旅游影响感知与态度的比较研究——以平遥、丽江古城为例》，《人文地理》2008 年第 2 期。
④　薛尘琪、刘长运、范红艳：《目的地居民旅游感知态度研究——以丹江口水库南部东岸及南岸为例》，《地域研究与开发》2011 年第 30 期。
⑤　把多勋、杜敏：《西北民族地区旅游产业对充分就业水平影响研究——以甘南自治州为例》，《内蒙古财经学院学报》2009 年第 10 期。

疆文化安全形成了威胁（陈淑琳，2011）。① 史雯研究发现，跨文化旅游的发展为旅游业发展带来新的契机，使目的地政府更加注重生态环境的保护，同时也面临着游客过多和环境容量超载等问题。② 王录仓等以甘南藏族自治州郎木寺为例研究了旅游影响下的城镇空间转换问题，从同质同类转向到异质异类转向，旅游吸引力逐渐增强，游客数量激增，旅游目的地的社区空间结构发生了适应性的变化，空间转变和替演速度逐渐增强。③ 该课题项目负责人梁旺兵在2013年研究发现，旅游目的地居民对旅游的社会文化影响正面感知强于负面感知，旅游业造成民族文化的扭曲和传统价值观的冲击并没有引起当地居民的重视，2015年研究调查发现西北民族地区的居民普遍认为物价上涨，人与人之间的贫富差距正在不断地扩大，总体表现为居民生活的经济成本是增加的，且增加的幅度远远超过当地的通货膨胀率。在旅游影响评价模型方面，李惠惠运用多层次灰色评价方法，按照物质、行为、精神文化的逻辑顺序从三个层面对民族地区社会文化变迁的影响进行了探析，该模型的使用规避了层次繁复等难题，结论具有说服力和可信度，得出民族地区旅游对物质文化的影响最大，对行为文化的影响次之，对精神文化影响最为微弱的结论。④

除此之外，新疆、青海、宁夏、西藏等民族地区相关研究成果也十分丰富。席文娟以新疆那拉提风景区为例研究该地的旅游影响的居民感知与社区参与，在经济方面，旅游促进当地经济的发展，增加了就业机会，改善了基础设施，吸引了更多外来投资，居民对社会文化方面的影响持积极态度，对环境影响较为不满。⑤ 冯晓华等对喀纳斯景区少数民

---

① 陈淑琳：《民族旅游对目的地文化影响的研究——基于夏河县的实证分析》，硕士学位论文，西北民族大学，2011年。
② 史雯：《基于居民感知视角的跨文化旅游影响研究——以甘南藏族自治州为例》，硕士学位论文，西北师范大学，2012年。
③ 王录仓、李巍：《旅游影响下的城镇空间转向——以甘南州郎木寺为例》，《旅游学刊》2013年第28期。
④ 李惠惠：《基于多层次灰色评价方法的旅游对民族地区社会文化变迁的影响研究——以甘南藏族自治州为例》，硕士学位论文，西北师范大学，2015年。
⑤ 席文娟：《居民感知的旅游影响和社区参与研究——以新疆那拉提风景区为例》，硕士学位论文，新疆大学，2012年。

族进行调查研究，对湖边喀纳斯老村的部分少数民族家庭进行了问卷调查，从人口学基本特征出发，从经济影响感知、文化影响感知、环境影响感知以及旅游参与情况等方面进行了初步分析，结果显示，对旅游持肯定态度的居民参与旅游业的程度较高，大多数居民直接参与了旅游业的经营并获得收益，对旅游影响的态度比较宽容。[1] 王琼对喀纳斯景区居民的旅游影响感知进行了实证研究，一方面通过因子分析发现居民对经济影响感知最为强烈，并对居民进行了类型划分；另一方面对不同生命周期阶段居民感知进行了差异性的分析，差异性明显。整体而言，喀纳斯景区居民对旅游影响的感知比较积极并大多持肯定态度，但是社区居民对旅游业发展的现状不太满意。[2] 努尔娇娃·切克太等以喀纳斯风景区图瓦社区为例，通过年龄、收入、教育水平等方面分析居民对旅游影响的态度，研究发现旅游对当地居民的生活习惯、社会文化等产生了深刻的影响，在文化变迁上是积极的，一定程度上增强了当地居民的文化认同感。[3] 王梅等以红河哈尼梯田为例，研究了遗产区内不同开发程度的居民对旅游影响感知和态度的差异。[4] 李洁等以旅游影响感知理论为基础，通过调查云南民族村两个村寨的舞蹈演员，收集数据，分析了两地歌舞的不同发展趋势，研究结果认为两地民族歌舞发生不同变化的原因主要包括先天基因、传承方式、开发形式以及演员参与程度。[5] 张俊英等研究了青海省互助土族自治县小庄村的居民对旅游影响的感知与态度，运用聚类分析的方法将小庄村的居民分为理性支持者、矛盾支持者、热情支持者以及冷漠支持者四种类型并分析了形成不同类型的相关

---

[1] 冯晓华、孟晓敏：《喀纳斯景区少数民族居民旅游影响感知及旅游参与初探》，《城市发展研究》2013年第1期。
[2] 王琼：《喀纳斯景区社区居民旅游影响感知实证研究》，硕士学位论文，石河子大学，2015年。
[3] 努尔娇娃·切克太、陈学刚：《典型图瓦社区居民对旅游影响的态度研究——以喀纳斯村为例》，《学理论》2013年第8期。
[4] 王梅、角媛梅等：《红河哈尼梯田遗产区居民旅游影响感知和态度的村寨差异》，《旅游科学》2016年第3期。
[5] 李洁、徐秀美：《基于旅游影响感知的佤族歌舞变化定量比较研究——以云南民族村佤族寨和沧源翁丁原生态村落为例》，《旅游研究》2014年第3期。

影响因素。① 朱晓霞以西藏林芝八一镇为例对当地居民的旅游影响感知进行问卷调查，对居民感知与态度进行分析和差异性比较并提出相关建议对策。② 罗盛锋等从游客视角出发，以桂、黔两地的少数民族旅游地为研究对象调查了游客对旅游影响的感知，提出了民族旅游地应该提升旅游正面影响、控制负面影响的措施与策略。③

四 民族地区旅游影响研究评述

（一）国外研究评述

从研究内容上看，国外旅游影响的研究集中在理论模型和研究方法上，内容上更侧重于经济影响的研究，社会文化和环境影响关注较为欠缺。国外关于旅游经济影响的研究主要集中在运用经济学模型量化旅游业对旅游地的经济影响、旅游经济利益分配不平衡和旅游发展的关联影响以及对节事活动产生的经济影响研究四个方面；在旅游文化影响中主要包括对旅游目的地居民的影响和文化的影响，此外有对犯罪、移民等社会现象的研究内容；关于旅游的生态环境影响研究，主要以负面影响的研究为主；对居民感知的研究较多，大部分是居民感知内容和影响因素的研究；理论研究中，主要集中在经济影响上。从国外的研究成果来看，旅游影响的整体模型构建和实证研究是研究的主题部分，民族旅游影响中，仅仅是简单地将一般地区的研究理论应用到民族地区中来，没有考虑到民族地区社会、族群等方面的特殊性。从研究方法与特点来看，国外对旅游影响的研究注重模型的构建与运用，除了常见的经济学模型外，还有 Alavalapati 和 Adamowicz 的双因素、双部门的一般均衡模型（two Sector and two Factor General Equilibrium Model），用于分析旅游对国民经济其他部门和环境的影响等。此外，国外对旅游影响的研究还重视实地调查收集资料和使用数理统计方法，对欠发达地区比较关注，

---

① 张俊英、马耀峰等：《基于旅游影响感知与态度的乡村旅游地居民类型划分——以青海互助土族自治县小庄村为例》，《干旱区资源与环境》2013 年第 4 期。

② 朱晓霞：《民族社区居民对旅游影响的感知研究——以西藏林芝县八一镇为例》，硕士学位论文，四川师范大学，2014 年。

③ 罗盛锋、刘永丽等：《西南民族地区旅游影响调控研究——基于游客感知视角》，《中国农业资源与区划》2015 年第 5 期。

但是在旅游的环境影响以及旅游影响的调控方面，研究存在不足。

(二) 国内研究评述

国内对旅游影响的研究始于20世纪80年代，从研究旅游经济入手。关于旅游经济影响主要是旅游产业链的带动效应，包括对就业率的贡献、对国民经济的促进等；关于社会文化影响的研究经历了从消极影响到积极影响研究的一个转变。近年来，旅游发展对民族文化的积极影响日益受到肯定，尤其是在增强民族核心精神文化、族群认同方面。对旅游的环境影响的研究主要集中在环境容量和旅游对环境的负面效应两个方面。针对旅游效应的居民感知与态度的研究中，我国关于旅游影响的研究主要从影响因素、方法体系、感知与态度等方面进行，大量的研究仅从较小的旅游目的地出发进行实证研究，研究方法较为单一，系统性不强。此外，旅游影响的研究缺乏对目的地居民感知与态度的比较性的历时探析，因为历时性研究时间跨度比较大，调查研究难度较大，国内目前较少有研究者涉猎。总体上而言，国内旅游影响的研究由于研究在参照系、种类范畴、研究择时以及研究方法等方面普遍存在多样性和差异性，使得研究结果在理论概括和提升上缺乏可归纳性和比较性。我国研究者主要从旅游开发模式、影响因素、旅游产品等方面进行研究，对旅游影响的跟踪研究则很少。

(三) 旅游影响研究存在的问题及发展趋势

国内外在旅游影响的研究中取得了十分丰富的成果，为旅游业的发展做出了巨大的贡献，但是还需要进一步进行深入研究。第一，无论是国内还是国外的研究中，都没有形成一个成熟的、得到普遍公认的和采用的研究方法，目前采用较多的旅游卫星账户方法也只是搭起了一个研究框架，具体如何测算并没有形成一个通用的模式，因此在经济贡献的测算的方法上还需要进一步探讨。第二，旅游环境影响目前研究成果主要集中在生态环境的负面影响上，以案例研究居多，研究结果个性特点多、共性特点少，定性结论多、定量结论少。特别是对于旅游环境质量评价标准及旅游区环境容量的确定问题，在这方面应该少一些经验性、多一些客观性。第三，旅游社会影响研究还处在基本定性研究阶段，地区不同得出的结论也各不相同，对旅游发展的指导意义不强。第四，目前旅游影响研究主要是经济影响、社会文化影响和环境影响，在旅游综合影响方面研究薄弱，尤其是在旅游开发与社会、经济、环境影响的相互作用机制上仍是空白。第五，对旅游影响的调控机制有待进一步加强。

当前阶段，国内外学者逐渐认识到旅游发展的影响与人类社会现代化正常发展具有高度重合性，在研究中也难以将两者剥离开来。对民族地区旅游影响的研究也很少，鲜见对此理念践行的实证研究。

第二章

基本概念与理论基础

为研究地区旅游发展及其影响,需要相关概念与理论为研究建立良好的基础从而为深入研究做好准备。运用这些概念与理论去探究地区旅游发展的运行趋势及规律,以为西北民族地区旅游发展所用,可以使该区域旅游业更好地发展,并且为其他地区的旅游发展提供有益的借鉴与指导。

第一节 基本概念

一 旅游影响

根据谢彦君的解释,旅游影响是指旅游活动所引发的种种利害影响以及旅游活动产生的外部效应。[①] 旅游影响不仅仅是指旅游的发展给旅游目的地及其所居住居民所带来的影响,由于宗教、文化、风俗习惯的差异,游客在进行旅游活动过程中也会给旅游目的地及其居民带来影响,同时当地居民也会给旅游者带来影响,所以旅游带来的影响是互动的、双向的。根据不同的研究角度,旅游影响会产生许多不同的分类,可分为其对旅游目的地产生的经济影响、社会文化影响及生态环境影响。也可以按照其产生的积极影响和消极影响进行分类,其还可以按照时间划分为长期影响和短期影响等。

二 居民感知与态度

居民感知,即旅游目的地当地居民对旅游业发展所产生的一系列影

---

① 谢彦君:《基础旅游学》,中国旅游出版社2015年版,第227页。

响所产生的感知，这种感知是当地居民对其居住地旅游业发展状况进行简单判断后，所产生的对其地区旅游业发展所产生的感知，主要分为对旅游业发展所产生的积极影响和消极影响的感知。该感知有助于当地相关部门及时改进自身不足，将消极影响转化为积极影响，以促进西北民族地区旅游业蓬勃发展。

居民态度，即当地居民对旅游业发展所持的态度。态度作为感知的延伸，是一种以感知为前提和基础的对旅游业发展过程的相对稳定的情感与态度。并且这种态度很有可能延伸成为一种行为和反应。当地居民对旅游业发展所持的态度同样可以反映出当地旅游业发展的亮点和不足，当地相关部门同样可以根据旅游态度不断调整自己的工作方法，运用相关手段，促使旅游者与当地居民对旅游业发展持良性态度。①

三 居民心理

心理学是一个重要的门类。居民心理，即旅游目的地当地居民长期处于旅游发展所带来的变化之中，所产生的不稳定的、变化大、波动性较强的心理状态。这种心理虽不会对当地旅游发展带来直接的、明显地影响，但从长期来看，其会对当地旅游业整体的发展带来长远且持久的影响。当地居民作为促进旅游目的地旅游业发展的重要主体，其言行和举止的变化会对当地旅游发展带来不同程度的影响。心理对人的行为产生直接的影响。②

四 历时性研究

历时性研究，是一种在不同时段观察同一种现象的研究方法。主要研究跨时段状态下同一种现象产生的不同情况，及时做出判断，研究跨时段该领域的发展过程中此现象的变化，揭示核心，而且可以研究列举相关措施促进其变化与发展。③ 目前学术界关于旅游影响的历时性研

---

① 赵玉宗等：《旅游地居民旅游感知和态度研究综述》，《旅游学刊》2005年第4期。
② 叶弈乾、何存道、梁宁建：《普通心理学》，华东师范大学出版社2004年版，第85—113页。
③ 徐彤：《甘南州居民对旅游影响感知与态度差异的历时性研究——以甘南藏族自治州为例》，硕士学位论文，西北师范大学，2016年。

究较少,基本上是对某一目的地某一时间点的研究。"近二十年西北民族地区旅游发展及其影响"就是历时性研究下的结果。历时性研究揭示了旅游目的地的整个发展过程,对完整验证巴特勒的旅游地生命周期理论具有实践意义。再如有学者在不同时期对我国青少年价值观变化特点进行的历时性研究。此研究是对全国一些城市的中、大学生进行的价值观调查,与20世纪八九十年代的调查结果进行历史性分析比较,旨在研究青少年价值观的变化。这也是一种典型的历时性研究。[①]

五 民族社区

在中国引入"社区"概念以后,其意义已经随着地方文化特色的影响而被赋予了新的内涵。社区已经从包含情感和精神内涵的社会类型转变为具有地域内涵和文化核心的"地域性社会"。民族社区被定义为涵盖地域文化、民族传统生计、建筑节庆等自然和人文要素的少数民族聚落,是人类在特定的自然条件、地理生态环境基础上,通过长期的生产生活活动而形成的包括文化、社会和经济特征的人地关系地域体系。民族社区在中国主要体现为西北和西南的少数民族聚集区,通常表现为以少数民族成员为主体,并且以内部成员的共同生活联系为基石的民族区域性社会。作为一个同时具有社会性和民族性的社会团体,其具体表现主要为小型民族社区和大型民族社区。

总的来说,民族社区的特点主要包含以下几个方面:第一,大部分的民族社区聚集在经济欠发达的中国中西部区域;第二,民族社区的主要构成为一种或多种民族聚居的人口;第三,民族社区有属于自己的物质和精神文明,在一个至多个文化要素上具有明显特色,是民族文化旅游最好的物质载体。第四,相比于汉族社区,少数民族社区所具有的独特的文化和民族风情资源更适于发展旅游业。

---

① 文萍、李红、马宽斌:《不同时期我国青少年价值观变化特点的历时性研究》,《青年研究》2005年第12期。

第二节 理论基础

一 旅游地生命周期理论

旅游地生命周期理论是1980年加拿大旅游学家R. W. Butler提出的,它是指在目的地旅游业发展时,游客数量、居民态度、基础设施、政府行为等方面表现出的阶段性的变化。[①] 旅游地生命周期始于"探查阶段",该阶段的旅游地只有零散的游客,旅游地处于初步发展阶段,其他基础设施及社会环境并未发生显著发展和变化;在"参与阶段",旅游者人数增多,有组织、有规律的旅游活动逐渐开展起来,随着旅游的发展,在游客需求增大的情况下,本地居民为旅游者提供一些简单的膳宿设施,当地政府也开始关注本地的基础设施和交通状况并且进行改善。在"发展阶段",旅游地为了获得市场,加大对于旅游广告的投放,吸引外资,进一步改善基础设施,优化当地环境,使旅游地绽放新颜。而到了"巩固阶段",旅游地游客量持续缓慢增长且伴有下降趋势,旅游地功能分区的地方经济活动与旅游业紧密相连,部分常住居民开始因为旅游发展所产生的负面效应对旅游活动产生不满情绪,社会矛盾随之加剧。在"停滞阶段",旅游地原有的自然风貌已被过度现代化的城市建设取代,旅游地市场占有率下降,其发展举步维艰,并且产生环境污染、生态破坏、环境容量超载等一系列问题。最终的"衰落或复苏阶段",一方面,旅游市场衰落引起房地产的转卖率增高,旅游设施也大量减少,使旅游地发展受到限制;另一方面,旅游地也有可能开发一些新的旅游资源或新增景观及完善基础设施等,再次吸引旅游者的到来,使旅游地的发展进入新一轮的复苏阶段。基本模型如下图所示:

二 "愤怒指数"理论与修正模型

Doxey通过相关调查研究,提出了"愤怒指数"理论,他认为居民

[①] R. W. Butler, "The Conception of a Tourist Area Cycle of Evolution: Implications for the Management of Resources", *Canadian Geographer*, Vol. 24, No. 3, December 1980, p. 78.

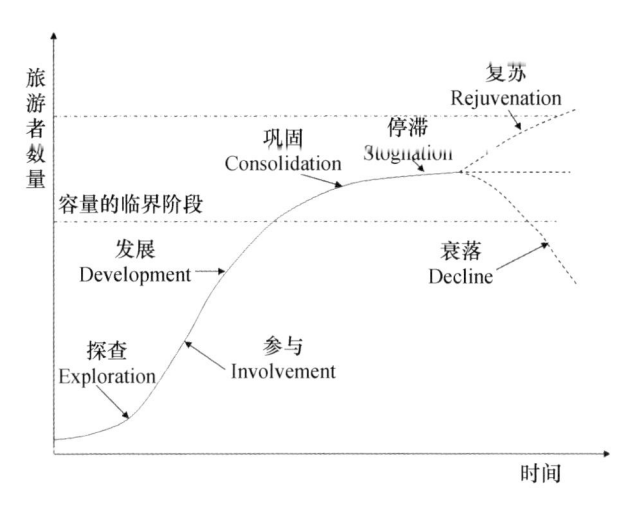

图 2　巴特勒的旅游地生命周期模型

对旅游业的发展态度的变化程度大致经历了四个主要阶段。[①]

Doxey 提出的模型是：第一阶段，欣喜阶段，在这个时期旅游者受到旅游目的地的欢迎，旅游业正处于规划时期，他们会对那些与其身份、收入、个人职业发展等不匹配的工作感到新奇。第二阶段，冷漠阶段，即当地居民已经习惯了游客进入他们的生活，与游客的接触变得更为正式。第三阶段，恼怒阶段，即旅游发展达到饱和状态，当地人会对旅游业发展产生的变化感到不安。规划人员试图借助增加设施而不是控制增长来实现旅游业的进一步发展。第四阶段，对抗阶段，即当地居民公开表达自己的不满情绪，当地政府在旅游规划上有所修改，当地居民认为旅游营销活动会败坏旅游目的地的名声。Milligan 在此基础之上进行了相关的调整，Milligan 提出的修正模型是：最初，当地居民会对那些与其身份、收入、个人发展等不匹配的工作感到新奇；进入接受阶段，随着旅游业的发展，外来劳动力进入当地旅游业，当地人不再关注旅游业的发展；当进入恼怒时期，当地居民对旅游者产生愤怒情绪，人们对外来打工人员产生态度转变，而持一种厌恶的态度，认为他们败坏

---

① Doxey, G. A. Causation, "Theory of Visitor-resident Irritants, Methology and Research", *Conference Proceedings. Travel Research Association. San Diego*, 1975.

了当地民风；对抗时期，即双方发生冲突，在年轻人中暴力事件时有发生，当地居民把那些不能直接归于旅游者的过错都强加于外来打工人员。这四个主要阶段重点解释旅游目的地居民对旅游和游客在旅游活动过程中的态度变化和过程。

三 社区增权理论

20世纪70年代社区增权理论在西方国家社区研究中盛行，西方国家对社区增权理论的研究主要分为两个阶段，即理论探讨阶段和实证研究阶段。第一阶段主要是对该理论产生的思想基础理论渊源以及社区增权必要性的探究；第二阶段主要是围绕增权模型的建构和应用进行。[①]最早由美国的社会学家所罗门提出的社会增权理论是社区增权理论的雏形，斯基文森1999年在《生态旅游与地方社区增权》一书中将社区增权分为四种，分别为经济、政治、心理和社会增权。其中经济增权表现为：旅游的发展为当地带来了持续的、较稳定的经济收益；发展旅游业带来的收入被大多数社区家庭共享。旅游带来的收益作为经济支持，使得社区在许多方面如基本建设、基础设施、社区居民的基本生活等有了明显的改善。政治增权表现为：社区的政治结构代表了所有社区群体的需要和利益，具有一定的公平性；各个社区群体（妇女、老人、青少年群体及其他弱势群体）的意见被当地政府、旅游企业等利益相关者进行有效的收集和采纳，并将这些意见传达给决策机构，确保决策的科学与合理性。心理增权表现为：由于外界对当地自然资源和传统文化的认知，自豪感增强、对于本民族的文化认同感增强、较低阶层的社会群体得到了就业机会和资金，使得他们的社会地位提升，如妇女、青少年等。社会增权表现为：旅游的发展维护或增强了当地社区的稳定发展，由于个人和家庭一起工作，形成了旅游投入，增强了社区的向心力。其中的一部分资金用来进行社区的建设和发展，例如，进行学校的建设和对相关基础设施的优化与完善。

[①] 丁敏、李宏：《旅游社区增权理论研究综述》，《首都师范大学学报》（自然科学版）2016年第31期。

四　感知觉理论

"感知"是社会心理学中的重要概念。它用来解释人们在遇到各种应急刺激条件下所做出的反应。对于任何个体而言，感知是潜在的，只有在受到刺激可以被感觉到的时候，感知才能在个体的语言和行为中得以明显体现。对于个人而言，感知是一种内在的东西，一旦这种刺激被触发，感知才能在语言和行为中被发觉从而产生对事物的反应。[①]一般用感知来描述人们对各种事物产生的反应。心理学领域将感知分为感觉和知觉。感觉是人脑对直接作用于感觉器官的客观事物的个别属性的反映，知觉是人脑对直接作用于感觉器官的客观事物的各个部分和属性的整体反映。因个体差异，不同的个体对同一客体有不同的感觉，即使是同一个人，在不同的情况下对同一客体的感觉也不同。感觉是在人的社会实践中产生的，有很强的主观能动性，是受人的意识控制的。知觉是在感觉的基础上产生的，是对通过感觉了解的外部世界和自身信息的综合与解释。感觉与知觉联系紧密、相互依存、共同发展，感觉是知觉的基础，知觉是感觉的发展。居民感知、游客感知与旅游业发展密不可分，紧紧相依。研究旅游目的地居民的感知可以了解西北民族地区旅游发展的影响，发现在旅游发展中存在的各种问题，使相关部门给予及时的解决。研究游客对旅游目的地的感知，也有助于了解旅游地发展状况及游客体验，优化旅游地环境，增强游客对旅游地的良性感知，吸引更多游客前来观光游览。

五　利益相关者理论

利益相关者理论是 20 世纪 60 年代在西方国家起源的一种管理理论，美国斯坦福研究所在 20 世纪 60 年代对"利益相关者"这一概念做出定义："是那些失去其支持，企业就无法生存的个体或团体"。该理论的核心为：各种利益相关者主动积极参与或投入到企业的运行和发展之中，企业才会有更好的发展。所以企业在发展的过程中不能只求自身

---

① AP. J, Residents, "Perception Tourism Impacts", *Annals of Tourism Research*, 1992, Vol. 7.

利益的发展，还应更多地关注利益相关者的利益，这样整个企业才能得到长期稳定的发展。① 费雷德曼（Friedman）认为"利益相关者是任何能够影响组织目标的实现或者受组织目标实现影响的团体或个人"。这一观点使利益相关者的内涵由原来的资源分配拓展到组织与利益相关者之间的冲突与解决的过程。从以上的理论演变过程可以看出，利益相关者理论经历了"影响""参与"与"治理"的过程。利益相关者理论是组织有计划、有目标的对各方利益进行影响或协调，促使组织内部与各利益相关者主体分配均衡，达到和谐，以实现组织目标，促进组织整体可持续发展。相关者理论在旅游学中的应用，是将旅游目的地的经济、政治、文化、环境等各方面紧密联系起来，通过各方协调，实现均衡发展，为旅游业的整体协调做出努力，从而实现西北民族地区旅游业稳定有序发展。

六 社会交换理论

社会交换理论（Social Exchange Theory）是20世纪50年代起源于美国的、在古典政治经济学、人类学和行为心理学基础上发展起来，进而在全球范围内广泛传播的一种社会学理论。社会交换理论是理性的互动行为，并且运用经济学的视角去研究社会行为，社会交换理论下的互动行为最终目标是实现利益最大化。社会交换理论主张减少利益冲突，提倡通过交换实现共赢。②

该理论在20世纪80年代末开始被应用于旅游影响研究，用以解释旅游地居民对旅游影响的感知和态度。斯金纳的行为心理学为霍曼斯提出的理论奠定了基础，后者运用行为心理学和经济学概念构建了行为主义交换理论。他认为尊重、社会赞许、服务、友爱、服从、威望和情感等非物质因素都可以作为交换的内容。其理论主要内容是关于人类社会行为的6个命题：成功命题、刺激命题、价值命题、剥夺—满足命题、攻击—赞同命题、理性命题。他认为只要将它们联系并综合起来，就可

---

① 贾生华、陈宏辉：《利益相关者的界定方法述评》，《外国经济与管理》2002年第5期。

② 方岚：《基于社会交换理论的旅游规划价值观探讨》，《经营管理者》2010年第10期。

以解释一切社会行为，并且把人的一切行为都视为交换行为。20世纪80年代美国学者John将该理论引入到旅游学研究中，构建了旅游主客社会交换过程模型，通过此模型来解释居民与游客之间的相互关系。

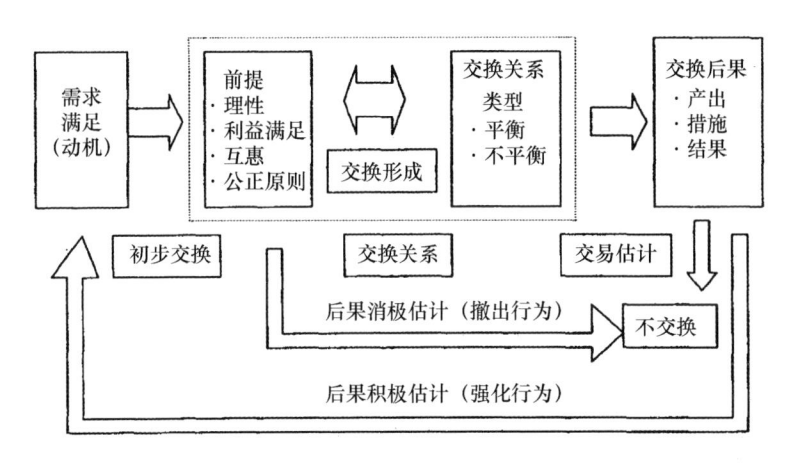

图3 旅游主客社会交换模型

旅游是一种特殊的社会交换形式，旅游目的地为旅游开发者提供旅游资源，配合旅游开发者开发旅游地的旅游资源，为旅游相关行业提供商品或劳动力，为游客提供旅游服务等，通过诸如此类的参与旅游的行为来获取期望的利益。与此同时，旅游者在旅游目的地的旅行过程也是一次交换的过程。旅游者支付各种费用其目的是为了换取一次旅游体验，而旅游目的地为旅游者提供各种产品和服务，其最终目的则是为了获取最大的经济利益、社会效益及环境效益。在交换过程中，旅游者希望用尽可能少的支出换来尽可能多旅游目的地特色旅行体验，旅游目的地则希望通过提供有特色的旅游产品和服务，尽可能多地获取经济利益。旅游者到达旅游目的地后，在与目的地居民发生社会互动时，旅游者也与当地居民发生联系，以各种途径和方式进行交换。因此，社会交换理论是研究旅游地居民对旅游影响的感知和态度的重要理论依据。

七 文化传播理论

文化传播理论认为：旅游是跨文化传播的一种方式，旅游业中的跨文化传播是一种真实的传播，而非外物媒介作为载体而进行传播的文化传播。旅游文化传播是旅游者带着自己的文化到异域文化圈中交流的过程，这种跨越不同文化群体进行的交流实际上属于跨文化传播的一种。旅游活动进行的过程就是当地居民和旅游者所进行的一种文化互动、文化传播的过程。当旅游者到达旅游目的地，文化的交流与碰撞在旅游者与当地居民接触的过程中产生，影响旅游目的地的文化，文化随之迁移和扩散，这种文化传播就被称为迁移和扩散。当地居民受到外来文化的影响，他们的价值观、信仰等会不同程度地发生变化，持续不断的外来旅游者到旅游地进行旅游活动，所以外来的旅游者对当地居民的影响是累加产生的结果，其影响也是较为深远和持久的。旅游业在文化传播中也起着一定的作用，如旅行社在组织旅游者的旅游活动中对旅游者与当地居民产生文化的交流，而且其本身带有的企业文化也会对旅游目的地产生不同程度的影响；旅游企业通过其经营活动将它的企业文化进行传播和扩散；旅游营销也会通过媒体宣传等方式将旅游目的地文化传播和扩散到旅游者源地，这种文化传播属于扩展扩散。

八　可持续发展理论

"可持续发展"的概念最早于1972年在斯德哥尔摩举行的联合国人类环境研讨会上正式讨论，它的演变主要经历了四个阶段，即可持续状态、有限的可持续性、非可持续状态、回归到可持续状态。可持续发展是指在满足当代人需要的同时又不影响后代人发展需求的一种可持续的健康发展理念，包含了两层含义，即可持续发展还是要考虑人的需求，这些需求应该放在第一位来考虑；还有人们在追求自身需求得到满足时，不能以牺牲环境为代价。

1987年世界环境与发展委员会正式给"可持续发展"下了较为完整的定义，即以发展为前提与核心，可持续发展为既能满足当代人的需要，又不对后代人满足其需要的能力构成危害的发展。在经济方面，可持续发展是提倡在保护自然资源和生态环境基础之上的发展；在社会发展方面，它是关注自身发展的同时还应关注下一代的需求与发展；在生态方面，它主要强调人类应与自然和谐共处。可持续发展理论在发展的过程中被旅游界广泛接受并应用，因为可持续发展和理论同样适用于旅游业的发展，随之出现了"旅游可持续发展"。在旅游规划与开发过程中以发展可持续旅游为前提；加强相关科学技术的应用，为绿色生态的绿色旅游提供工具与渠道；通过宣传与引导，提高旅游者与当地居民的环保意识，使他们主动自觉参与到旅游业可持续发展的过程中来；国家加强相关政策法规的出台，加强引导，确保旅游业发展是一种健康、可持续的发展。所以，西北民族地区旅游业在发展的过程中要实现可持续发展必须从长远的视角出发。

九 可持续生计理论

维持生活所需要的资产、能力和活动三个层面构成一套完整的可持续性的生计，被称为可持续生计。当人们能应对压力和冲击，能够从中恢复，维持或者增加资产，并且能够保持和提高能力，除此以外还能为后代生产生活提供机会，在一定时间和空间范围内为他人的生计带来收益，那么该生计就具有持续性的特征。可持续性生计方法的优势在于能够有效识别生计层面的复杂程度、增加对生计策略影响及制定干预生计策略的能力，从而促进就业率的增长、扭转贫困状况的同时增强生计的可持续性，为解决当前部分地区的生计艰难、贫困现状及农村发展方向等问题找到有一定可行性的新思路。自20世纪90年代初期，可持续生计研究在解决农村贫困问题的理论分析和实践研究中应用较为广泛，很多组织及相关部门都在应用可持续生计方法研究如何解决贫困问题，其中英国国际发展署（DFID）的可持续生计框架是目前应用得最普遍的。

通过生计资本、生计策略、生计结果以及脆弱性背景、组织结构和程序转变等层面构建DFID分析框架，进而分析人们利用资本、数据及可选策略对特定生计方式不断追求的途径还有方法，以及背景和政策制度的脆弱性带给人们生计策略的影响。人们希望生计结果能让自己得到更好的生活，必须基于管理制度和结构，对生计要素进行合理的资源配置和高效管理，采取适应制度程序和组织结构及改善外界环境的手段，达成全面高效的生计策略和结果。

第三章

西北民族地区旅游发展的历程、现状及问题

第一节 民族地区旅游业发展现状

一 民族地区旅游资源现状

（一）民族地区旅游资源品位较高

我国民族地区众多旅游资源品位较高，如被誉为世界屋脊的青藏高原，在国际上享有盛誉；广西的桂林山水以"桂林山水甲天下"而闻名世界；湘西张家界是我国乃至世界不可多得的森林公园。此外，四川的九寨沟、吉林的长白山、内蒙古的阿尔山温泉等，均是著名的佳景胜地。在联合国教科文组织所列的《人与生物圈》自然保护区网中，我国五个保护区被列入其中，其中长白山、卧龙、武夷山分布在民族地区。可见，民族地区的不少风景名胜和文物古迹，在国际旅游市场上有较大吸引力。

（二）民族地区人文旅游资源占优势

民族地区不仅有极具民族特色的自然资源，而且还有各民族在发展过程形成的多种多样、丰富多彩的民风民俗、传统节日、集会活动、民族歌舞、民族服饰等人文资源。少数民族地区的这些人文资源，对于发展旅游业来说是一种优势，不同民族有不同的传统习俗和文化源流，这种个性上的独特性必然构成总体上的多样性，因而从总体上看，我国广袤的少数民族地区客观上可以为旅游者提供多种多样的旅游环境和旅游活动内容。

(三) 民族地区旅游资源组合较好

我国旅游资源在民族地区的分布较不平衡，有些地区相对集中，有的则略显稀少。资源集中的地区不同的名胜区间距较近，景区内资源类型多样，结构紧凑，交相辉映。许多民族地区位于垂直地貌密集组合的地域系统，从而层层分割空间，导致多变的景象，使生物和水体景观因地文要素变化而表现出丰富的景层。如云南丽江的玉龙雪山—峡谷—民情结构等，就是很好的旅游资源组合。[①]

二 民族地区旅游发展概况

从我国旅游业发展初期阶段实行"大力发展入境旅游，积极发展国内旅游，适度发展出境旅游"的政策，其主导思想是创汇，入境旅游发展旺盛，国内旅游发展缓慢。从2005年开始将旅游政策调整为"大力发展入境旅游，规范发展出境旅游，全面提升国内旅游"，此后国内旅游发展迅速，区域旅游在保增长、调结构、惠民生中承担了更加重要的作用。随着社会主义市场经济深入发展和国民人均可自由支配收入的不断增加，国内旅游业在国民经济社会发展中的地位也越来越重要。

2000—2016年民族地区国内旅游接待人数增长率如表1所示，旅游接待人数逐年增高，增长率由快再到稳定。

表1　　2000—2016年民族地区各省份国内旅游接待人数逐年增长率（单位:%）

年份	内蒙古	宁夏	新疆	西藏	广西	青海	云南	贵州
2000	13.08	12.50	9.06	34.85	7.69	98.75	4.55	3.66
2001	23.14	15.23	10.69	21.81	11.44	16.35	19.21	6.06
2002	26.98	8.93	15.38	29.70	10.99	12.97	11.60	4.76
2003	-13.79	-10.16	4.55	21.03	-7.10	-5.74	1.14	-16.59
2004	52.01	47.45	22.73	28.47	21.54	29.19	16.31	35.15
2005	36.47	23.76	17.95	48.97	17.67	24.36	14.14	24.96

---

① 张晓娜:《民族地区旅游业现状及发展对策研究》，《现代营销》（下旬刊）2014年第6期。

续表

年份	内蒙古	宁夏	新疆	西藏	广西	青海	云南	贵州
2006	18.91	18.94	13.38	40.37	13.97	27.96	12.53	52.18
2007	18.60	23.23	28.00	55.44	15.54	23.09	16.38	31.89
2008	9.97	6.27	3.25	-40.54	22.35	-9.53	14.07	31.05
2009	21.33	17.10	-4.42	149.52	21.81	22.51	17.07	27.59
2010	15.40	12.09	44.80	21.84	19.27	10.54	15.00	23.68
2011	15.64	14.61	26.04	27.23	22.62	15.20	18.12	31.86
2012	13.70	14.60	23.00	21.70	20.40	12.10	20.20	25.75
2013	12.32	14.56	7.09	18.98	13.10	12.60	22.10	20.00
2014	12.13	9.00	13.02	20.00	10.00	12.70	17.60	20.08
2015	12.67	9.82	23.10	29.90	17.84	15.45	15.04	17.00
2016	15.19	14.39	32.90	14.80	20.10	24.30	11.00	41.20

从2000—2016年民族地区各省份的旅游收入增长率来看（见表2），各省份除了重大事件影响的2003年和2008年以外，旅游收入增长情况态势良好。

表2　　　2000—2016年民族地区各省份国内旅游收入逐年
增长率（单位:%）

年份	内蒙古	宁夏	新疆	西藏	广西	青海	云南	贵州
2000	68.58	42.48	7.51	16.19	7.23	118.58	4.64	32.46
2001	59.26	16.25	14.57	43.43	22.01	25.91	23.56	30.82
2002	36.37	11.11	16.92	50.86	13.92	13.34	12.65	31.72
2003	18.99	-14.92	5.65	57.48	-5.27	1.06	9.14	14.52
2004	48.88	46.74	22.85	39.52	19.52	36.63	20.04	40.80
2005	44.83	17.21	19.81	28.27	20.20	27.58	15.59	50.81
2006	38.13	45.10	14.24	45.32	20.24	39.41	16.78	55.58
2007	41.40	23.39	29.35	67.37	20.36	33.15	10.65	33.42
2008	22.36	28.24	2.61	-46.07	22.35	1.28	20.22	27.32
2009	33.46	71.70	-10.71	47.75	33.57	79.87	22.85	23.90

续表

年份	内蒙古	宁夏	新疆	西藏	广西	青海	云南	贵州
2010	20.88	26.74	59.06	27.29	36.70	-17.11	25.48	33.04
2011	22.28	24.53	46.20	37.36	34.67	30.06	30.42	33.87
2012	22.90	22.80	30.00	30.03	29.90	34.90	30.20	30.13
2013	24.36	23.24	16.88	30.06	21.00	28.10	24.10	22.00
2014	28.72	14.70	24.00	30.00	11.00	27.30	22.58	22.16
2015	25.03	13.03	25.00	38.20	25.71	30.00	23.09	20.00
2016	20.28	28.00	37.00	10.00	29.10	25.10	14.00	43.10

民族地区旅游业的发展速度总体上和宏观上与经济发展速度成正比。我国民族地区的多样性和独特性塑造了各民族的生存和对源文化的发展，旅游业的发展在辐射带动民族地区的经济和社会发展中起到了关键作用。

三　民族地区旅游发展的政策保障

（一）良好的外部环境

我国改革开放以后，经济快速发展、政治民主文明、法律规范有序的外部环境为民族旅游业的发展提供了保障。所有这些政策和法规对于旅游欠发达地区，尤其民族地区，无疑是个福音，将会大大促进民族地区旅游业的发展（见表3）。

表3　　　　　　　　我国民族地区旅游发展政策与法规

年份	政策	主要内容
2001	《导游人员管理实施办法》《旅行社管理条例实施细则》（修订）	国家旅游局将涉外饭店星级标准修改为旅游饭店星级标准，把旅游饭店的统计对象由原来的涉外饭店改为星级饭店，兑现了入世的有关承诺，也确保了饭店星级评定，统计口径也与世界旅游业接轨。法律法规的完善为旅游业相关的构成要素如酒店、接待、旅行社确定了标准和规范，为提高旅游业发展水平奠定了良好的基础
2004	《中华人民共和国行政许可法》	国务院取消和调整的行政审批项目达1795项，审批事项减少了48.9%。经国务院审定，旅游行政审批项目保留14项，取消7项，改变管理方式7项

续表

年份	政策	主要内容
2009	《国务院关于加快发展旅游业的意见》	首次明确了旅游业"国民经济的战略性支柱产业和人民群众更加满意的现代服务业"的定位,并提出了近几年旅游业发展的主要任务
2012	《关于金融支持旅游业加快发展的若干意见》	要充分认识金融支持旅游业加快发展的重要意义,加强和改进旅游业金融服务,加强旅游景区金融基础设施建设等
2012	《关于鼓励和引导民间资本投资旅游业的实施意见》	要坚持旅游业向民间资本全方位开放,通过民间资本推进旅游产业投资
2013	《国民旅游休闲纲要(2013—2020年)》	到2020年,职工带薪年休假制度基本得到落实,城乡居民旅游休闲消费水平大幅增长,并提出了大力发展旅游业、扩大旅游消费的几大措施
2014	《关于促进旅游业改革发展的若干意见》	要增强旅游发展动力,扩张旅游发展空间,并在政府扶持旅游消费方面,部署了一些重要的举措
2015	《2015年全国旅游工作会议报告》	重点提到了旅游大投资大项目问题
2015	《关于进一步促进旅游投资和消费的若干意见》	专门针对增强旅游投资和消费提出了6个方面、26条具体政策措施

(二) 政府的调控作用

民族地区旅游发展对政策依赖性较强、经济水平有限,政府这只"有形的手"必须从基础设施建设、旅游产品体系构建、旅游品牌宣传和营销等各方面进行调控。近几年,民族地区政府在吸引外资、参与旅游开发经营等方面起到了很大的促进作用,旅游的发展对民族地区就业结构、城市化进程和文明程度作用明显。但是,在不得不考虑经济增长的情况下,出让土地、景区资源等政策成为引进投资的条件,这样的做法只照顾到居民的补偿而忽视了民族地区居民自身发展的需要。

第二节 西北民族地区旅游产业发展历程

一 探索初创期

自改革开放以来到20世纪90年代中后期，我国旅游产业自发形成并运行发展。旅游消费结构由东到西渐次蔓延，逐渐形成了由具有弹性的旅游需求到刚性旅游需求的过渡。入境旅游与出境旅游需求的增加进一步推动了我国旅游产业的发展，我国发展旅游产业的动力源泉逐渐由国家对外宾的政治接待向获取国际外汇储备、再向满足人们日益增长的旅游需求过渡。旅游需求市场的形成以及规模的扩大，刺激了旅游供给的形成，继而出现了各种旅游企业组织，但主要表现为传统经营模式主导下的单一门店的分散化经营。旅游需求的旺盛增长与发展推动着旅游产业由原点向前发展。该阶段为我国旅游产业发展的潜伏期、准备期与形成期，我国旅游产业经过各主体的不断探索，逐渐成长起来。

我国民族地区旅游产业的发展总体上滞后于我国旅游产业整体的发展。20世纪80年代初期，我国民族地区旅游产业基于计划经济体制运行；1984年后，民族地区的投资方式随着国家政策的调整出现了灵活的改变；80年代中期，典型的民族旅游城市逐渐加大开放力度，民族旅游一级目的地基本浮现；20世纪80年代末期，我国民族地区旅游产业态逐渐显现，但民族旅游资源的开发多处于低级甚至原生态待开发阶段。东部客源以及海外客源构成了该阶段民族地区的旅游市场，并且旅游者活动对于民族地区的生态环境、文化环境、经济环境几乎不构成影响。这一时期，民族地区旅游产业发展整体落后于我国旅游产业整体的发展进程，但该时期同样构成了民族地区旅游产业发展的探索发展期。

在整个国内旅游市场环境的影响下，改革开放以来到20世纪90年代初期，是我国西北民族地区旅游产业发展的探索初创期。当时西北民族地区旅游产业基于计划经济体制运行，民族旅游资源的开发程度及开放程度较低，其主要客源来自东部以及海外，旅游业的发展以政府主导为主，一些民族旅游发展的弊端还没有完全表现出来，旅游者活动对于民族地区的生态环境、文化环境、经济环境影响也相对较小。

新疆民族地区旅游业起步于1978年，是随着改革开放而逐步发展起来的。1978年新疆共接待国外旅游者88人，创汇4.6万美元。从1978年到1990年这12年的时间里，新疆的入境旅游业处于起步发展的阶段，入境旅游者以零散的游客为主，没有特别的旅游接待设施，其自然和社会环境未因旅游而发生变化。

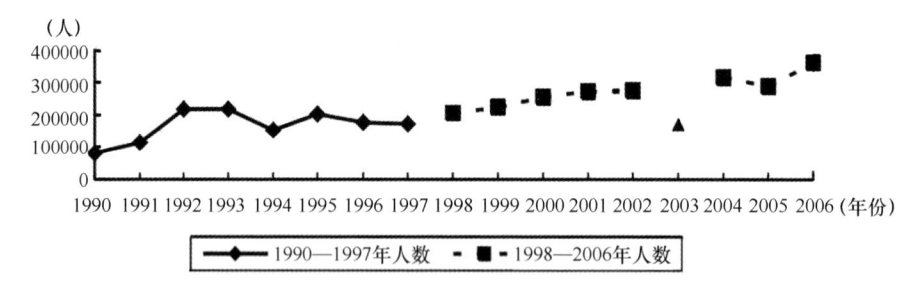

图4　1990—2006年新疆入境旅游人数折线

由于新疆旅游业才刚刚起步，基础设施极不完善。为了解决海外旅游者的最大困扰住宿难、吃饭难、乘车难等问题，自治区人民政府、旅游局及各级地方政府共同协助，在吐鲁番、库尔勒、阿克苏、库车、喀什、塔什库尔干、克州等地修建了一些宾馆、旅游者休息处和道路，基本上解决了丝绸之路沿线服务设施不足的困难。

20世纪80年代初，宁夏民族自治区实行单一战略，即能源带动战略。该战略从开发优势资源煤炭入手，继而煤变电，在此基础上发展铝、铁合金、金属镁、化工等高载能工业，构建了以能源原材料为主的工业结构与体系。[①] 在此战略的主导作用下，宁夏民族地区的旅游产业仅处于萌芽阶段。

从解放初期到20世纪70年代末，青海民族地区产业结构单一、经济社会发展滞后，开放程度低，旅游业没有发展起来。改革开放后旅游业得到逐步发展，有数据显示，1978年，青海省接待国际游客4人，然而，也正是这4人，开启了青海旅游发展之门。青藏铁路全线贯通

---

① 许丽君、汪建敏：《全域旅游视角下宁夏旅游带动战略研究》，《宁夏社会学》2017年第6期。

后，全省旅游业进入快速发展阶段。1978—1994 年，青海旅游业处于起步阶段，1982 年共接待外国旅游者和华侨 2150 人，收入 3 万多美元；1983—1988 年，全省共接待国内外游客 408 多万人次。从改革开放到 90 年代初，青海经济社会各项事业得到了较快发展。随着经济和建设事业的发展，来青海考察、研究和工作的国内外专家、学者逐步增多，接待任务量也增大。通过举办全国会议、来青出差等方式使更多的省外人士走进青海，逐渐认识了青海旅游资源的独特性和唯一性，慕名而来的客人越来越多，逐步带动了国内游客来青海旅游。

从 80 年代初到 90 年代初，甘肃省旅游仅有像敦煌这样的世界级知名的文物景点吸引着国内外游客，这一阶段甘肃的旅游活动主要是外事接待，所以这一阶段也可以说是外事接待阶段，且逐渐增强。但随着甘肃省旅游知名度的扩散，旅游产业发展逐渐步入正轨，1984 年甘肃省旅游外汇收入 337 万美元，1995 年旅游外汇收入 2079 万美元，1995 年比 1984 年增加 516%。

二 转轨规范发展期

20 世纪 90 年代中后期至 21 世纪初，我国旅游产业整体发展基本成熟，逐渐成为我国现代服务业发展的标志。各地旅游产业的发展突飞猛进，但同时也存在较大的发展差异。此阶段我国旅游产业的发展与区域经济发展水平相适应，与旅游目的地的可进入性和可达性直接相关。在东部地区，旅游产业的发展逐渐显现出经济支柱性产业的发展态势；而在西部，尤其是在我国西北地区，其旅游产业整体发展规模和发展水平严重落后于东部地区的旅游产业发展，不可同日而语。

随着出境旅游、入境旅游和国内旅游三大旅游市场的逐渐完善，旅游业对国民经济的贡献逐渐增加，公民旅游逐渐呈现出稳定增加的需求态势，旅游需求的刚性逐渐增强，大众旅游时代逐渐到来。同时，为承载增加的旅游需求，相应的旅游供给也在逐渐完善。从微观角度来看，主题景区、旅游集散中心、旅游宾馆、饭店集团等综合业务多元化发展的旅游服务体出现在我国东部地区，在绝对数量与相对质量上均有大幅增加；从宏观角度来看，各区域公共基础设施和配套服务设施逐步完善，交通的可达性大大增强，旅游产业正在逐渐成为我国经济社会发展的重要产业部门。此阶段，我国旅游业产值迅速增长，是我国旅游产业发展转轨的重要时期。

这一时期西北民族地区旅游业的先导和主导地位也得以确立，其旅游业的发展进入了转轨规范发展阶段。这一时期的西北民族地区旅游业全面完成由事业型向产业型转型，进入政府主导型市场化运作阶段。

1990—1997年，新疆地区民族旅游发展到达了"参与阶段"，新疆入境旅游人数大幅度增多，翻了2.16倍，年平均增加人数13239人，年平均增长率达到17.41%，并且在乌鲁木齐出现了红山宾馆、华侨宾馆等一批接待海外游客的旅游涉外饭店，1988年，全区开放县市达25个、国际旅行社12家、旅游从业人员1500人、旅游宾馆11家、拥有标准床位2700多张，新疆旅游业从初创阶段进入提高和完善阶段。1991年，自治区旅游部门开发购物旅游，与周边国家合作开展了各种购物旅游活动。从1992年开始，推出各系列主题旅游年活动及促销活动，提高了新疆旅游业的知名度。1998年，发布了"新疆维吾尔自治区旅游管理条例"，从此新疆旅游业发展进入法制化管理阶段。1999年新疆首家国际五星级酒店（假日酒店）开业，代表了新疆旅游业基础设施进一步完善。而且在1990年就成立了中国大西部国际旅行社，到1997年已拥有26家旅行社，入境游客的活动均以团队形式出现，形成了以"乌鲁木齐—吐鲁番—南山—乌鲁木齐"为常规线的旅游线路，全疆各族人民也开始积极为入境旅游的国外友人提供热情的服务和相应的帮助。

1995—2000年，青海旅游业进入发展阶段。随着改革开放的逐步深入，经济发展提速，青海省各级政府充分认识到旅游资源是青海尚待开发的优势资源。1998年青海省政府明确提出将旅游资源开发作为青海资源开发的重要组成部分，开始对青海旅游资源进行整合、规划，初步开展旅游资源的开发。同时，随着全国经济的发展和全省城乡居民生活水平的逐步提高，对青海旅游休闲活动的需求不断增加，旅游事业得到稳步发展。

甘肃省在这一阶段提出了把旅游产业作为全省的大产业来抓的指导思想，但旅游产业发展缺乏科学发展规划，资源开发程度比较低，产品档次不够高，交通等基础设施制约相当严重，总体发展水平非常低，管理缺乏统筹规划。

三 成熟期

进入 21 世纪后，随着民族旅游产业体系的健全，旅游业成为基于市场化运作的政府服务型产业。党的十七大西部大开发战略、黄金周、加入世贸组织等国家政策方针以及发展战略的制定，对于民族地区旅游业的发展具有重要意义，并且直接推动了民族地区旅游产业的发展。这一时期的是我国西北民族地区旅游产业的高速发展阶段，也是我国民族旅游产业发展的成熟期。民族地区旅游景区以及相关企业的供给能力大幅提升，呈现出旅游组织规模化、产业体系链条化、旅游要素高级化的发展态势，由此带来的经济发展的乘数效应逐渐凸显，民族旅游市场的收益率逐渐增加，但生态环境恶化、民族文化蜕变等对民族地区社会、文化、环境等的冲击接踵而至。

2000 年随着西部大开发战略的实施，新疆民族旅游业进入了新的发展阶段。自此之后，新疆旅游坚持突出特色、强势促销，扩大客源市场，提高了新疆旅游的知名度和美誉度，为新疆旅游业的持续发展创造了良好条件。"十五"时期，全区累计接待入境旅游者 136.66 万人次，创汇 4.4 亿美元，接待国内旅游者 5484.1 万人次，国内旅游收入 478.44 亿元人民币，旅游总收入累计达 515.96 亿元人民币。与"九五"时期相比，入境旅游人数增长 24.4%，创汇增长 11.7%。国内旅游人数增长 71.4%，国内旅游收入增长 149.8%。到 2005 年，全区拥有旅游股份公司 6 家、优秀旅游城市 13 座、国家 A 级景区 152 家（其中 5A 级 3 家）、持证导游 9000 多人、旅游直接从业人员 16 万人、间接从业人员 65 万人，旅游产业规模及产业地位不断提高。2007 年 9 月 27 日，世界旅游日中国主会场庆祝活动在新疆举办，为新疆旅游业做了一次大规模的促销宣传。

自 21 世纪初，宁夏民族地区的旅游业有了极大的发展。从总量看来，国内旅游人数和收入、入境旅游人数和收入都已经有了很大的提高。2001—2010 年，宁夏旅游业发展势头十分强劲，旅游人数、旅游收入增幅逐年上升，除 2003 年受非典影响，旅游收入成负增长以外，2001—2010 年宁夏旅游收入均持增长态势。2008 年接待国内游客 776

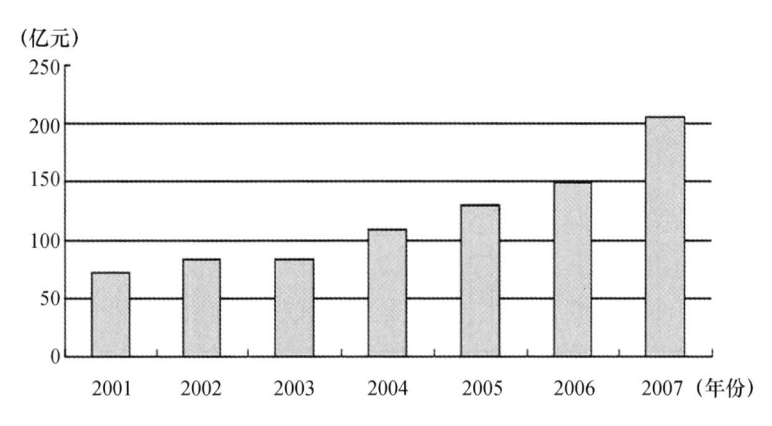

图 5　2001—2007 年新疆旅游业总收入情况（单位：亿元人民币）

万人次，实现旅游总收入 40.32 亿元，分别比上年增长 6.28% 和 28.23%。2009 年接待国内游客 908.9 万人次，实现旅游总收入 53.1 亿元，分别比上年增长 17.1% 和 31.7%。2010 年接待国内游客 1018.8 万人次，比上年增长 12%，实现国内旅游收入 67.3 亿元，增长 26.4%。

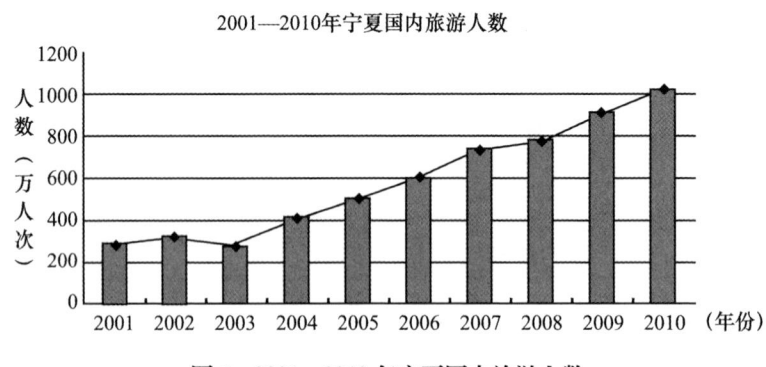

图 6　2001—2010 年宁夏国内旅游人数

2000 年以来，青海旅游业跨入快速发展阶段。到"十五"末的 2005 年接待国内外旅游者 636.52 万人次，旅游总收入 25.73 亿元；2007 年，全省接待国内外游客 1001.6 万人次，实现旅游总收入 47.38 亿元人民币，占全省 GDP 的 6.2%。2010 年，全省接待国内外游客 1226.2 万人次，同比增长 10.5%，比 1995 年增长 8.98 倍，其中入境

2001—2010年宁夏国内旅游收入

图7　2001—2010年宁夏国内旅游收入

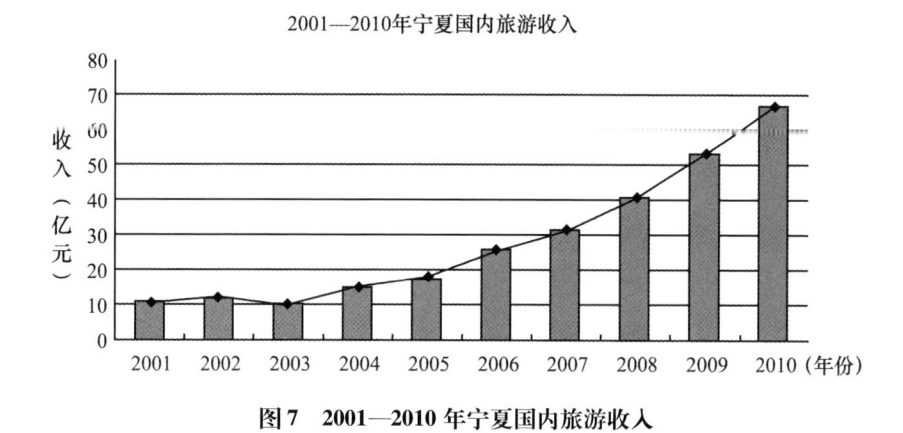

游客4.67万人次，增长3.5倍；旅游总收入71.02亿元，增长18.35倍；国际旅游外汇收入2044.9万美元，增长8.87倍。21世纪以来，青海省委、省政府把旅游业发展作为青海省优化产业结构，实现产业升级换代的重要突破口来培植，使旅游业逐步成为新的经济增长点和经济发展的产业纽带。青海省九届人大三次会议上，旅游业被确定为全省三个优势产业之一，九届人大四次会议上再次提出把旅游业作为特色经济和新的经济增长点，加大扶持力度，使之成为第三产业的龙头产业。十届人大五次会议上又提出强化旅游业的引领作用，随后旅游业又被确立为青海省的高原特色产业和国民经济的支柱产业。"十一五"时期，青海旅游产业集约化程度不断增强，产业市场化发展机制逐步确立，产业发展模式不断创新，产业功能趋于综合，产品结构不断优化，服务质量逐步提升，可持续发展能力逐渐增强，青海旅游业进入快速增长和转型升级新阶段。

　　从西部大开发战略实施以来，由于国家加大了对西部投入的力度，交通和城市建设等外部基础设施条件有了较大改善，促进了旅游产业的发展，旅游市场也渐趋成熟，甘肃旅游开始注重制定科学的符合甘肃实际的发展规划，确定旅游开发的重点，论证筛选优秀的开发项目和条件成熟的旅游资源，加快了开发速度，规范旅游市场，包装旅游产品，加大宣传促销力度，使得旅游产业发展逐步迈上了规范、科学、合理和稳定发展的轨道。2005年作为提出科学发展观以来第一个五年计划的开局之年，甘肃省将旅游业定位为主导产业培育发展，在逐渐恢复了2003年"非典"导致的旅游低迷期以后稳步增长。2006—2010年（"十一五"）时期，甘肃省旅游业持续、快速、健康发展，取得了前所未有的成绩，旅游业发展环境进一步优化，旅游业的带动功能和民生效应逐渐扩大，对全省经济社会发展的综合贡献日益显著，旅游业地位显著提升。

围绕培育"精品丝路，多彩甘肃"的旅游品牌形象，甘肃省在此时期重点打造了一批精品旅游景区和线路，推出了二十大精品旅游景点，二十大新品旅游景点和十二大旅游节会活动，旅游系列产品框架初步形成，旅游产品丰富多彩，旅游产业稳步发展。2009年，全省接待旅游总人数3393.74万人次，完成年度任务的113%，增长36.3%，高于全国平均增长速度25.2个百分点；实现旅游总收入192.77亿元，完成年度任务的120%，增长40.2%，高于全国平均增长速度29个百分点。旅游总收入相当于全省GDP的比重达到5.7%。全省旅游接待人数已完成三年翻番目标的84.80%，超均衡进度18个百分点；旅游收入已完成三年翻番目标的83.8%，超均衡进度17个百分点。再者是建立了多元化投资机制。据统计，2009年全省在建旅游项目共计368个，项目投资总额84.2亿元，其中政府投资44.55亿元，招商引资39.65亿元。

四　转型换代期

2014年，我国13亿国民的年人均出游次数已达2.6次，公众对旅游的刚性需求逐年增加。近年来，为迎合国内外经济形势的变化，我国旅游产业也体现出了新的发展特质：

（一）逐渐重视环境保护

长期以来，我国民族地区旅游产业发展"重开发，轻保护"，民族地区旅游经济飞速扩张的同时也带来了生态环境的严重破坏、异质文化的同化、变异等一系列问题，使得旅游产业原本的吸引力下降，超常态的发展严重影响了旅游产业的可持续发展，旅游目的地的环境承载能力下降。因此，新常态下的旅游产业发展过程中对生态环境和文化环境的保护也提出了更为严格的要求。

(二) 强调旅游产业的稳定和可持续发展

激进式的短视发展带来了日后经济利益、生态利益、文化利益以及人的利益的损失，并严重影响到旅游业的可持续发展。旅游产业发展相对于宏观经济的发展过快或过缓均不是两者之间耦合相长的发展模式，其发展应自觉与宏观经济的发展保持在合理的弹性发展区间内。

(三) 旅游业发展已成为我国各地区经济调整、结构转型的产业选择和依托

旅游业以其强大的产业关联度和联动性成为区域经济调整、产业结构转型的重要推动力量，在新常态的发展环境中，旅游产业发展应注意淘汰"三高一低"（高投入、高消耗、高污染、低效益）的不良投入——产出结构，并注重与关联产业的协作发展，共同为区域环境的发展进行自我改善以及带动进步。

(四) 旅游需求模式发生了变化

大众旅游时代的到来使得旅游需求不再仅仅局限于观光、拍照等感官旅游体验，更多的旅游者青睐于体验、休闲、度假式的旅游形式，旅游需求的模式由最初的一般化、共性、粗放型旅游消费方式逐渐转变为个性化、体验式、休闲度假式的旅游需求模式。

(五) 旅游已经进入互联网时代

由于OTA、O2O等移动互联网时代的新型旅游企业组织以及新型旅游服务产品的出现，严重影响了传统旅行社的生存环境，与此同时，组团或抱团出游逐渐被自驾游、自由游的出游方式所取代，每一个出游个体都是自旅游主体，其中"80后"人群是国内游以及国际游的主力军，随着自媒体时代的到来，旅游业也迎来了游客的自旅游时代。

(六) 旅游供给已呈现出质的变化

景区的内涵已不再局限于传统的、狭隘的景区，而表现为大景区时代的特质；旅游饭店、酒店的建设已在平实性中注重突出特有的文化内涵和个体体验，以差异化的贴心服务满足旅游消费者的需求；旅行社在新的发展背景下积极寻找瓶颈突破口，通过个性化服务、新型导游的培养等措施来自救。该阶段，我国民族地区旅游产业发展所依托的公共基础设施、可进入性、旅游配套服务设施等物质基础大大增强，网络信息化（移动互联网、物联网、大数据、云端服务等）发展水平逐渐提高，为民族旅游产业在新阶段的转型发展带来新的契机。为增强民族旅游产业对于旅游者以及潜在旅游者的吸引力，民族旅游产业与其他产业业态（文化创意产业、体育产业等）的融合成为民族地区积极探索的主题。民族旅游产业的质态跨越发展对于促进民族地区经济发展、提高民族社区居民生活水平具有重要的意义。

在此背景下，我国西北民族地区旅游业的转型换代时期已经到来。近年来，随着区域经济的发展以及区域产业结构优化升级的需要，旅游产业作为全方位、多层次、多功能的经济型产业，已经成为各地区产业结构优化升级过程中必须考虑的重点产业。与此同时，互联网、智慧旅游等旅游新常态的出现，以及西北民族地区旅游业的发展过程中由单一经济价值导向的发展模式弊端逐渐显现，也促使西北民族地区旅游业的发展必须尽快调整发展模式，实现转型升级。

此阶段，新疆民族地区旅游业发展已全面开花，到2017年，新疆全疆旅游人数首次突破1亿人次，实现旅游总消费1821.97亿元，同比增幅超过30%。旅游业对新疆经济社会发展的促进作用日益显现。

表4　　新疆民族地区入境旅游消费及构成（单位：万美元、%）

指标	2014 金额	2014 比重	2015 金额	2015 比重
总计	49704	100	60775	100
民航	13967	28.1	18682	30.6
铁路	3678	7.4	5646	9.3
汽车	1398	3.9	1593	2.6
游览	3479	7.0	1349	2.2
住宿	5915	11.9	5585	9.2
餐饮	3628	7.3	4163	6.9
商品销售	7804	15.7	11292	18.6
娱乐	3181	6.4	1513	2.5
邮电通信	1292	2.6	3823	6.3
市内交通	1243	2.5	650	1.1
其他服务	3579	7.2	6479	10.7

目前，新疆民族地区基础设施升级游客体验更舒适，新疆12个国家5A级景区中，有6个实现了国家或省级高速公路覆盖或连通，3个实现了普通国道覆盖或连通。在73个4A级景区中，48个实现了国家或省级高速公路覆盖或连通。同时，"旅游+"全面开花，"旅游+航空"受到年轻游客的追捧；"自驾游新疆"渐入佳境；"环赛里木湖公路自行车赛"已成功举办了12届，"旅游+体育"的方式，给当地百姓带来了许多商机。全疆各种不同类型的农家乐超过6000家，带动了10万多家农户。旅游业成了实实在在的富民产业、惠民产业。

宁夏作为全国第二个创建全域旅游示范省区，全域旅游发展目前进入了快车道。2016年，宁夏接待国内游客首次突破2000万人次，旅游总收入首次突破200亿元，进出境人数首次突破20万人次，这三个首次突破的实现，无疑得益于全域旅游的大力推进。2016年，宁夏开工建设旅游项目172个；游客服务中心旅游厕所、宁夏智慧旅游运行监测管理服务平台等公共服务不断完善；一批金牌旅游小吃、创意旅游商品、旅游演艺项目和特色农家乐走进游客视线，单纯依靠景区吸引游客，带动增收的局面已经有所改变。2016年，宁夏国内游客接待人次与旅游总收入，同比分别增长17.1%和30.2%，成为全国旅游人次同比增长最快的五个省市之一；旅游总收入占全区GDP的比值达到6.73%，游客人均消费近972元；入境人数20.7万人次，同比增长97%。2017年，全区将进一步加快国家全域旅游示范区创建步伐，3月28日，自治区人民政府发布了《宁夏回族自治区"十三五"全域旅游发展规划》，计划到2020年创建成为全国全域旅游示范省区。

青海民族地区旅游也在快速发展，总收入不断增加。近年来青藏铁路的开通、国际大型体育赛事的举办、青海旅游"大美青海"媒介宣传，提升了青海的地方知名度，促进了青海旅游经济的飞速发展。2017年，青海省共接待游客3484.1万人次，同比增长21.1%；实现旅游收入381.53亿元，同比增长23%。青海旅游超出了预期目标，实现了稳步增长态势。

基于旅游基础设施的完善、旅游服务接待能力的提高和丰富的旅游资源，青海成熟的旅游线路基本形成，如西宁—青海湖景区旅游线路等，这些线路具有旅游资源评级高，交通可达性强等特点。目前青海除

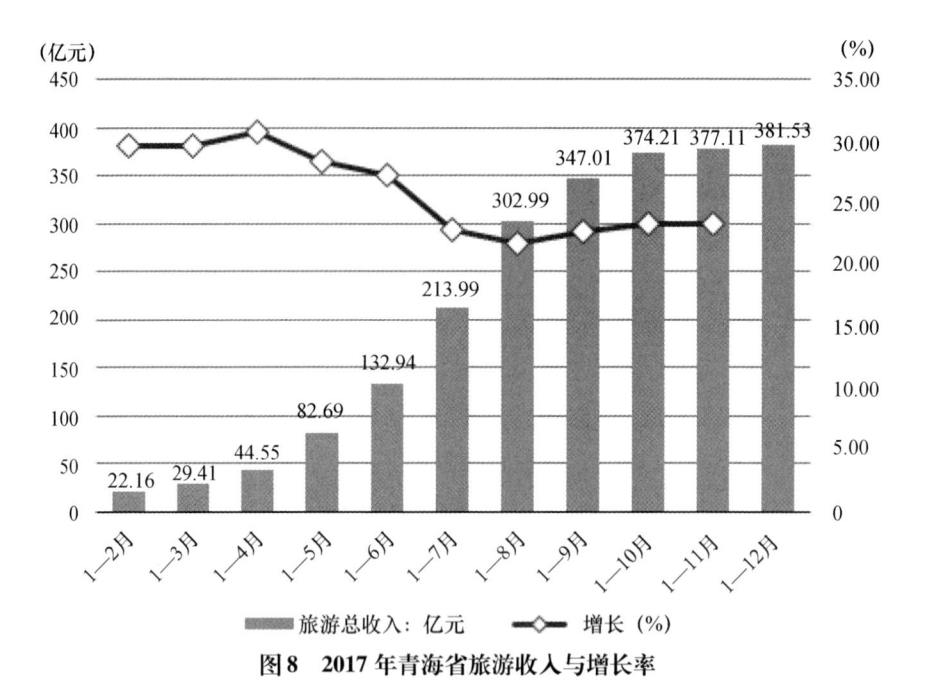

图8　2017年青海省旅游收入与增长率

图9　2017年青海省旅游总人数与增长率

国家A级景区106处外，还有更多优势资源与线路还需开发。地方旅游形象品牌标识对青海旅游经济发展非常关键，青海地方政府等主体提出

"大美青海"以体现高原地域性、民族性和多样性。"大美青海"在中央、地方媒体宣传及青海大型体育赛事的带动下,品牌内涵和形象得到不断深入和延展。通过打造"大美青海"旅游升级版等举措,"大美青海"在国内外得到推广,品牌影响力倍增。

现阶段,旅游业态已经成为甘肃省经济社会发展的龙头产业和战略性支柱产业。2017年,全省接待国内游客23897.3万人次,比上一年增长25%;国内旅游收入1578.7亿元,比上一年增长29%。占全省生产总值的20.56%。近5年来,青海省文化旅游平均以令人振奋的25%以上的增长速度在飞速发展,一直位居全国31个省市自治区的前五位,尤其是"一带一路"国家倡议提出并实施以来,甘肃省一些处在陇东南和河西走廊的重要景区文化旅游几乎呈井喷态势。在文化旅游市场规模扩大的同时,长三角、珠三角、环渤海、国外游客占比越来越高,文化旅游市场结构也在逐步优化。伴随着文化旅游产业发展的速度优势、文化旅游产业的体量优势,全省文化旅游产业已有一定的基础设施优势,部分产业已形成了具有一定影响的形象和品牌优势。如整个丝绸之路大片区,尤其是河西走廊资源完整、文化丰厚、品牌影响力强,河西走廊五市的文化旅游产业已经成为优势产业,并带动了区域内经济社会资源有机整合、产业融合发展,以及全方位、系统化的优化提升,在国内外都具有一定的优势和影响力。

表5　　　　2012—2017年甘肃旅游产业发展的主要指标

项目 年度	旅游总人数 合计（万人次）	总人数全国排名	增幅（%）	增幅排名	旅游总收入 合计（亿元）	总收入全国排名	增幅（%）	增幅排名
2012	7834.5	25	34.25%	1	471.08	27	41.17%	1
2013	10078	25	28.60%	1	620.20	27	31.60%	2
2014	12600	24	25%	1	780	26	25%	2
2015	15633	24	24%	3	975	27	25%	5
2016	19000	—	22%	—	1220	—	25%	—
2017	23900	22	26%	6	1580	26	—	7

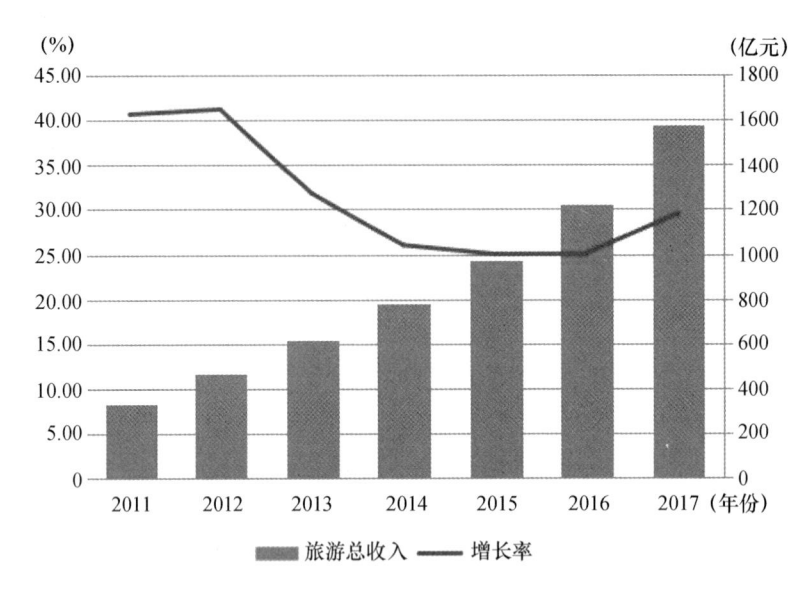

图 10　2011—2017 年甘肃省旅游业总收入与增长率变化

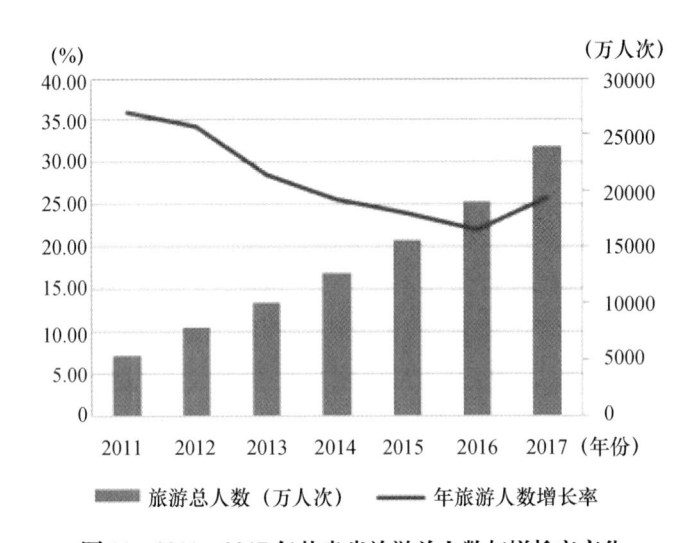

图 11　2011—2017 年甘肃省旅游总人数与增长率变化

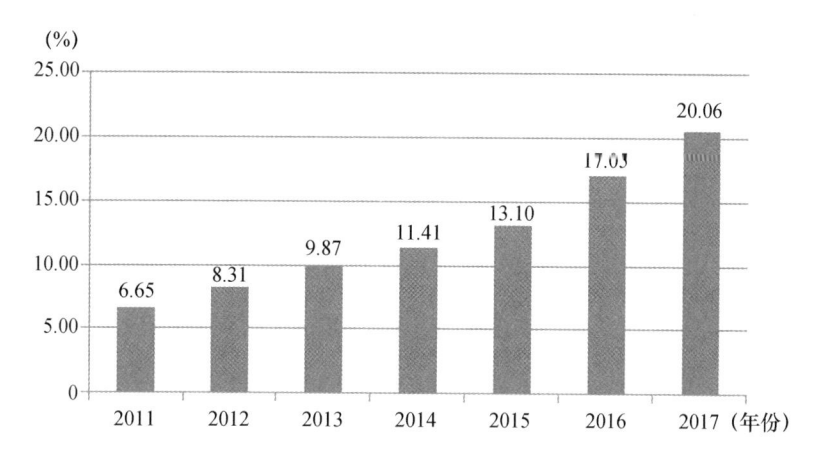

第三章 西北民族地区旅游发展的历程、现状及问题

图12　2011—2017年甘肃省旅游收入占全省GDP比重变化

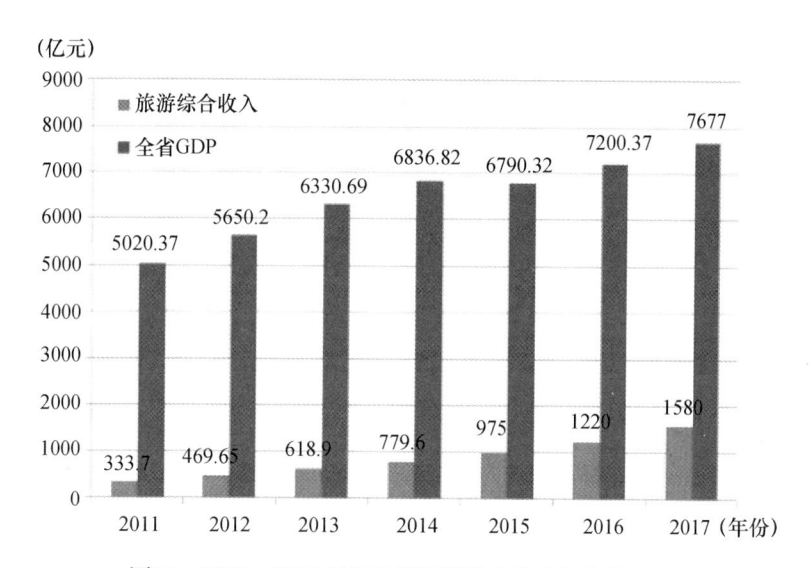

图13　2011—2017年甘肃省旅游综合收入与全省GDP

表6　2018—2020年甘肃省旅游综合收入预测表（国内游+入境游）

年份	2018年	2019年	2020年
预计总收入（亿元）	1895	2274	2729
预计年增长率（%）	20	20	20
预计总收入（亿元）	1974	2467	3084
预计年增长率（%）	25	25	25

五　西北民族地区旅游业发展的特征

民族地区旅游业是指包含旅游八要素的旅游收入、旅游人次、旅游住宿、旅游餐饮、旅游交通、旅游购物、旅游景区、旅游娱乐、研学旅行、旅游健康服务等方面的综合性产业。[1] 近20年西北民族地区旅游产业也随着各项国家相关政策、资金以及相关旅游发展人士的推进呈现较快的增长势头，并且部分民族地区已经将旅游作为区域发展重要的经济增长点大力推进旅游产业的发展。本报告着力从以下几点来介绍我国西北民族地区旅游产业发展的特征：

（一）国家政策及资金的大力支持

2000年西部大开发战略的实施为西北民族地区旅游业的发展提供了最大的政策和资金支持。甘肃的"3·14事件"和新疆的"7·5事件"以后，中国政府秉承公开、透明和宽容的态度承担善后工作，并且积极重塑民族地区安全旅游形象。2015年我国提出的"一带一路"战略也为西北民族地区旅游业的发展提供了良好的契机，西北民族地区依托国家的政策及资金的支持，在政策环境稳定发展的大环境下促进其旅游业可持续发展。[2]

（二）旅游产业发展的速度迅猛

西北民族地区的旅游业的发展速度也在旅游经济飞速发展的今天高于该地区经济发展的速度。近年来，西北民族地区旅游产业要素的扩展速度以及产业固定资产和规模扩张的速度也远远高于其他行业，成为真正的支柱产业。西部民族地区旅游业40年来保持了旅游人次和旅游收入"双高"发展，其发展速度普遍位于10%—30%的增长区间，少数地区甚至出现了几何级数的跳跃式发展，远远高于西部民族地区国民经济的发展速度，甚至高于全国其他大部分省份的旅游发展速度。[3] 在西

---

[1] 中国人类学民族学研究会民族旅游专业委员会：《关于进一步推进民族地区旅游业发展的若干建议》，第五届中国民族旅游论坛资料汇编2014年。

[2] 把多勋、杜敏：《西北民族地区旅游产业对充分就业水平影响研究——以甘南自治州为例》，《内蒙古财经学院学报》2009年第10期。

[3] 刘丽梅：《西部民族地区旅游业发展历程与启示》，《内蒙古财经大学学报》2014年第6期。

北民族地区,旅游业外汇收入其年度增长速度除个别年份以外均大大高于全国旅游外汇收入年度增长水平。但与东部地区相比,西北民族地区旅游业在资金投入和市场占有方面具有先天的不足性。西北民族地区应该与东部、中部的资金、技术与市场相连通,合理利用中东部地区的优势,弥补西北民族地区旅游业发展过程中存在的不足,实现西北民族地区旅游业真正的跨越式发展。

(三) 西北民族地区旅游产业不断扩张

随着国民经济水平的提升,旅游业也随着人们物质精神需求的增加而迅速发展,西北民族地区凭借其特色的文化旅游主题景区和民族特色产品形态,这些承载着民族地方的历史记忆、文化艺术结晶和民族地域特色,在市场上保持着较强的吸引力。尤其是西北地区以宁夏回族自治区、甘肃、青海等为代表的一些民族地区,都吸引着国内外众多旅游者前去体验其独特的民族魅力。所以西北民族地区旅游产业不断扩张,西北民族地区中的一些地区在发展自身旅游业的同时还探索民族地区旅游发展新业态,扩张旅游发展新版图,以旅游业的发展促进经济社会环境等各方面的发展。[①]

(四) 西北民族地区旅游业产业地位迅速提升

改革开放以来,西北民族地区旅游产业经历了从无到有、从雏形走向成熟,地区旅游产业发展迅速。民族旅游的市场也在整个旅游市场中占有较大份额,西北民族地区所对应省份GDP相对来说也有较大增幅。民族地区旅游资源吸引力较强,旅游市场需求旺盛,旅游业发展产生了显著的经济效益,深远的社会效益、文化效益。旅游产业要成为民族地区真正的支柱产业,就要加强旅游产业在该地区国民经济中的地位。

(五) 西北民族地区生态、文化、社会环境亟待保护

随着西北民族地区旅游资源的开发,在获得经济效益的同时也产生了许多生态环境方面的问题。在旅游中重开发而轻视或忽视对西北民族地区环境、民族文化等的保护,会对旅游业发展产生一系

[①] 刘晓春:《民族旅游与民族地区旅游业发展问题探讨》,《黑龙江民族丛刊》2016年第4期。

列负面影响，从而影响旅游业的可持续发展，这是西北民族地区旅游产业发展过程中所面临的重要问题。西北民族地区也因其脆弱的生态环境、生态系统的恢复能力弱、自我保护能力差以及利用效率低等造成西北生态环境严重的破坏，亟待保护。此外，在西北民族旅游开展的过程中，少数民族文化不可避免地要与其他外来文化进行接触，造成文化的交流与碰撞。这时，少数民族文化就面临着被同化、被解构的风险。舞台化的表演也会潜移默化地影响民族文化及当地居民的心理与价值观念，民族文化亟待保护。最后，西北民族地区中的大部分都面临着当地经济基础差、公共基础设施建设不足、交通发展不足等问题，当地社会生活水平总体较为落后。所以，社会环境也是西北民族地区需要改善的一个重要方面。

第三节　西北民族地区旅游发展的现状及存在的问题

一　西北民族地区旅游业发展现状

西北地区幅员辽阔，民族众多，而真正意义上属于西北民族地区的是宁夏、新疆及青海3个民族省区。甘肃拥有临夏回族自治州、甘南藏族自治州两个民族自治州，张家川回族自治县、天祝藏族自治县等七个民族自治县，拥有东乡族、保安族、裕固族三个特有少数民族，是我国藏、回、蒙古、维吾尔、哈萨克等二十多个少数民族的主要聚居区，因此，本研究报告所指的西北民族地区包括宁夏、新疆、青海、甘肃等4个省区。西北民族地区产业结构的特殊性使其升级优化进程相对缓慢，旅游产业占比总体低于全国水平，但是甘肃省民族地区始终保持第三产业平稳增长的趋势，2012年赶超全国水平，这说明我国西北民族地区第三产业前景和发展空间较大，旅游经济发展潜力巨大。

二　西北民族地区旅游产业发展比较

我国西北民族地区的旅游业在近年来的发展中显现出了一定的发展

优势，但是从旅游的效应方面和旅游参与方面与发达地区还存在较大的差距，与全国平均水平相比较低。以下将从产业参与的主体、内容和保障机制的建设等方面对我国民族地区与我国非民族地区进行比较，分析西北民族旅游产业发展所存在的问题。

（一）参与的主体比较分析

目前，我国非民族地区旅游产业发展的重要主体还是政府，政府在倡导、组织、推动产业协同发展方面起到了十分重要的作用。政府方面积极召开旅游业发展会议，在整体发展目标和举措方面宏观把握发展方向，提出民族地区旅游业发展重点，从局部到整体、从上到下实施方案，鼓励民族地区居民旅游参与和开发管理，引进投资，创新旅游业发展模式。

一直以来，在西北民族旅游发展的进程中，政府是最重要的推动力量。无论是"丝绸之路"和"神奇大西北"等品牌旅游产品的建设，"唐蕃古道线""青藏线路旅游线"等特色民族旅游线路的设计，还是国际和国内的旅游交易会联合市场促销，旅游宣传手册的印制，都不乏各级政府活跃的身影，许多活动其实就是通过政府间的安排来进行的。区域内的旅游企业反应远远不如政府积极，许多旅游企业对区域旅游产业发展采取一种观望态度，有些旅游企业虽碍于情面或迫于压力参与活动，却往往缺乏自身的积极性、主动性和创造性。就西北民族旅游业发展的现状来看，旅游发展需要以政府为主导，没有政府的介入和相关政策，旅游发展就少了必要的基础和条件。但政府的某些政策还需要落实到旅游企业的行为上，只有政府的积极性而没有旅游企业的积极性，旅游产业发展是难以深入进行的。

（二）旅游产业发展所涉及的内容比较分析

我国西北民族地区和非民族地区旅游产业在发展内容方面有一定的差距。以下以非民族地区的长三角为例，主要从区域旅游系统所包含的客源市场系统、出行系统、目的地系统和支持系统这四个子系统来分析长三角地区和西北地区的民族旅游产业发展所涉及内容的异同（见表7）。

表7　　　　　　长三角地区和西北地区的民族旅游产业发展

子系统		非民族地区	西北地区
客源市场系统		大力拓展国内和国外旅游市场；与邻近城市互为客源市场	拓展国内和国外旅游市场；与邻近城市互为客源市场
出行系统	交通	交通设施日新月异，机场航线的全面覆盖，高速公路、高铁、城际快车、跨河跨海大桥等发达的交通网络体系形成且完善	全区尚未形成快捷畅通的现代立体交通网络，机场、航线、航班和火车卧铺及高等级公路较少。交通仍为制约西北地区旅游产业发展的一个主要"瓶颈"。目前，各省区的旅游协作尚未涉及这方面内容
	营销宣传	旅游产品的营销已经受到了各个地区旅游部门和旅游企业的重视并逐渐推广，取得了良好的市场效果。如：举办大型旅游节庆活动；建立旅游广播网，播出地区的旅游信息；组织境内外媒体对旅游景区进行考察、采访；参展英国伦敦国际旅游展、巴黎国际旅游展等大型旅游展会，并赴埃及、土耳其、西班牙促销；出版旅游手册和旅游交通图；编制重点节庆活动的年历；举办旅游发展高层论坛，在国外举行两场推介会；参加国际旅游展并举办旅游推介会；运用彩车和方队相结合的巡游方式促销大阪御堂筋巡游	在国内国际旅游交易会及新闻媒体上联合举办"神奇大西北旅游推介会"，整体宣传推介，并通过各种方式在彼此的旅游市场上开展宣传促销活动。与西北旅游宣传机构合作，编辑出版联合宣传品17种，总印量超过了50万册，其中《神奇大西北》联合导游图已再版3次。建设了中国西北旅游网，并编辑了《西北旅游》DM杂志。2008年，借奥运会的契机，五省区及新疆建设兵团旅游局联合举办2008中国西北旅游网上博览会，向国内外宣传推广西北旅游
	咨询中心	设立多家旅游咨询中心，以各种文字材料及电脑触摸屏的方式，向旅游者免费提供旅游咨询	设立旅游咨询中心极少，提供简单的服务。目前，各省区的旅游协作尚未涉及这方面内容
目的地系统	旅游资源整合	在传统的游线的基础上，大力推出新的旅游线路。并携手毗邻区域，联手推出新游线，丰富旅游产品，满足多元化的市场需求	以享誉世界的"丝绸之路"为龙头，带动区域旅游资源整合，设计出多条探险旅游线路和特色旅游线路

续表

子系统		非民族地区	西北地区
	设施子系统	在基础设施与服务设施领域，配套服务设施比较发达，设施规划和分工布局体系也比较科学，基本上能满足市场需求，产业结构日益优化	由于开发程度低以及资金的匮乏，西北地区的基础设施和住宿接待设施普遍落后，不够完善。相当一部分旅游饭店设施陈旧，配套设施不完善，严重影响了接待能力。目前，各省区的旅游协作尚未涉及这方面内容
支持系统	政策保障	《中华人民共和国旅游法》《中国人民共和国十二五规划》《关于促进旅游业改革发展的若干意见》《中国旅游业发展515战略》等重要法律法规政策	一年一度的"中央民族工作会议"的召开、《西北五省区旅游绿色通道管理办法》、"一带一路"国家战略的推进和实施等多项支持西部民族地区的政策和法律法规
	市场环境	全国市场化程度高，为旅游产业发展创造了良好的制度环境和政策环境，尤其是各地旅游管理机制的创新改革和旅游投融资体制的创新，为大量社会资金进入旅游投资领域创造了条件，也为旅游产业发展提供了有效的市场制度环境。而且，市场化运作机制有力的区域旅游发展的空间范围的扩大和保障机制的比较成熟与完善，有利于实现旅游要素资源的科学合理配置和优化区域旅游产业结构	市场化程度较低，吸引社会资金能力薄弱，投融资企业有限。市场化运作、旅游要素资源的科学合理配置和优化区域旅游产业机构、空间机构正在逐步发展与完善
	人才教育、培训	每年定期召开会议，加强旅游教育培训部门的工作交流；逐步形成职业培训的统一标准和内容；开展旅游业务培训工作；开展各旅游业务技能竞赛活动；促进区域旅游专业人才的柔性流动	西北各个民族地区定期进行旅游从业人员的培训，但培训形式单一，培训体系不健全

从表7的对比分析可以看出：第一，非民族地区旅游产业发展所涉及的内容比较广泛，基本涵盖了四个子系统所包含的各个方面；而西北民族地区旅游产业协同发展只是涉及了部分内容，交通建设、旅游咨询中心、设施子系统和市场环境建设等方面都涉及较少。第二，即使在两个地区都涉及的内容方面，如营销宣传、旅游资源整合、政策保障和人才教育培训等方面，非民族地区也比西北民族地区的内容更丰富更全面。

三　西北民族地区旅游产业发展存在的问题

随着旅游业的迅速发展，西北民族地区也搭乘旅游飞速发展的快车实现民族地区旅游发展，西北民族地区凭借其具有特色的民族旅游资源优势在旅游业发展的过程中也吸引了数量众多的旅游者，由于这种旅游资源的不可替代性使旅游产业实现了较快的发展，但是与东部地区相比，西北民族地区旅游业发展还非常滞后，亟待实现技术、资金、人才资源等各方面的发展。西北民族地区可以借鉴一些优秀的旅游产业发展成功案例，结合自身情况调整后进行有效地实施。

（一）旅游产品开发不足

旅游业是一项投入少、产出高的产业，但在开发初期，往往需要投入大量的资金进行基础设施的建设，才能满足游客最基本的需求。由于我国的少数民族地区经济相对落后，资金有限，对旅游产品的开发研究资金自然极少，又由于开发中全面撒网，没有重点开发意识，结果使各地都得不到足够的资金，产品开发的质量自然无法得到保证。所以，西北民族地区旅游产品在开发的过程中面临这样一个严重的问题，旅游产品开发不足，而且很多都大同小异，很难突出民族地区特色，由于资金原因，旅游产品难以在开发的过程中注重创新，产品竞争力不足。例如，甘肃甘南藏族自治州的一些旅游景点大多都兜售一些所谓"民族风"的披肩、围巾等。而在宁夏一些民族地区也同样可以买到这种样式的披肩和围巾，这个例子就足以说明名当地的民族特色产品缺乏当地的民族特色和文化创意。

（二）西北民族地区旅游基础设施建设不足

西北民族地区地处偏远、交通不便，旅游基础设施建设相对落后，尤其是公共基础设施建设不足与交通网络不完善，这些问题对西北民族地区旅游业发展都造成了较大的负面影响，例如交通不便就严重影响了旅游者从客源地到旅游目的地的通达度，影响旅游者旅游目的地的选择，从而影响旅游者的旅游体验。同时，西北民族地区在交通运输、接待服务等方面均与中东部一些城市有较大差距。

（三）当地居民参与度不够

由于对少数民族文化的深度挖掘不够，西北民族地区在旅游业发展的过程中面临着民族地区普遍存在的问题，当地居民的参与度不够、文化在旅游业发展过程中发挥的作用不显著、旅游业自身的附加值也有限、旅游拉动消费的特点不够明显。西北民族地区仅有一小部分当地居民参与到旅游业的发展过程中，旅游扶贫的作用还需要加强。当地居民应加强适度民族旅游活动的参与，可以尝试把具有本民族特色的东西展现出来，传承、发扬民族文化。这也是一些旅游者到民族地区所关心的、想要了解和体验的。

（四）旅游资源保护意识薄弱

不少地方比较关注旅游资源的开发和眼前的经济利益，而忽视对资源的保护。突出问题表现在"开发"压倒保护。首先，缺乏环卫设施和垃圾处理站。如甘南藏族自治州扎尕那景区的基础设施尤其是环卫设施和垃圾处理站缺乏，而且卫生间、饮水处等方便游人休憩的地方也非常少。重开发轻保护的问题在这里显得尤为突出。其次，环境容量超载也是西北民族地区许多旅游景区共同面临的问题，导致游客超过生态负荷，带来一系列生态问题。最后，过度重视经济效益而较少关注生态效益，居民与旅游者环境保护意识薄弱，最终导致民族地区生态环境的破坏。

（五）对人的关注不够

在以往对旅游产业发展的研究中，人们往往比较注重研究旅游地区的社会经济发展、文化的发展、生态环境的发展以及制度的发展等方面，而忽视了人的发展在旅游产业发展过程中的地位和作用，或者把发展仅仅理解为经济的增长、文化的进步、生态资源的开发和保护，以及发展制度的创新等方面，而忽略了"发展"的真正目的在于人的发展。因此，立足于人的发展，解决民族地区旅游产业发展中人的发展问题,升华其发展意义,是今后我国民族地区旅游业发展过程中需要重点关注的问题。西北民族地区旅游发展也应注重人的发展,突出人在旅游发展中的主观能动作用,促进西北民族地区旅游业稳定可持续发展。

第四章

西北民族地区旅游发展的总体影响研究

第一节 西北民族地区旅游发展的正面与负面影响研究

西北民族地区以独特的民族风情、稀缺的旅游资源，吸引着国内外的游客来感受其独有的民族魅力，但其又因地处偏远，交通不便等因素制约着旅游业的发展。随着中国旅游业的发展繁荣，西北民族地区发生了巨大变化，旅游给当地经济、社会文化、生态环境都产生了巨大的影响。旅游业发展对目的地的积极影响值得肯定。而旅游这把双刃剑在带来积极影响的同时也避免不了消极影响的滋长，但是在整个社会发展中，更多的是以积极影响为主。西北民族地区广阔的地域使其在旅游发展的过程中存在一定的区别，其产生的消极影响无法避免且不容忽视，探索适宜西北民族地区旅游发展产生的消极影响的调控机制是实现未来旅游良性发展的必要举措。所以本研究经过对其典型案例地甘南藏族自治州、肃南裕固族自治县等进行充分调研，对西北民族地区其他典型区域进行实地考察，探索西北民族地区旅游发展的基本路径及其影响机制，寻求相关行之有效的调控机制以一定程度上减少其负面影响，为当地旅游业可持续发展提供理论指导和实践经验，以促进西北民族地区旅游业蓬勃发展。

一 西北民族地区旅游发展产生的正面影响

旅游发展会对西北少数民族地区带来各种各样的影响，无论是正面还是负面影响，大都集中于经济方面的影响、社会文化方面的影响以及环境生态方面的影响。

（一）经济影响

西北少数民族地区大部分属于深度贫困地区或连片特困区，居民生活水平不高，收入水平较低，大部分居民维持着以最为基础的农业、传统手工业为主的谋生方式。旅游对于西北少数民族地区带来的最直观的影响就是对其经济方面的影响，随着旅游的逐渐发展，游客来此地进行旅游观光，由于游客的食住行游购娱各方面需求的增加，会带动当地居民从事有关游客旅游需求的职业，如餐厅、民宿、导游等，扩大了居民的收入来源，并且旅游带来的收入会极大地提升其家庭的收入水平，改善居民的生活状况，整体提升民族旅游地区居民的生活质量。

另外，旅游业属于集聚产业，随着旅游产业的急速发展，也会带动其相关产业的发展。西北少数民族地区的旅游开发，会增加其客源，客源带来的需求为当地进行招商引资带动各项旅游周边产业的发展，最终形成产业的集聚效应，拉动当地整体的经济发展水平，这对西北少数民族地区进行产业结构调整，传统产业转型升级具有重要的积极作用。

（二）社会文化影响

旅游的发展会带来大量的游客，尤其是少数民族地区，其核心旅游吸引物为异质的少数民族文化风俗，所以游客带来的外来文化会对当地产生很大的社会文化影响，其积极影响主要集中在以下几方面。

1. 完善各项基础设施建设

西北少数民族地区处于我国偏远地区，整体城市建设以及配套基础设施都较为陈旧落后，医疗卫生、教育、交通等城市配套基础设施都非常的简陋。西北少数民族地区旅游的发展与开发，会极大地促进当地基础设施的完善，尤其是交通条件的改善，增加旅游厕所、增加公共交通，完善配套医疗机构等，一方面是对于游客的基本需求的保障；另一方面这些公共基础设施的完善，也会便利当地居民的日常生产生活。

2. 加强对少数民族文化的关注与保护

西北少数民族地区由于其特有的少数民族风情、独特的少数民族文化而吸引着广大游客的前来，所以该地区的核心旅游吸引物就是其对于外来游客异质化的少数民族传统风俗人情。少数民族风俗文化是我国重要的文化瑰宝，但一直以来并没有得到应有的重视，很多少数民族文化随着时间的推移，慢慢地被主流文化所同化，最终消逝。旅游的发展可以极大地使得当地少数民族文化被大众熟识，更多的政府部门了解到对于其少数民族文化保护与发展的重要性与迫切性，以谋求旅游的可持续发展以及我国特色少数民族文化的传承。所以旅游的发展可以加强对于西北少数民族地区特有文化的关注与保护。

（三）生态环境影响

旅游的发展对西北少数民族地区带来一些环境问题的同时，也需要看到其带来的积极效应。其中最为明显的就是旅游的发展使得当地环境卫生问题得到改善。西北少数民族地区在旅游发展之前，大多数地区的环境卫生条件都比较简陋、比较恶劣，多数地区在发展之前都不会注重卫生问题，或整体的村容村貌问题。但是旅游的发展迫使当地有关部门会对其整体的村容村貌进行整治与管理，以一个干净整洁的村容村貌来提升游客的体验感，同时也是对于居民生活环境的一种改善与提升。

另外，旅游以及各方面产业的快速发展所带来的环境问题也会使得人们的环保意识越来越强，为谋求可持续发展与延长目的地生命周期，必须更加关注环境友好型的发展方式。无论是当地居民还是有关部门人员都会更加注重发展过程中的环境问题，谋求生态旅游、绿色旅游的发展，以增加人们的环保自觉度并且普及环保的基础知识。

二 西北民族地区旅游发展产生的负面影响

目前，西北民族地区旅游发展存在一定的负面影响，主要体现在经济、社会文化和生态环境三个方面。具体表现如下：

（一）经济影响

经济方面产生的负面影响主要体现在游客的大量涌入引起旅游地物价的提升、收入差距扩大等。随着近20年来西北民族地区旅游的飞速发展，民族旅游目的地经济随之发展，旅游活动产生的交易逐渐增多，市场的不断扩大导致旅游地物价提升。随着旅游活动的深入发展，较多旅游收益被外来经营者获取，只有少数本地人从旅游活动中获益，当地人与旅游政府部门、旅游开发者在经济利益上分配不均等甚至产生一定的矛盾。从目前西北民族地区旅游产业发展中利益分配来看，由于旅游社区和当地居民在旅游发展中往往处于弱势地位，导致当地居民和旅游社区的利益和权益难以保全，而最终的旅游利益经常属于旅游开发商和当地政府，存在利益分配不公等现象，导致旅游发展很难从居民个体收入和发展角度实现扶贫，旅游可持续发展支撑水平下降，并直接或间接影响到西北民族地区的当地生态环境和民族文化的保护和发展。

（二）社会文化影响

社会文化方面产生的影响集中体现在旅游开发对于西北民族地区传统社会体系和传统价值观念的影响，即旅游开发对西北民族地区原有传统民族文化的冲击，如民族语言流失、民族传统文化异化、道德风气退化等，从而破坏了西北民族地区传统文化的原真性。西北民族地区旅游发展对传统的民族文化造成了一定的影响。随着民族地区旅游业的迅速发展，旅游热度也随之提升，游客数量激增。为了迎合游客们对民族地区民族风情的猎奇心理，传统的民族文化逐渐朝着大众化的方向发展。具体表现为民族传统文化原真性的缺失，引起旅游资源面临退化和消失的风险。部分民族地区汉化严重，使传统民族文化不能得到良好保护与传承。西北民族地区的特色文化产品也会为迎合外来游客的喜好和要求而发生文化变异。因此，西北民族地区传统民族文化的原真性、民族性逐渐受到外来文化的影响，影响到对游客的吸引力。

（三）生态环境影响

生态环境方面的负面影响主要体现在：大量的游客涌入导致环境容量超载、噪声污染加剧。越来越多旅游带来的环境问题危害到当地的水源水质、土壤等，并且会产生很多的环境污染，西北民族地区生态系统被破坏、原有的生态平衡被打破。如果不加以调适，西北民族地区旅游带来的负面影响还会持续增加。另外，旅游资源开发与环境保护之间的矛盾也变得日益尖锐。

首先，轻生态而重经济。在经济利益的驱动下，旅游经营者会更多地从获取经济利益的目的来决定旅游活动的内容、方式和规模，从而以牺牲生态和社会效益为代价换取经济效益，不注重生态因素，环境保护就难以维持。其次，效益分配不均，负面效益明显。旅游业的发展在给当地带来经济、文化和环境的正面影响的同时也会带来相应的负面影响，从目前的发展现状来看，西北民族地区的正面效益主要表现为经济收益，而负面效益是造成了生态环境的退化，虽然当地居民是正面效益的受惠者，但却承担着整个区域生态环境系统破坏的风险，导致居民对旅游业和游客产生了敌对情绪，影响了当地旅游业的和谐、可持续发展。最后，生态保护意识薄弱。游客与居民的意识形态影响着人们的思维和行为方式，旅游业发展过程中粗放的旅游开发模式、发展旅游的盲目规模化冲动、不文明的旅游行为和经营管理者对生态环境的轻视等都与此相关。长期以来，旅游是无烟产业这一错误观念深入人心，影响着人们进行资源开发与利用的方式，西北民族地区旅游业还处在初级阶段，旅游业带来的经济效益远没有负面的效益显著，再加上经济落后、政府财政短缺和急于摆脱贫困等因素的影响，先发展后治理的错误观念成为决策者进行大力开发的借口，生态环境面临严重的威胁。

随着西北民族地区旅游的发展，其对经济、社会文化、生态环境方面产生的影响日益突出，同时产生了一系列的正面影响和负面影响，如果这些负面影响不能加以合理地调适，则会使西北民族地区当地居民的收入差距进一步加大，当地居民与政府、企业等利益相关者在利益分配等问题上的矛盾会越发激化。资金紧缺、技术落后、人才匮乏也成为限制西北民族地区旅游业发展的重要因素。同时，一味地开发利用旅游资源而不调控其产生的负面影响，也会冲击西北民族地区原有的传统文化，而且对当地居民的生活方式、价值观、民族信仰等也会产生长久的、累积的、不可逆转的负面影响，最终将会导致民族文化本原性和真实性的消逝。[①] 西北民族地区旅游发展产生的负面环境影响若不能得以很好地调控，也会导致民族地区环境破坏严重、生态恶化加剧，最终形成恶性循环，危害西北民族地区旅游的可持续发展。所以，如何调适西北民族地区旅游产生的负面影响成为亟待解决的问题。只有解决好了这个问题，西北民族地区旅游业发展才能实现经济效益、社会效益和环境效益的均衡发展，从而实现民族地区旅游的可持续发展。

---

① Williams D. R., Mcdonald C. D., Riden C. M., et al, "Community Attachment, Regional Identity and Resident Attitudes Development", *Proceeding of the Travel and Tourism Research Association Conference*, San Diego, 1995.

第二节 西北民族地区各省旅游发展的影响研究

西北地区长期以来都是我国少数民族活动和聚居的地方，历史上有十多个民族部落在此活动，目前聚居着藏、回、维吾尔、蒙古等18个主要的少数民族，我国信奉伊斯兰教的10个少数民族都聚居于此。该地区绝大部分位于青藏高原寒区和西北干旱区内，自然条件复杂、气候恶劣，生态脆弱度都在0.65以上，是我国生态水平最差的极强度脆弱区。西北民族地区包括宁夏、青海、新疆和甘肃的部分地区，除了宁夏回族自治区和新疆维吾尔自治区外，青海的民族地区占到98%以上且旅游资源丰富，甘肃包括有甘南藏族自治州和临夏回族自治州两个自治州，还包括天祝藏族自治县、肃北蒙古族自治县、肃南裕固族自治县、张家川回族自治县和阿克塞哈萨克族自治县5个少数民族自治县。

一 旅游发展对新疆民族地区的影响

新疆维吾尔自治区位于我国西北边疆地区，自治区土地面积160万平方公里，占中国国土总面积的六分之一，旅游资源丰富多样，尤其是民族旅游资源。新疆是多民族聚居的自治区，共有47个民族在此居住，主要有维吾尔族、汉族、哈萨克族、回族、柯尔克孜族、蒙古族、锡伯族、俄罗斯族、塔吉克族、乌孜别克族、塔塔尔族、满族、达斡尔族13个世居民族。这些民族有着独特的本民族的历史文化，民族、民俗风情极其浓郁，维吾尔族能歌善舞，舞姿婀娜，热情好客，感染力极强；哈萨克族服饰美观大方，喜爱马背上的运动；蒙古族特有的长调旋律飘逸悠扬、荡气回肠；回族饮食文化独特，食品色味俱佳。各少数民族的节日庆典活动、文化娱乐方式、饮食服饰习俗、民居建筑风格、婚丧嫁娶传统等民风习俗各有特色。此外，新疆地区的土特产品、手工艺品、旅游纪念品和商品等，都带有浓郁的地方及民族色彩并且品种丰富。各族人民直爽豪迈，朴素好客的性格，西域风情的歌舞及粗犷的北方草原民族文化构成了令人应接不暇的新疆民族旅游资源。

（一）经济影响

1978 年起步，第一年只接待 8 名海外旅游者，年旅游创汇 4.6 万美元。但是到 1996 年，18 年中，共接待海外旅游者 148.26 万人次，年平均增长率为 69%，远高于全国 20% 的年均增长率；旅游创汇 4.0964 亿美元，年平均增长率为 57%，高于全国的年平均增长率 41%。仅 1996 年就接待海外旅游者 176900 人次，全年创汇收入 6819.7 万美元，回笼货币 7.5 亿元人民币。[1] 经过三十多年的发展，新疆的旅游产业经历了从无到有、从弱到强的发展过程，但与其他产业发展相比，新疆的旅游产业发展依然十分薄弱。对新疆而言，依托其特有的旅游资源发展旅游产业，进而将其培育成为支柱产业，对于实现地方生态、环境与经济的协调发展具有特殊意义。[2]

表 8　　　　　　　　　　新疆旅游业发展状况

项目	2000 年	2010 年	2015 年
旅行社总数（个）	130	462	339
入境旅游人数（万人）	25.61	106.53	168.36
按地区分			
乌鲁木齐市	13.26	38.16	55.34
克拉玛依市	0.12	0.63	5.69
石河子市	0.11	0.35	2.73
吐鲁番市	3.36	7.12	2.39
哈密地区	0.06	2.12	1.46
昌吉回族自治州	0.22	0.31	1.61
伊犁哈萨克自治州	1.82	21.32	37.52
伊犁州直属县（市）	1.54	18.47	27.63

---

[1] 张福春、吴建国：《民族地区旅游产业关联研究——基于新疆 2007 年投入产出表的测算》，《商业时代》2012 年第 31 期。

[2] 参见韩全学等《在六分之一国土上》，新疆青年出版社 1998 年版。

续表

项目	2000年	2010年	2015年
塔城地区	0.13	1.37	3.80
阿勒泰地区	0.26	3.56	15.09
博尔塔拉蒙古自治州	0.07	2.71	5.09
巴音郭楞蒙古自治州	0.73	0.62	1.80
阿克苏地区	0.60	0.36	3.39
克孜勒苏柯尔克孜自治州	0.21	2.89	1.13
喀什地区	2.73	4.37	1.40
和田地区	0.39	2.17	2.29
国内旅游人数（万人）	758	3038	5929
疆内居民出境游（人）	4535	12499	63972
旅游消费			
入境旅游消费（万美元）	9494		60775
国内旅游消费（亿元）			985

1991—2000年，新疆接待入境旅游者由13.41万人次增加到25.61万人次，年均增长7.5%；旅游外汇收入由2171万美元增加到9494万美元，年均增长17.8%；旅游饭店由1995年的79家增加到2000年的208家，年均增长21.4%。苏联解体后来疆旅游的独联体人数迅猛增长，累计占国际旅游人数的40.5%；日本游客占18.4%；1988年开放了台湾同胞回大陆探亲旅游，台湾游客大幅增长，港澳台游客占10.8%。这一时期，新疆入境旅游发展的主要特点是接待规模保持稳定发展，收入水平均以较高的速度增长，并形成了收入增长快于规模扩大的良好局面，入境旅游业开始从单纯的数量扩张向数量与效益共同提高的方向转化。与此同时，国内旅游于20世纪80年代末期兴起，于90年代以后蓬勃发展起来。2000年新疆国内旅游游客达到758万人次，年均增长15.1%；回笼货币62.67亿元，年均增长47.5%。与此同时，出境游于90年代初期悄然兴起，与毗邻国家的边境旅游项目以及与新马泰、港澳三国两地的观光旅游项目开始启动，出国旅游观光已成为新疆人的现实。

2001—2007年，新疆接待入境旅游者由27.30万人次增加到43.84万人次，年均增长8.2%；旅游外汇收入由9856万美元增加到1.62亿美元，年均增长8.6%；旅游饭店由250家增加到432家，年均增长9.5%。境外游客主要以独联体、中国地区和日本为主，分别占国际旅游人数的44.0%、15.7%和11.4%。这一时期，新疆入境旅游业接待规模与收入水平均平稳增长，国内旅游继续快速增长，国内游客年均增长16.4%；回笼货币年均增长17.9%。出境旅游继续保持快速发展势头，年均增长30.4%。[①]

2010—2015年，入疆旅游人数由106.5万人次增加到168.4万人次，年均增长9.6%，大多数少数民族地区的游客数量都成倍增长。至2016年全年接待旅游总人数8102万人次，增长24.3%。其中，接待入境旅游201万人次，增长19.6%；国内旅游7901万人次，增长24.5%。实现旅游总消费1401亿元，增长24.6%。其中，国内旅游消费1340亿元，增长24.8%；入境旅游消费9.01亿美元，增长23.4%。

综上所述，近20年，旅游对新疆维吾尔自治区的影响效果显著，明显地拉动了新疆地区的经济增长，实现了民族地区的旅游扶贫增收。新疆地区发展民族旅游带动其地区原本落后的经济状况实现了扭转，明显增加了民族地区人民的收入，解决了许多民族地区缺乏教育的居民的就业问题，积极响应了国家西部大开发的战略，通过发展旅游实现了偏远边疆地区的产业升级转型。

(二) 社会文化影响

新疆民族旅游发展的历史进程是一个复杂的多因素互动过程，其中既有政府加快经济增长，推动社会进步，解决少数民族地区与东部发达地区差距增大的考虑，也有少数民族借此突出并推进自身地位及价值的历史、文化意图。[②] 与此同时，外来旅游者对新疆民族旅游目的地原本的社会文化的冲击和影响也广泛存在。

[①]《改革开放30年新疆社会经济发展成就概览之十》，http://www.xjtj.gov.cn/sjcx/xjssn_3776/201407/t20140722_429612.html，2017。

[②] 王鹏辉：《新疆民族旅游的社会文化影响研究》，《北京第二外国语学院学报》2006年第7期。

1. 保护当地少数民族传统文化

旅游的过程一定伴随着文化的冲突与交流,尤其是去民族地区旅游,文化的影响将更加显著。新疆是一个多民族聚居区,民族文化资源丰富,种类繁多。许多少数民族都是外界鲜有耳闻的,所以对其保护就更为薄弱。而新疆民族旅游的发展,使得更多的游客进入民族地区,了解新疆的少数民族的文化风俗,大大提高了许多少数民族的知名度,同时也使得外界了解到少数民族文化资源的稀缺与珍贵,从而重视对其进行保护与传承,也引起了人们对于少数民族文化的保护意识。旅游的同时带来的不同的文化,在其与原住文化的交流碰撞中,也为其文化带来了新鲜的血液与灵感,推动了文化的与时俱进,实现了文化之间的取其精华去其糟粕。因此,发展民族旅游对于新疆少数民族文化来说具有一定的保护性作用。

2. 增强民族文化认同感与自信

民族意识是民族共同心理素质的重要表现,也称民族自识性,同属一个民族共同体的意识,或叫民族自觉意识。[1] 而基于民族意识所产生的对本民族文化的自信感就是民族文化认同感。新疆地区处于中国西北边陲,由于较为遥远,一直处于一种隔离的封闭半封闭状态,所以民族文化的发展与演化传承、地方的文化认同感较为稳定。旅游所带来的异文化对于其原本文化来说是一个不小的冲击,这种文化交流对于民族社区居民固有的文化认同心理产生了复杂的影响,既可能凸显、增强原有的认同感和文化自尊感,又可能摧毁原有的认同心理,使民族旅游目的地逐渐丧失个性和特色。新疆民族社区的地方社会文化认同的增强主要表现为民族意识的强化,其复杂性在于地方民族意识的强化是否会突破中华民族多元一体的格局;新疆民族社区的地方社会文化认同的减弱主要表现为民族文化地域特色的退化,文化多样性的消失肯定是中华民族文化价值的损失。[2] 民族文化旅游所进行展示的民族文化理应是一种先进的、积极向上的文化。而民族文化旅游是以深厚的民族文化底蕴为源

---

[1] 金毅:《论全球化背景下的民族文化旅游》,《民族》2004 年第 3 期。

[2] 王鹏辉:《新疆民族旅游的社会文化影响研究》,《北京第二外国语学院学报》2006 年第 7 期。

泉，以对民族命运的深切关怀为动力，加强人类对已有成果的积极运用和对市场前瞻性的有机把握。[①] 所以，新疆的民族文化旅游，是将新疆的少数民族文化展现给世界各地的旅游者，弘扬民族文化，展示民族精神，从而增加了民族文化的认同感，提升了民族自信。

3. 推动基础设施的完善与建设

地区基础设施建设的进一步完善，才能更好地发展旅游，一个地区基础设施的完善程度与其旅游发展水平是呈正相关的。但是基础设施的建设与旅游的发展并没有一定的先后顺序，二者是互相促进、逐步发展的。所以，随着新疆民族地区旅游的发展，首先，其水电、交通、食宿、娱乐等设施也都逐步地完善起来。很大程度上，此举在方便游客的同时，也极大提升了本地居民的生活水平和便利程度，使得居民的日常生活更加的方便舒适。其次，医疗设施的构建对于旅游热门目的地来说，也是极为重要的。游客来异地寻求异质文化体验，对于当地环境极其陌生，一旦生病就会有求医无门的惶恐之感，所以医疗救助系统的完备能为游客提供极大的安全感，对于提升整个旅游的形象都是非常重要的指标。最后，旅游的同时，使得许多人关注到新疆落后民族地区的教育问题。由于地理位置偏远，较为闭塞，所以许多少数民族地区的儿童都是辍学在家的，极其缺乏教育资源。游客的激增使得旅游目的地的关注度直线提升，许多社会问题就会浮出水面，越来越多的爱心人士将会投身少数民族地区教育事业中，推进教育的普及，提升少数民族地区的文化水平。

（三）生态环境影响

一方面，对于新疆旅游资源的开发，最早是粗放型的，没有过多注重环境保护，使得景区的生态环境遭受到了一定程度的破坏。首先，新疆各地区政府没有对本地区旅游资源进行完善考察与评估，使得旅游景区旺季时资源负担过重，超出了景区的承载能力，加大了对环境及生态系统的压力；而淡季时旅游资源虽然可以适当地自我恢复，但缺乏科学的维护，相应的保护措施不到位，使得旅游资源不能完善修复。其次，游客攀树折花等破坏旅游资源的行为屡见不鲜，这就加速了生态环境系

---

① 窦建丽：《喀什民俗文化旅游发展研究》，硕士学位论文，新疆大学，2006年。

统的失调。另外，新疆民族旅游的发展还在探索阶段，一边开发、一边建设、一边规划，走的是摸着石头过河的道路。政府在开发过程中，没有制定科学的前期目标，建设过程中也没有相应的监测方案，建设完成后更没有及时地跟进，政府对旅游资源的数量、质量、开发价值没有一个全面科学的统计分析，对生态环境和旅游资源的破坏程度没有一个翔实可靠的数据分析。[①] 所以对于生态的实时监控，不能以最快速度采取相应保护措施。最后，开发商多是追求眼前的利益而不考虑长远的利益，对生态环境破坏过度而又没有及时进行弥补，造成了不可挽回的生态损失。

另一方面，旅游的发展也促进了环境的保护。因为良好的环境是旅游业发展必不可少的物质基础，所以新疆的旅游要想有长久永续的发展，就必须在环境保护上投入更多的精力，保证其有一个良好的旅游环境。同时，旅游的发展也使得人们重视了许多曾经被人为或天灾所破坏的历史文化遗迹，这就使得许多具有文化价值的古建及遗迹可以得到完善的修复，这也是对当地文化环境的一种保护。

二　旅游发展对青海民族地区的影响

青海省是我国多民族聚居省份之一，除汉族外还居住着33个少数民族，少数民族人数占青海省总人口的42.8%，世居青海并建立自治地方的有藏族、回族、土族、撒拉族和蒙古族5个少数民族。[②] 各个民族都有着各自悠久的历史文化传统，保持着其独具特色的且丰富多彩的民族风情和习俗。土族和撒拉族在世居青海的少数民族中是独有的，所以有关其风俗习惯及文化传统的旅游项目是青海省文化旅游的一大特色。青海藏族因特殊的渊源及发展经历，与国内其他藏区的藏族有着明显的区别，青海东部及其周边的安多文化类型、玉树的康巴文化类型等是其中典型的代表，汉、回、蒙古族文化深受青海省内其他民族的影

[①] 祁欣：《新疆旅游可持续发展研究》，硕士学位论文，中央民族大学，2010年。
[②] 白锦秀：《青海土族文化资源与文化旅游开发研究》，硕士学位论文，山东大学，2006年。

响，民族风情也有别于国内其他地区的同一民族。[①] 此外，青海还会举办许多富有民族特色的独特节日，如农历六月六互助土族花儿会、7月25日至8月1日的玉树赛马会等。

（一）经济影响

"十二五"时期，青海省累计接待游客9095.26万人次，年均增长率为13.56%，旅游总收入824.52亿元，年均增速28.4%，这两项分别是"十一五"时期的1.8倍和3.15倍。2014年，青海实现旅游总收入201.9亿元，增长27.3%；接待国内外游客2005.58万人次，增长12.6%，提前一年完成"十二五"确定的184亿元、2000万人次的目标。入境游客由2010年的4.67万人次增长到2015年的6.56万人次；旅游外汇收入由2044.9万美元增长到3876.3万美元，增长1.9倍。国内游客人均花费由2010年的570元增长到2015年的1063元，旅游业对青海省经济的贡献份额明显增长。2011年全省旅游业总收入92.3亿元，2015年旅游总收入248.03亿元，旅游总收入占全省GDP的比例由5.64%提高到10.26%，增长了4.62个百分点，大幅度推动了青海国民经济与综合实力迅速发展。旅游业作为青海快速发展的增长点，对国民经济快速发展贡献日益凸显，旅游业成为青海全省最具活力的产业之一。

所以，从青海省统计的面板数据可看出，近20年青海的旅游发展日益壮大。尤其是民族地区，利用其得天独厚的民族旅游资源，发展其特有的民族旅游项目，极大带动了民族地区的经济发展，加快了民族地区更好地融入国家"一带一路"战略。旅游业有效促进了原本较为贫困，产业形式单一，经济增长缓慢的少数民族地区脱贫致富，旅游精准扶贫落实到位。由此看来，青海民族旅游的经济影响方面，积极影响明显大于消极影响。

（二）社会文化影响

文化是人对自然的一种适应系统以及为了适应而创造的一种技巧，它在社会环境与自然环境之间起着中介作用，不断协调着来自于双方的

[①] 白锦秀：《青海土族文化资源与文化旅游开发研究》，硕士学位论文，山东大学，2006年。

矛盾与冲突以适应新的变化。① 旅游,尤其是民族旅游,就是为了寻求一种异质文化而离开其原住地到旅游目的地体验的过程。所以在旅游的过程中,文化的交流融合是不可避免的。随着旅游的不断发展,游客与居民之间的不同文化的交流碰撞就会或多或少影响着本地文化的变迁。在青海这种少数民族聚居地发展民族旅游的过程中,旅游的社会文化影响体现得尤为突出,主要体现在以下两个方面。

1. 传统文化中固有观念的改变

随着旅游的发展,原本较为闭塞的民族地区迎来了越来越多的来自世界各地,具有不同文化背景的游客。这些人所带来的异于本土文化的价值观、消费观等潜移默化地影响着居民的传统的生活习惯习俗。甚至对于其文化中根深蒂固的一些观念都有完全的转变。例如青海特有的少数民族土族地区在历史传统中形成轻商、贱商的观念,认为卖东西丢脸,有的甚至把富余产品积压起来,宁可在家坏掉,也不愿拿到市场上去卖。② 但是随着旅游的发展,越来越多的土族居民打破了原有的陈旧落后的观念,将过去碍于面子不愿在市场上公开出售的自己生产的农副产品及制作的手工艺品拿出来,在市场上光明正大地卖给旅游者。从而打破了其原本的墨守成规的思想,使得土族地区由原本的单一的种植业经济形式转变为经济收益更高的商品经济,为土族人民带来了更高的经济收入,改善了民族生活水平。

2. 主客之间生存空间的竞争

旅游的发展将民族地区的知名度提升,为其带来了大量的游客,提高了人民收入的同时,游客也与居民进行着生活空间上的竞争。例如由于互联网传播效应使得茶卡盐湖,中国的"天空之镜"广为人知,大量的游客涌入茶卡盐湖景区,极大地超出了景区的承载量,使得周边原本安逸的小镇也喧闹起来,居民的生活交通受到了很大的影响,而且旅游的发展带来的物价水平的激增,也使得居民一时难以适应。除此之外,在青海许多少数民族的宗教活动是不允许外人参与或者拍照的,这是其宗教信仰所固有的,但是游客增加,使得许多必须在户外进行的宗

---

① 参见武文《文化学论纲》,兰州大学出版社2001年版。
② 李春阳:《发展宁夏民族特色旅游的思考》,《回族研究》2005年第4期。

教仪式受到了影响。以上就是两个由于旅游的发展而产生的主客之间生活空间竞争的鲜明例证。

（三）生态环境影响

旅游发展势必影响生态环境，在青海也不例外。随着青海旅游热的兴起，青海湖、茶卡盐湖、塔尔寺的知名度越来越高。许多著名景区在旺季时的接待量都远远大于其原本的环境承载量，负荷过重。这对于旅游资源是极大的破坏，尤其是自然旅游资源，如茶卡盐湖、青海湖、鸟岛等，由于游客的激增其环境破坏问题日益加剧。但同时，青海相关政府部门也已经高度关注此类问题，并及时出台了相关政策，如高峰期限流分流，大力推进生态旅游等政策措施，及时进行生态环境保护，维护青海旅游的优良环境。

三 旅游发展对宁夏民族地区的影响

宁夏是中国最大的回族人民聚居区，也是全国五个省级民族自治区之一。2002年年底统计，宁夏回族自治区总人口为572万，其中回族人口约为198万人，占全区总人口的34.6%，约占全国回族总人口的20%，是名副其实的"中国回乡"，素有"中国伊斯兰省"之称。[①]

（一）经济影响

旅游的发展所带来的最直观的影响就是经济方面的影响，旅游业作为第三产业服务业的重要组成部分，近年来一直都因其低能耗、低污染、低投入的特点为各省市区所着重发展。宁夏回族自治区也依托其得天独厚的回族文化资源大力发展民族旅游，吸引着国内外对回族文化感兴趣的游客相继前来。近20年，随着宁夏旅游的发展，其生产总值的构成中，第三产业的比重越来越大，从1978年的25.6%跃升至2015年的44.4%，如图14所示。

除此之外，旅游的发展也大力带动了就业，增加了大量的工作岗位，如图15所示。第三产业的就业人数逐年上涨，从1978年的11.9%激增至2015年的37.6%，所占的比重越来越大。

[①] 李春阳：《发展宁夏民族特色旅游的思考》，《回族研究》2005年第4期。

地区生产总值构成（%）

■ 第一产业　■ 第二产业　■ 第三产业

（年份）	第一产业	第二产业	第三产业
2015	8.2	47.4	44.4
2014	7.9	48.7	43.4
2013	8.2	48.9	42.9
2012	8.1	49.5	42.4
2011	8.3	50.2	41.5
2010	9.0	49.0	42.0
2005	11.8	45.9	43.3
2000	15.6	41.2	43.2
1990	26.0	39.1	34.9
1978	23.6	50.8	25.6

图 14　宁夏回族自治区地区生产总值构成

数据来源：宁夏统计局官方网站。

就业人员结构（%）

■ 第一产业　■ 第二产业　■ 第三产业

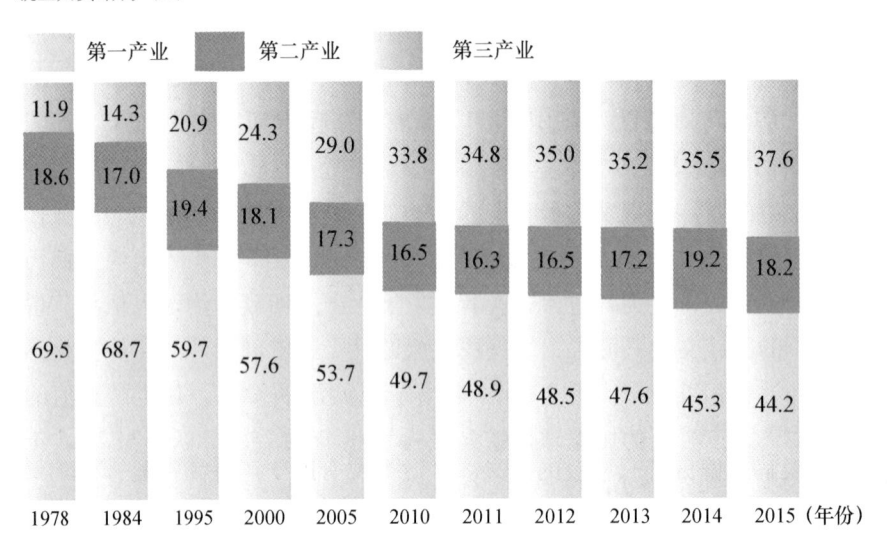

年份	第一产业	第二产业	第三产业
1978	69.5	18.6	11.9
1984	68.7	17.0	14.3
1995	59.7	19.4	20.9
2000	57.6	18.1	24.3
2005	53.7	17.3	29.0
2010	49.7	16.5	33.8
2011	48.9	16.3	34.8
2012	48.5	16.5	35.0
2013	47.6	17.2	35.2
2014	45.3	19.2	35.5
2015	44.2	18.2	37.6

图 15　宁夏回族自治区就业人员结构

以上数据表明，近 20 年来宁夏旅游的发展是逐年递增稳步上涨的，第三产业所占的比重也越来越大，就业人数也由于旅游业的发展越来越多。可见旅游业是吸纳劳动力水平较高的行业，也是劳动生产率较高的行业，旅游的发展所带来的经济效益还是较为明显的。

（二）社会文化影响

宁夏的民族旅游资源较为丰富，有着"中国伊斯兰省"之称的宁夏，拥有我国最为集中、最为丰富的回族文化旅游资源。宁夏回族的聚居社区，如同心、泾源、固原的三营、吴忠的利通区、海原的海城镇等，都是具有回族浓郁风情和特点的社区。[①] 民族特色鲜明的清真寺、民众丰富的回族美食、粗犷豪放又嘹亮的"花儿"等民族旅游资源，都使得旅游者趋之若鹜，旅游者也会在此体验到回族的民风民俗和精神气质；通过参观传统建筑，购买传统工艺品，旅游者可以深入了解回族丰富的历史文化，而这种文化之间的交流正是旅游的特有属性之一。

文化的交流与融合是相互的，是必然伴随着旅游活动而产生的。游客到宁夏体验异域的伊斯兰风情的同时也带来了各自不同的文化与背景，在了解回族文化的同时也暗暗影响着回族人民。但是回族人民的信仰自古以来就是根深蒂固的，其伊斯兰文化从出生起就伴随着他们，渗透在生活的点点滴滴之中。伊斯兰教文化有许多独特之处，概括起来有：简洁性、宽容性、人道性和和平性。[②] 回族几乎是全民信教的民族，其优良的传统表现在家庭伦理道德、社会公德、职业道德等方面。[③] 所以外界对其产生的影响，与其他许多民族相比较还是较为轻微的。

另外，由于少部分恐怖分子进行的恐怖袭击事件，世界普遍对伊斯兰教信徒具有较大的偏见，通过对于宁夏地区回族民族旅游的开发，可以让广大游客真实体会到回族人民的热情好客、朴实憨厚的性格；深切地了解其民族原本的积极的一面，对于宣传回族文化、扭转人们对于回族的误解与偏见具有积极的意义。旅游开发有助于向外界构建回族的美

[①] 成嫒：《旅游人类学视野中的宁夏旅游》，《西北第二民族学院学报》（哲学社会科学版）2006年第4期。

[②] 张广瑞：《关于旅游业的21世纪议程——实现与环境相适应的可持续发展》，《旅游学刊》1998年第5期。

[③] 陶伟、刘峰、刘家明：《宁夏回族民俗文化旅游资源的开发研究》，《地理科学进展》1999年第3期。

好形象，转变人们对于伊斯兰信仰的偏见，增加宁夏地区民族旅游的知名度，提升其旅游经济效益。

（三）生态环境影响

2013年6月至2014年9月，宁夏大学的李陇堂对沙坡头、黄沙古渡和沙湖景区进行了实地调查，在模拟实验中发现，在游客过于密集的时间段和地段，沙漠植被遭到不同程度的攀折和踩踏，造成植被数量和种类减少，植物种类变得单一，恢复期延长，甚至植被死亡。沙漠结皮也出现破碎、沙丘活化现象；另外，在游客踩踏严重的地段，沙丘出现不同程度的高度降低、坡度减缓、坡脚淹没植被现象。[①] 游客的不文明行为导致的环境破坏、环境污染问题屡见不鲜，这些行为不仅破坏了景区的原有生态环境、降低了沙漠旅游资源的景观价值、影响了游客的心理感受，也直接危及景区的可持续发展。

旅游的发展对于宁夏的文化生态方面也具有不小的冲击，有关学者在对当地居民旅游影响感知的调研中发现，当地居民对于旅游的发展是持较为矛盾的态度的。一方面，旅游的发展带来了源源不断的游客，使其经济收入大大提升，生活水平有所改善；但另一方面，他们也担心旅游大发展带来过多的游客既影响了其日常的生活，如交通拥堵、物价上涨等，又会影响其宗教传统文化，会影响他们的传统习俗。

四 旅游发展对甘肃民族地区的影响

甘肃是位于中国西北的一个有着悠久历史和灿烂文化的多民族省份，甘肃省全省境内共生活有45个民族，其中世居的民族有回族、藏族、东乡族、土族、满族、裕固族、保安族、蒙古族、撒拉族、哈萨克族10个少数民族，裕固族、保安族、东乡族是甘肃省特有的少数民族。众多兄弟民族交错居住，长期和睦相处，且又都保持着各自独立的生活习俗和文化特征，尤其是在婚姻、丧葬、节日、饮食、居住、服饰、礼节以及文化活动等方面都形成了自己的

---

① 李陇堂、薛晨浩、任婕、张冠乐、王艳茹：《基于模糊理论的宁夏沙漠旅游环境影响综合评价》，《旅游研究》2015年第2期。

风格和特点,由此孕育了独具特色的地方文化及民族风情,河西走廊阿克塞哈萨克自治县哈萨克族民族传统的生活方式和习俗风情"姑娘追"、临夏回族自治州康乐县莲花山一年一度的"花儿"盛会、甘肃拉卜楞寺的"晒佛大会"、被誉为"中国小麦加"的临夏穆斯林民俗等就是民族风情绚丽多彩的体现。①

(一) 经济影响

甘肃省作为我国的旅游资源大省,依托其丰富的少数民族文化资源,发展民族旅游起步较早,所得到的旅游带来的红利也较为丰富。如表9所示是1978—2015年的历年生产总值构成表。

表9　　　　　　1978—2015年甘肃省历年生产总值构成　　　　（单位:%）

年　份 Year	地区/区域 生产总值 Gross Regional Product	第一产业 Primary Industry	第二产业 Secondary Industry	工业 Industry	建筑业 Construction	（%） 第三产业 Tertiary Industry
1978	100	20.41	60.31	53.55	6.76	19.28
1979	100	19.09	60.70	54.66	6.04	20.21
1980	100	22.27	53.92	47.70	6.22	23.81
1981	100	24.86	49.80	44.20	5.60	25.34
1982	100	25.60	50.13	43.74	6.39	24.27
1983	100	30.22	46.91	41.01	5.90	22.87
1984	100	26.97	48.45	42.31	6.14	24.58
1985	100	26.81	47.66	40.96	6.58	25.53
1986	100	27.01	46.38	39.80	6.58	26.61
1987	100	28.38	42.88	36.52	6.36	28.74
1988	100	27.51	42.39	35.07	7.32	30.10

---

① 闫瑜:《从甘肃文化资源特色谈甘肃旅游发展》,《甘肃科技》2007年第3期。

续表

本表按当年价格计算　　　　　　　　　　　　　　　　（%）

年份 Year	地区/区域生产总值 Gross Regional Product	第一产业 Primary Industry	第二产业 Secondary Industry	工业 Industry	建筑业 Construction	第三产业 Tertiary Industry
1989	100	27.21	42.33	35.80	6.53	30.46
1990	100	26.38	40.50	34.57	5.93	33.12
1991	100	24.52	41.24	35.81	5.41	34.24
1992	100	23.35	40.49	34.68	5.81	36.16
1993	100	23.49	42.97	36.73	6.24	33.54
1994	100	22.90	43.29	38.48	5.31	33.31
1995	100	19.83	46.05	40.57	5.48	34.12
1996	100	26.04	43.18	38.25	4.93	30.78
1997	100	23.96	42.57	36.13	6.44	33.47
1998	100	22.84	42.06	35.06	7.00	35.09
1999	100	20.06	42.88	34.19	8.69	37.06
2000	100	18.44	40.04	31.11	8.93	41.52
2001	100	18.48	40.70	31.59	9.11	40.82
2002	100	17.49	40.72	31.60	9.12	41.79
2003	100	17.00	40.86	32.02	8.84	42.14
2004	100	16.99	42.24	33.99	8.25	40.77
2005	100	15.93	43.36	35.46	7.90	40.71
2006	100	14.66	45.81	38.12	7.69	39.53
2007	100	14.34	47.31	39.34	7.97	38.35
2008	100	14.60	46.43	37.54	8.89	38.97
2009	100	14.29	45.59	36.24	9.35	40.12
2010	100	14.49	46.84	37.51	9.33	38.67
2011	100	13.57	46.07	36.87	9.20	40.36
2012	100	13.75	44.91	35.41	9.50	41.34
2013	100	13.34	43.37	34.08	9.29	43.29
2014	100	13.18	42.80	32.83	9.97	44.02
2015	100	14.05	36.74	26.19	10.55	49.21

从表9我们可明显看出甘肃省第三产业占全产业的生产总值的比重越来越大,从1978年的19.28%激增至2015年的49.21%,几乎占甘肃省总产值的半壁江山,尤其是进入2010年,第三产业的产值明显逐年增加。同时,对于甘肃省旅游业情况的统计我们也在下方列出,2000—2015年,每年国内旅游情况如下表所示。从数据中我们可清晰地看出,除2003年非典事件的影响之外,其余年份的旅游人数及总收入与往年相较均呈正增长,且在非典过后的2004年旅游总收入比上年增长最多,这说明非典事件之后甘肃省旅游业的复苏之快。旅游总人数从2000年的733万人成倍增加至2015年的15632.88万人,旅游总收入也从18.58亿元激增至974.47亿元,经济增长幅度相当之大,说明旅游业对于甘肃省的带动作用是非常明显的,显著地增加了甘肃地区的经济收益,拉动国民生产总值增长,提高了甘肃人民的生活质量。

表10　　　　　　　　　甘肃省国内旅游情况

年份	旅游人数（万人次）	比上年增长（%）	旅游总收入（亿元）	比上年增长（%）
2000	733.00	15.98	18.58	15.98
2001	838.88	14.44	21.26	14.42
2002	1035.00	23.38	26.83	26.20
2003	863.31	-16.59	21.89	-18.41
2004	949.60	10.00	51.62	135.82
2005	1207.85	27.20	57.68	11.74
2006	1574.10	30.32	75.19	30.36
2007	2389.93	51.83	110.64	47.15
2008	2482.30	3.86	136.40	23.28
2009	3387.67	36.47	191.90	40.69
2010	4284.45	26.47	236.21	23.09
2011	5826.48	35.99	332.57	40.79
2012	7824.26	34.29	469.67	41.22
2013	10068.40	28.68	618.90	31.80
2014	12660.20	25.74	780.20	26.06
2015	15632.88	23.53	974.47	25.00

另外我们列出了甘肃民族自治地区生产总值表，如表 11 所示。可以清晰地从统计表中看出，甘肃省少数民族地区第三产业的比重在三大产业类型中居于首位，尤其是近几年比较出名的临夏州、甘南州，其第三产业的比重都接近半壁江山。这说明在少数民族地区发展民族旅游的经济效益非常高，旅游的经济影响积极显著。

表 11　　甘肃省民族自治地方生产总值（单位：万元）

年份	year	地区/区域生产总值 Gross Regional Product	第一产业 Primary Industry	第二产业 Secondary Industry	第三产业 Tertiary Industry	人均生产总值（元）Per Capita GDP（yuan）
民族自治地方合计	Total					
2014		4758087	779831	1610303	2367953	14774
2015		4714780	817575	1281173	2616032	14556
临夏回族自治州	Linxia	2114087	361386	448267	1304434	10527
甘南藏族自治州	Gannan	1265416	270060	207004	788352	17990
张家川回族自治县	Zhangjiachuan	249793	64210	26169	159414	8560
天祝藏族自治县	Tianzhu	446583	64079	206900	175604	25446
肃南裕固族自治县	Sunan	288053	47321	168270	72462	83615
肃北蒙古族自治县	Subei	202310	5041	128308	68961	133538
阿克塞哈萨克族自治县	Akesai	148538	5478	96255	46805	141465

（二）社会文化影响

在民族旅游开发中普遍缺乏对民族传统文化的保护，或者是保护性开发，在外来文化和现代文化的巨大冲击下，该民族地区在民族旅游开发中遗弃了珍贵的民族文化特色，在片面迎合旅游市场现代需求的同时，忽视了对传统文化的有效保护和继承，使得一些宝贵的原有民族传统文化旅游资源面临退化和消失的危险，从衣着、建筑到生活方式都迅速地与外来者融合为一，民族文化的趋同化、庸俗化以及价值观的退化和遗失等现象普遍存在。① 笔者在西北民族地区进行旅游扶贫调研时，我们问当地居民希望我们的旅游扶贫工作怎样开展时，一些居民表示要让他们像城市居民一样住上高楼大厦，交通发达，门口车水马龙，现代化程度高，那他们就心满意足了。这与我们进行民族地方旅游开发时保持民族地区现有文化原真性的基本准则是完全背道而驰的。另外，我们在甘南藏族自治州的调研访谈中发现，当地居民的住房越来越现代化，失去了原本的藏族风情与民族文化特色。并且人们的衣着的演变也日趋现代化，只有少数老人和小孩日常着藏袍，年轻人只有在民族节日时才穿民族传统服饰。这就是民族地区旅游发展所带来的文化发展的空间正义问题，即外来文化与本地文化竞争生存空间，而逐渐导致本民族地区失去其民族文化独特性。

甘肃省各地在旅游规划上缺乏理性思考，以发展景点的数量为目标，缺乏民族丰厚文化底蕴的挖掘和展示，使文化民俗娱乐活动特色的质和量均显得不足。② 今后应该加强甘肃特有的少数民族旅游产品开发，增加甘肃旅游产品的文化内涵和垄断性。③

（三）生态环境影响

旅游发展的同时一定会对生态环境带来一定程度的影响，旅游的发展势必会伴随着旅游资源的开发与旅游景区的构建。在民族旅游的开发中更需要对区域中的各种民族旅游资源进行全面的整合与开发，这就会对于区域中的自然环境和文化环境进行一定程度的解构与重规划，这个过程中会给现有的自然生态和文化生态予以一定程度上的破坏。并且，在发展旅游的过程中往往只注重其经济效益，只着眼于眼前利益而忽视了长远利益，因而牺牲了生态环境；又因环境保护投入不及时，而加剧

---

① 李静：《甘肃民族旅游资源开发与研究——以裕固族为例》，《西昌学院学报》（社会科学版）2009 年第 1 期。

② 高小岩：《甘肃省少数民族地区旅游业发展现状及对策研究》，硕士学位论文，兰州大学，2007 年。

③ 参见吴生彦《甘肃省旅游资源开发与布局研究》，《历史文化论丛》（第 1 辑），兰州大学出版社 2004 年版。

了旅游发展对生态环境造成的破坏。另外，旅游的发展带来各异的游客，游客量的激增一定会带来垃圾量的增加，并且许多游客的不文明行为也已屡见不鲜，这也会对自然环境产生一定的影响。不过，笔者对于甘南藏族自治州的调研结果显示，多数居民感到随着旅游的发展，环境问题得到广泛关注，伴随生态旅游与可持续发展概念的提出，越来越多的人增强了环保意识，使得旅游的生态环境有所改善。所以在生态环境方面，旅游的影响是双面的，一方面带来了污染；另一方面也使得民众普遍增强了环保意识。

第五章

西北民族地区旅游影响的实证研究

第一节 西北民族地区旅游影响评价模型的构建

一 旅游影响评价模型的构建

旅游影响指的是在旅游活动发生过程中,通过主客互动所引起的社会各方面资源的变化。而旅游影响感知指的是主客双方对于旅游地所发生的变化的直接或间接感受。我们将感知分为三个维度,分别是经济方面、社会文化方面和环境生态方面。通过问卷进行抽样调查,利用李克特量表分析得出数据后,得到对于旅游地三方面影响的感知程度后,综合整理得到对于旅游影响感知的整体评价。整个感知分为三个阶段,第一阶段是对于旅游地之前各方面的感知;第二阶段是旅游所带来的影响的感知;第三阶段是两个阶段感知结果的比较,经济方面是提高,持平或者下降,社会文化方面是变化大,变化小或者无变化,环境生态方面是改善,无变化或恶化,最后根据三个方面的结果,综合出旅游影响的感知结果,给出一个评价:积极影响大于消极影响或是消极影响大于积极影响。模型机制如图16所示。

二 旅游影响评价模型的验证

针对问卷的数据采用李克特量表来进行分析,经济影响部分和环境生态影响部分应用五级量表,5分表示显著提高(改善),4分表示有所提高(改善),3分表示无明显变化,2分表示有所下降(恶化),1分表示严重下降(恶化);在社会文化影响方面应用三

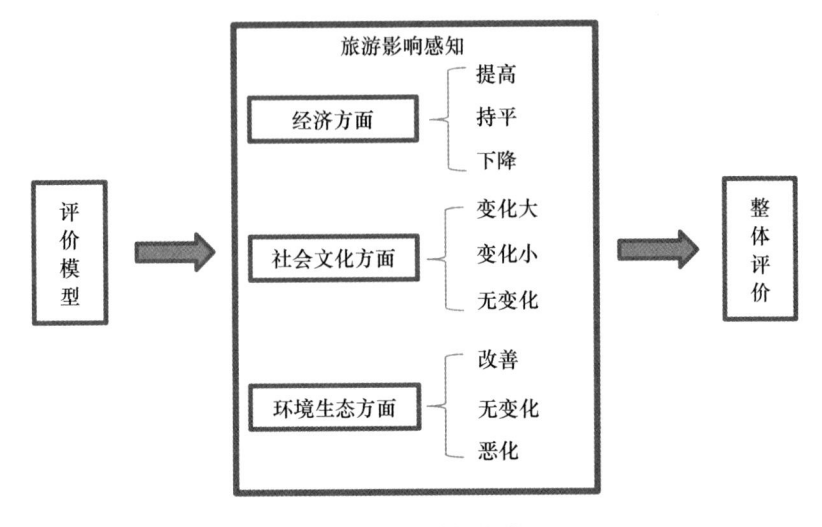

图 16　旅游影响评价模型

级量表，5 分表示变化大，4 分表示变化小，3 分表示无明显变化。然后针对各个因素建立旅游影响感知单因素评价模型，该模型的数学表达式如下：

$$P_j = \sum_{i=1}^{5} \frac{n_i}{N} m_i$$

上述公式中，P_j 表示第 j 项指标的评分结果，m_i 表示该影响因素在李克特量表中的评分（1-5 分），n_i 表示选择的选项是评分 m_i 的人数，N 表示这一项指标的有效样本总数。公式的基本原理就是计算单个指标的 5 级选择样本数占各自样本总数的百分比与相应得分的乘积之和，然后根据得分给出相应的感知评价。

以经济影响中的经济水平指标为例如表 12 所示，其中认为经济水平显著提高（5 分）的有 97 人，占样本总数的 22%；认为经济水平有所提高（4 分）的有 286 人，占样本总数的 64%；认为经济水平没有变化（3 分）的有 58 人，占样本总数的 13%；认为经济水平有所下降（2 分）的有 8 人，占样本总数的 2%；认为经济水平显著下降（1 分）的有 1 人，占样本总数的 0.2%。根据模型可计算得出对于经济水平的影响感知得分为：

M 经济水平 = 22% × 5 + 64% × 4 + 13% × 3 + 2% × 2 + 0.2% × 1 = 4.092

根据李克特量表 4 分表示有所提高，所以 4.092 分表示旅游对于经济水平的影响是有所提高。

表 12　　　　甘南藏族自治州旅游影响感知评价统计

影响维度	具体指标	选择人数 5	4	3	2	1	所占比例（n_i/N） 5	4	3	2	1	得分 P_j	评价
经济影响	经济水平	97	286	58	8	1	0.22	0.64	0.13	0.02	0.002	4.092	提高
	收入水平	56	292	80	17	5	0.12	0.65	0.18	0.04	0.01	3.83	提高
	收入差距	39	201	112	96	2	0.09	0.45	0.25	0.21	0.004	3.424	扩大
	物价水平	97	277	63	13	0	0.22	0.62	0.14	0.03	0	4.06	提高
	房屋价格	94	247	78	21	9	0.21	0.55	0.17	0.05	0.02	3.88	提高
	基础设施	83	303	53	10	1	0.18	0.68	0.12	0.02	0.002	4.022	改善
	人际关系	71	277	88	13	1	0.16	0.62	0.2	0.03	0.002	3.942	改善
	交通状况	123	243	34	46	4	0.28	0.54	0.08	0.1	0.01	4.01	改善
	娱乐活动	82	264	81	23	0	0.18	0.59	0.18	0.05	0	3.90	增多
	女性地位	43	253	142	10	1	0.1	0.56	0.32	0.02	0.002	3.742	提高
	犯罪现象	29	131	122	139	29	0.06	0.29	0.27	0.31	0.06	2.95	减少
社会文化影响	宗教信仰	137	128	184			0.31	0.29	0.41			3.94	变化小
	价值观	226	116	106			0.5	0.26	0.24			4.26	变化大
	语言文字	209	143	96			0.47	0.29	0.21			4.05	变化大
	饮食文化	236	131	80			0.53	0.29	0.18			4.35	变化大
	服饰文化	231	146	71			0.52	0.33	0.16			4.40	变化大
	消费方式	298	97	53			0.67	0.22	0.12			4.59	变化大
	民族建筑	236	151	61			0.53	0.34	0.14			4.43	变化大
环境生态影响	卫生状况	139	224	36	45	4	0.31	0.5	0.08	0.1	0.01	4.00	改善
	大气质量	67	168	98	110	5	0.15	0.38	0.22	0.25	0.01	3.44	无变化
	水源质量	47	160	122	105	13	0.11	0.36	0.27	0.23	0.03	3.29	无变化
	土壤质量	31	142	151	110	14	0.07	0.32	0.34	0.25	0.03	3.18	无变化
	动植物质量	51	154	109	118	16	0.11	0.34	0.24	0.26	0.04	3.19	无变化

第二节 基于居民感知的甘南藏族自治州旅游发展影响研究

甘南藏族自治州是我国十个藏族自治州之一，其地处甘肃省西南，是青藏高原与黄土高原的过渡地带，自古以来就有"汉藏走廊"之称，费孝通先生称其为"藏族现代化的跳板"。

一 研究区域概况

甘南藏族自治州内包括夏河、玛曲、碌曲、卓尼、迭部、临潭、舟曲与合作七县一市，居住有藏、回、土、蒙、满等24个少数民族，其中藏族居民全民信仰藏传佛教。甘南藏族自治州草原辽阔，河流纵横，森林茂密，物产丰饶，生息繁衍在这块土地上的各族人民在开发利用资源、改造生活环境的斗争中创造了辉煌的历史和灿烂的文化。

（一）地理位置

甘南藏族自治州位于甘肃省的西南部，总面积4.5万平方千米。东部与本省渭源、岷县、宕昌、武都等县毗邻，南与四川省相连，西部与青海省接壤，北邻临夏回族自治州。地理坐标东经100°45′45″—100°45′30″，北纬33°6′30″—35°34′0″。甘南藏族自治州地处青藏高原东北边缘，地势西北高东南低，地貌形态可分为三类：高山草原区，包括地处黄河第一湾的玛曲全县和碌曲、夏河、合作的部分地区，地势高亢，山平谷宽，呈典型的山原地貌，植被良好，沃野辽阔，是优良的天然牧场，也是甘肃省的主要牧区；高山森林区，地处岷山山脉与西倾山南支，包括迭部、舟曲全部和卓尼县的洮河南岸地区，大夏河、冶木河、羊沙河流域。这里高山陡坡，沟壑纵横，森林茂密，呈高山峡谷地貌，是甘南藏族自治州的主要林区；丘陵地山区，包括夏河、碌曲、卓尼（洮河北岸）、临潭等县的广大地区，这里除少部分地区山高坡陡、沟深谷狭而外，大部分地区山峦起伏，沟浅谷宽，呈山地丘陵地貌，是发展养殖业和种植业的主要地区。

(二) 旅游资源类型

甘南州旅游资源丰富，文化底蕴深厚，拥有着一大批类型齐全、特色鲜明的旅游资源，其中主要自然旅游资源有六十多处，人文旅游资源有九十多处，被世人誉为高原上的"香巴拉"。近些年为了快速发展旅游业，甘南州政府还确立了拉卜楞寺、则岔石林、郎木寺、腊子口、莲花山、大峪沟、冶海、首曲大草原、沙滩森林公园、安多合作米拉日巴九层佛阁十大王牌景点和桑科草原、当周草原、尕海、赤壁幽谷、拉尕山、扎尕那石林、毛泽东故居、俄界会议遗址等十六个重点景区。

1. 藏传佛教文化

佛教是世界三大宗教之一，而藏传佛教更有其独特的神秘色彩。在甘南各地，不仅有静态的佛教建筑和价值连城的各种文物，更有动态的佛教文化艺术和各类佛事活动，成为一道别具魅力的文化旅游风景线，它是唐蕃古道的黄金通道，也是青藏高原文化大系的主要组成部分。在这片鲜花簇拥的绿色土地上，到处闪烁着以藏族为主的多民族的灿烂文明的火花，境内有拉卜楞寺等121座藏传佛教寺院，有的已经成为著名的旅游胜地。同时，各寺院的佛事活动也已经成为传统的旅游参观项目。其中当地最为著名的寺院拉卜楞寺，其历史文化悠久，规模庞大，还保留有全国最完整的藏传佛教教学体系，在藏传佛教中具有重要的地位，被世人誉为"世界藏学府"。拉卜楞寺的正月十三至十五的晒佛节、跳神法会、酥油灯会、七月和九月的大法会、藏戏表演等佛事活动，每年都吸引着众多的海内外游客。

2. 藏民族风情

由于生存环境的不同，甘南地区的藏族与其他地区的藏族相比，既有共同性也有其不同之处。在甘南各地，由于自然环境差异较大，藏族的生活习俗也有不同。生活在海拔3000米左右的夏河、玛曲、碌曲和合作等地的藏族，主要以牛毛毡房和布料毡房为居室，以酥油、糌粑和牛羊肉为主食，体格剽悍健壮，素有"草原雄鹰"之称。居住在海拔2000米以下、白龙江流域崇山峻岭中的迭部、舟曲的藏族，能歌善舞，其服饰和建筑具有浓郁的山乡特色，村寨居民多为土木结构的两层榻板房，保留了部分氐、羌、戎等民族的遗风。生活在洮河之滨的临潭、卓尼的藏族，尚保留着明清时期的衣饰着装。各地的藏族虽属于同一个民族，但在婚丧嫁娶和起居、饮食、礼仪文化诸多方面风格各异，形成了州内各县互不相同，也与其他藏区不同的多彩的民俗风情和传统节庆活动。甘南各地由于气候、环境的差异，藏民族的服饰有86种之多，这在中国其他藏区是绝无仅有的。在甘南各地，每年的草原香浪节、赛马会、民族运动会、插箭节、博峪采花节、黑水沟朝水节、元宵节松棚灯会、莲花山花儿会、千人锅庄舞表演、万人扯绳比赛，以及近几年连续举办的甘南香巴拉旅游艺术节等独特的节庆活动，深受中外游客欢迎，也从侧面展示了甘南藏民族丰富多彩的民俗文化。此外，还有一些当地的手工艺品，如唐卡、壁画、铸造佛像等，也是中外游客青睐的对象。

3. 森林草原风光

甘南山势险峻，草原辽阔，环境优美，自然资源十分丰富。境内有高原牧场、青藏高原边缘山地、森林公园、崇山峻岭、河流湖泊、石林、溶洞等各种景观；有绿色峡谷群和林木葱郁的森林风光；有神奇俊秀的达里加山、莲花山、太子山，深不可测的白石崖溶洞，天然艺术的大观园则有岔石林、扎尕那石城、赤壁幽谷、冶海冰图；还有具有"东方瑞士"之称的郎木寺，以及尕海候鸟自然保护区、阿夏大熊猫栖息地等山水自然景观。

4. 历史文化遗迹

藏族的先祖从远古起就劳动、生息、繁衍在这块土地上，留下了许多珍贵的人类活动遗迹——仰韶文化、马家窑文化、齐家文化以及寺洼文化等，它们记录着古代文明的辉煌，闪烁着先祖智慧的光华。主要有历史上的汉羌、唐吐蕃时期的边塞重镇，汉白石县旧址、甘加八角城古城堡遗址、桑科古城、羊巴古城、明代城墙、华年古城、唐吐蕃磨坊和砖瓦窑遗址；红军走向胜利的"门户"——天险腊子口及著名的中央政治局俄界会议遗址、茨日那毛主席旧居、临潭苏维埃旧址、临潭冶力关肋巴佛纪念馆、卓尼杨积庆烈士纪念馆、卓尼土司历史陈列馆等红色旅游胜地。全州共有遗址111处，古城址22处，古墓葬16处，其他106处。

（三）发展现状

2004年甘南被中国社会科学院西部发展研究中心评为"西部最具魅力的旅游景区"；2005年甘南被美国最具权威的旅游杂志《视野》

《探险》评为"让生命感受自由"的世界50个户外天堂；还被《中国国家地理》《时尚旅游》评为"人一生要去的50个地方"之一。到2015年年底，甘南州境内的国家级旅游景区共有26处，其中国家4A级景点6处、3A级9处、2A级11处；近年来甘南州高度重视文化旅游业的发展，实施了"旅游兴州"的战略，并取得了显著成效。如今，"中国·九色甘南香巴拉旅游艺术节"连续成功举办了十七届，极大地提升了甘南旅游的知名度与美誉度。2016年2月，甘南州获批成为全国首批全域旅游示范区创建单位。并于2016年10月底，在2016最美中国榜盛典中荣获"推动全域旅游示范目的地"荣誉称号。旅游业逐渐发展成为甘南州的支柱型产业，在促进当地社会经济发展方面发挥着越来越重要的作用。与此同时，旅游业的发展对甘南州社会文化、生态环境等方面也产生了很大的影响。

二 旅游地不同生命周期阶段的居民对旅游影响感知分析

西北民族地区与发达地区相比，在地理区位、交通条件、经济水平以及文化教育等方面都相对滞后，旅游业发展成为民族地区脱贫致富、发展经济、社会进步的支柱之一。在旅游感知与态度中应该重点对旅游类型、游客类型、目的地社区特点、主客关系的特点以及文化中介者的作用等方面进行研究。[①] 目的地居民对旅游的接纳程度是旅游可持续发展的决定性因素，居民对旅游影响的感知与态度也是开发、营销、运作旅游项目的重要因素，研究居民对旅游影响感知有助于地方政府了解社会影响、减少主客双方之间的冲突，制定适宜该地区发展的旅游规划，获得居民支持，更好的发展旅游产业。本研究选取甘南州益哇乡扎尕那村和夏河县两个地方为研究对象，比较处于旅游开发探查阶段的扎尕那村和处于初级阶段的夏河县两地的旅游影响感知和态度。

（一）居民对经济、环境影响感知比较分析

研究发现，在经济影响各项中，两地居民对"增加就业机会""增加居民收入"表示赞同，且处于探查阶段的扎尕那居民，其赞同率和均

---

① 赵玉宗、李东和、黄明丽：《国外旅游地居民旅游感知和态度研究综述》，《旅游学刊》2005年第4期。

值都比夏河县居民要高。在消极影响各项指标中，普遍认为"物价上涨"，但是夏河县居民对消极影响感知更强，认为旅游收益较多被外来经营者获取，本地只有极少数人从中获益。在环境影响中，两地居民均认为旅游开发"改善了交通""完善了基础设施""环境卫生更加清洁""有助于保护环境"，扎尕那居民的赞成率和均值要高于夏河县居民。

上述结果说明处于不同生命周期阶段的旅游地居民对旅游影响的感知与态度存在显著差异。夏河县相对来说区位优势较明显，拉卜楞寺景区和桑科草原为该地区带来了大量游客，随着旅游业的发展，原来粗犷的管理方式得到很大改善，但是由于大量游客涌入造成了环境、经济方面的负面影响；扎尕那村处于旅游开发的探查阶段，开发方式由村民自主发展，景区门票由村民自售，居民对其带来的经济收益感知较强，未能意识到环境方面存在的巨大隐患。

（二）居民对社会文化影响感知比较分析

在旅游对社会文化的积极影响方面，两地居民对"增加外界交流""妇女地位有所提高""思想观念改变"表示赞同，扎尕那村的感知和评价相对较高。扎尕那村地处大山深处，长期封闭，在旅游开发之前对外界了解有限，旅游开发打开了该地与外界相互交流的通道；在传统藏族家庭中，妇女地位十分低下，随着旅游业的进入，男权思想虽然还是存在，但妇女地位有所提高甚至参与到旅游活动当中，受教育程度也有所提高。在"民族传统服饰减少"和"民族语言流失"两项中，夏河县居民对其感知较强。调查显示扎尕那村对民族传统服饰穿着较为普遍，当地居民主要从事旅游相关活动，该村75%的居民经营藏家客栈、农家乐等，在传统服饰方面变化不大。对于夏河县居民来说，仅有少数青年人和老年人穿着藏族服饰，这是由早期青年人外出打工，与外界交流较多或者干活不方便等造成的。随着旅游业的发展，出现了一种有趣的现象，旅游者对当地的民族服饰非常感兴趣，具有民族风的服饰在旅游商品中受到追捧，民族服饰成为重要场合的接待盛装。在重要场合身着民族服饰增加了居民的民族认同感，激发了民族的自信心和自豪感，加强了当地居民对传统民族文化的一种重新审视和传承的信心。对"民族语言、传统文化可依据游客喜好适当改变"两个问题中，夏河县居民表示中立，扎尕那村居民表示赞同。民族建筑方面扎尕那村基本没有什么变化，新建的藏家客栈依旧保持着传统建筑风格，夏河县居民的建筑则多为现代结构，但他们认为应该听取居民意见，更好地传承民族传统中的合理性、科学性的一面，又能摒弃传统中的陋习，实现民族传统文化的现代生存和良性发展。结果显示，处于不同生命周期阶段的旅游地居民，对旅游影响的程度、性质等各有偏好，而且评价标准也不相同。

在消极影响各项中，"社会治安问题增多""人际关系淡化"两项中，夏河县居民保持中立，扎尕那村居民表示反对。在"游客破坏了原来宁静的生活环境"和"应该限制游客数量"上，扎尕那村居民持反对意见，夏河县居民保持中立。两地居民之所以会有不同的感知与态度，是因为扎尕那村刚刚开发，游客量较少，居民希望游客越多越好，以增加经济收入。

根据两地居民的不同感受可以看出，旅游地的社会结构和传统价值观念的影响是潜移默化的。在传统民族观念中，社会成员平等参与劳动和社会活动，收入无异，旅游业的发展带来了市场原则、竞争机制，加剧了贫富分化，这在一定程度上加快了民族传统社会文化、生活方式的变化，产生了新的社会矛盾，使传统价值体系和价值观念发生变化。

（三）居民对旅游业发展的总体态度比较分析

两地居民普遍认为旅游业发展为该地区发展带来了好处，应该大力发展旅游业，但是在赞成率和均值上有较大差异。夏河县居民的赞同率分别是61.8%、67%，均值分别是3.51、3.52，处于比较谨慎和矛盾的状况；扎尕那村居民对发展旅游业充满热情，赞成率分别是96.3%、98.8%，均值分别高达4.77、4.9。这反映出民族地区居民对旅游业效应缺乏全面、客观、科学的认知，尤其是缺乏经济收入渠道、社会发展相对落后的扎尕那村，对旅游效应正面感知十分强烈，对负面影响认知程度较低，对发展旅游以脱贫致富、带动经济发展的愿望特别强烈。对于"旅游开发最大的受益者是政府和企业，当地居民未得到太多实惠"，夏河县居民表示赞成，扎尕那村居民表示反对。因为随着旅游业的发展，夏河县居民与旅游相关部门之间的矛盾激增，双方收益不均导致了居民对旅游开发者的不满；而扎尕那村的旅游发展处于投入小、规模小的起步阶段，居民获得旅游带来的直接经济利益较多，村民深切感受到旅游开发为村寨带来的经济、社会文化和环境方面的整体利益。由此可见，旅游业发展程度较高的旅游地，其旅游的消极影响也更为明显。

根据调查显示，两地居民都反对"景区开发是政府的事，无须征求居民意见""环境管理与当地居民无关"。这说明居民普遍具有社区参与旅游发展和维护资源所有权的意识。此外研究还发现旅游地村民对长远利益与短期利益、可持续发展及质量、诚信等问题已有一定的科学认识，但是在眼前经济利益的强力驱使下，还是会做出"宰客"、服务缩水等破坏旅游地形象的事情来。

居民对旅游者的态度问题上，在夏河县居民中，只有23%的被调查者表示"欢迎"，另有10%的村民表示强烈抵触；在扎尕那村居民中，85%的被调查者表示"欢迎"。这正证实了Doxey的"刺激指数"理论：旅游地居民的态度会随着旅游开发的深入、负面影响的产生而由原来的愉悦心情转变为冷淡、恼怒甚至敌视。

（四）结论

第一，旅游影响具有阶段性，处于不同生命周期阶段的民族地区居民对旅游影响的感知与态度存在显著差异。对旅游积极影响而言，处于探查阶段的居民比处于发展阶段的居民更为强烈，而对消极影响感知来说后者更为敏感。巴特勒的旅游地生命周期理论认为，居民对旅游影响的感知与态度与旅游地的发展程度密切相关，与旅游的消极影响呈负相关，处于探查阶段的旅游地居民感知与态度更为积极。本研究也证实了这一理论。

第二，旅游的获益感影响了不同生命周期阶段的居民对旅游影响的感知。总的来说，居民的感知一部分来自对客观事实的感知，一部分是主观的感知，当居民在获得经济利益较多的发展阶段往往对消极影响感知较弱或更加包容。一旦利益分配不均而产生矛盾或对经济收益依赖程度低时，居民对负面影响的感知就会更强。[①]

第三，总体而言处于不同生命周期阶段的居民对旅游业发展都持支持态度。虽然在支持度和发展热情方面略有差距，但是都肯定了旅游带

---

① Doy. G., "A Causation Theory of Visitor-resident Irritants, Methology and Research", *Proceedings of the Travel and Tourism Research Association Conference*, San Diego, 1975.

来的经济、环境、社会和文化等利益。当地居民是旅游影响的最主要承受者,尤其是消极影响,如何促进各利益相关者之间的沟通和理解,如何合理、有效地避免和解决冲突、矛盾,特别是能否尊重当地居民的感受,能否重视和落实当地居民的利益,无疑将是影响旅游地可持续发展的关键环节。

三 不同类型的居民对旅游影响的感知分析

(一) 调查基本情况

根据 2016 年 7 月 10—16 日在甘南州各县进行的 412 份有效调查问卷和深度访谈分析研究,调查问卷第一部分为居民的人口学、社会学特征,共 7 项,第二部分是居民对旅游影响在经济、环境和社会文化三个方面的感知,共 23 项,以及对旅游业的态度共 3 项。第二部分采用李克特 5 分制量表表示居民对旅游影响感知的程度,分值为 5,4,3,2,1,分别表示极大改善/提高、改善/提高、无变化、恶化/下降、极大恶化/下降。

根据统计结果,填写调查问卷的居民中,本地出生的居民占 67.4%,外来居民占 32.6%,主要居住地点为夏河县、碌曲县和卓尼县,分别占 35.7%、19.7%、17.4%;甘南州旅游业处于初级发展阶段,夏河县、碌曲县和卓尼县旅游资源较为丰富,发展较好;问卷调查中男女比例基本平衡,男性占 52.6%,女性占 47.4%,在旅游发展中女性地位不断提高,原本很少参与社会活动的妇女大量参与旅游业的发展。其中,藏族居民占 51.4%,汉族居民占 30.9%,其他少数民族居民占 17.7%,由于甘南州居民受教育水平普遍较低,语言文化上的差异较大导致交流不便,接受调查的居民大多为中青年居民;所从事职业中,学生占 21.9%,服务/销售/商贸人员占 37.4%,比重最大,政府工作人员占 10.7%,农牧民占 26.5%,其他职业占 3.5%。旅游业是甘南州发展的支柱产业,所从事职业与旅游业相关的居民达到 30.4%,居民月收入 1500 元以下的占 42.1%,收入水平普遍较低。

为保证本次研究结果的可靠性,对调查样本的 23 项旅游影响指标和 3 项居民态度进行了相关的信度检验,如表 13、表 14 所示(Cronbach's Alpha 在 0.7 以上具有一致性),由此可知该量表信度较为可靠。

表 13　　　　　　　　　调查指标可靠性检测统计

检测项目	旅游影响感知指标	居民感知态度	总量
项数	23	3	26
Cronbach's Alpha	0.768	0.745	0.757

表 14　　　　　　　　　　　　最终聚类中心

	居民对旅游影响感知均值			
	1	2	3	4
经济水平	4.30	4.21	3.85	3.06
收入水平	4.02	4.56	3.76	3.15
收入差距	3.51	3.12	3.03	2.30
物价水平	3.76	3.40	2.78	2.40
房屋价格	3.23	3.00	3.11	2.19
基础设施	4.33	3.89	3.57	3.33
人际关系	2.87	2.99	2.85	2.54
交通状况	4.42	4.08	3.77	3.82
娱乐活动	3.80	3.11	3.25	2.47
女性地位	3.01	3.56	2.87	2.15
犯罪现象	2.48	2.11	2.50	2.50
宗教信仰	3.77	2.19	2.28	2.35
价值观	3.85	3.14	3.20	2.67
语言文字	3.20	1.24	2.34	2.15
饮食文化	3.34	2.65	2.12	2.84
服饰文化	2.79	2.08	1.95	2.39
消费方式	3.21	3.23	2.68	2.74
民族建筑	2.45	2.15	2.02	1.97
卫生状况	3.66	1.66	3.83	3.78
大气质量	2.82	1.71	2.56	2.01
水源质量	2.70	1.76	2.23	1.55

续表

	居民对旅游影响感知均值			
	1	2	3	4
土壤质量	3.26	1.47	2.00	2.56
动植物数量	2.58	1.50	1.88	1.89
对游客的欢迎程度	3.70	3.48	3.56	2.63
对旅游业发展的支持程度	4.42	4.07	4.29	3.26
对旅游业发展的满意度	2.87	3.11	3.01	2.89
聚类中的案例数	83	157	130	42

(二) 旅游影响评价模型的评价与分析

1. 基于地缘因素的旅游影响评价分析

由于本次调查对象的样本选择是同时包含了主客双方的，主客双方对于旅游影响的感知肯定是有差异的，所以进行地缘因素分析就是必要的，如图17所示，所取样本的76%是本地人，24%是外地人。而针对不同的人群，我们进行旅游感知评价的数据分析，分别如图18、表15不同地缘对于经济维度的感知，图19、表16不同地缘对于社会文化维度的感知以及图20、表17不同地缘对于环境生态维度的感知所示。

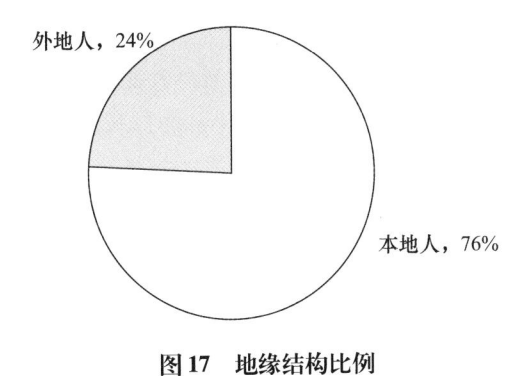

图17 地缘结构比例

表 15　不同地缘对经济维度的感知

地缘\指标	经济水平	收入水平	收入差距	物价水平	房屋价格	基础设施	人际关系	交通状况	娱乐活动	犯罪现象	平均数
本地人	3.99	3.78	3.41	3.98	3.84	4.03	3.89	3.97	3.85	2.88	3.76
外地人	4.22	4.01	3.36	4.14	4.04	3.99	3.93	3.96	4.05	3.30	3.88

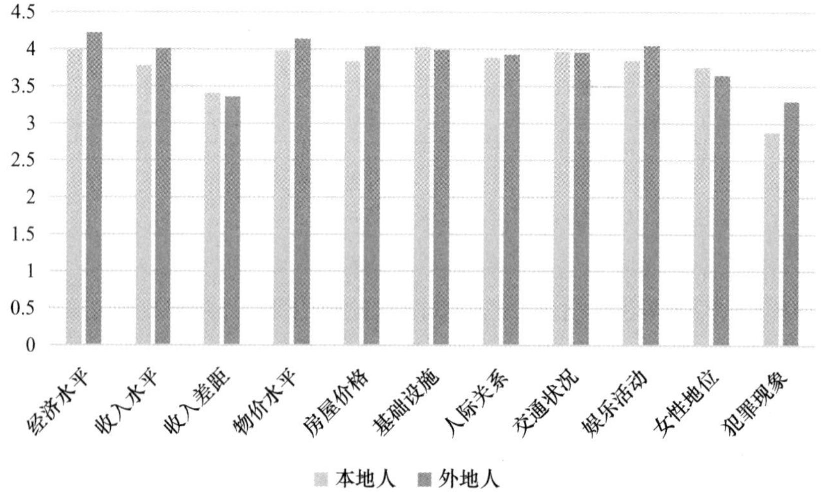

图 18　不同地缘对经济维度的感知

如表 15 所示本地人与外地人的平均数分别为 3.76 和 3.88，相差微小，并且根据李克特量表不管是主或客对于经济因素的旅游影响感知评价都是经济水平有所提高。但是也可以看到在犯罪现象一栏中游客对其感知为 3.30，即犯罪现象没有显著变化；而居民感知为 2.88，认为犯罪现象有所减少。这说明，一方面，旅游为当地带来的经济效益使得居民生活水平普遍有所提高，所以犯罪事件发生的概率也有所下降；另一方面，说明了因为旅游业的发展，使得原本落后的地区也逐渐步入精神文明时代，居民的基本素质也逐步提升，使得犯罪率降低。所以，基于地缘因素的旅游影响经济因素的感知评价为：经济方面有所提高。

表16　　　　　不同地缘对社会文化维度的感知

指标 地缘	宗教信仰	价值观	语言文字	饮食文化	服饰文化	消费方式	民族建筑	平均数
本地人	3.88	4.19	4.21	4.34	4.36	4.51	4.45	4.28
外地人	3.96	4.51	4.38	4.38	4.35	4.66	4.21	4.35

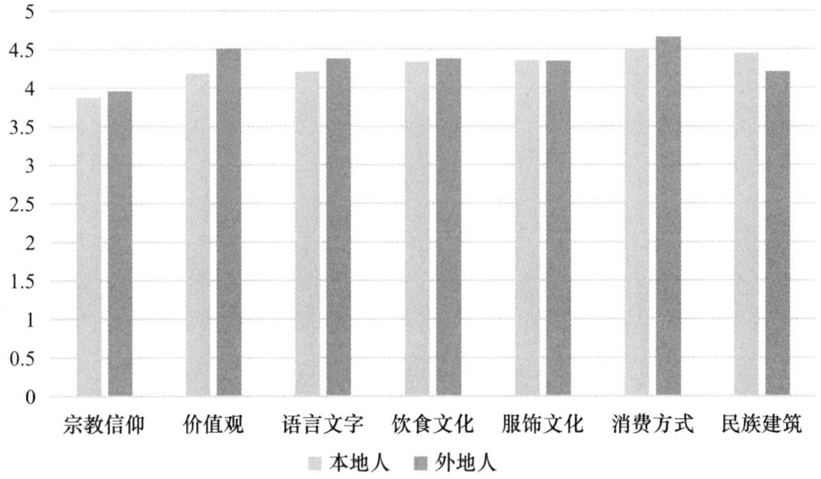

图19　不同地缘对社会文化维度的感知

关于社会文化方面，主客两者的平均数差距不大，分别为4.28和4.35。根据李克特量表，其旅游影响感知评价均为社会文化方面变化较大。但也可以看到，甘南作为西北民族地区，其民族信仰还是根深蒂固的，所以旅游对于宗教信仰方面的影响是基本无变化的。而在社会文化方面的影响指标中对于消费方式的影响最大，不管是居民还是游客，旅游对其消费方式的影响都是较大的。从中可看出，旅游作为一种文化交流方式，主客凝视对社会文化方面的影响还是较为明显的，这是一把双刃剑，在帮助提高落后地区文明程度的同时，也要避免本民族文化被侵蚀，被庸俗化，要保证本民族文化的纯真性和本源性。

表17　　　　　　　　不同地缘对环境生态维度的感知

指标 地缘	卫生状况	大气质量	水源质量	土壤质量	动植物质量	平均数
本地人	4.04	3.52	3.36	3.22	3.29	3.49
外地人	3.87	3.06	3.03	2.93	3.07	3.19

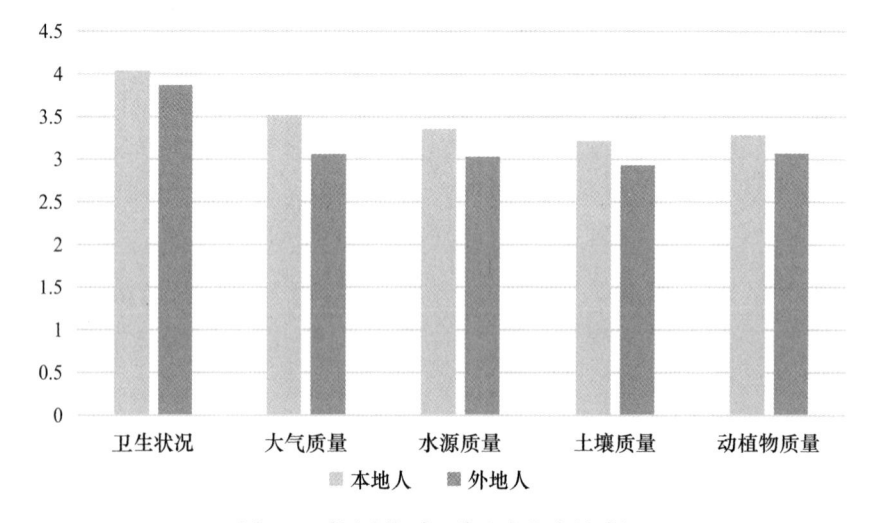

图20　不同地缘对环境生态维度的感知

总体而言，对环境生态方面的影响感知可明显看出影响是不明显的，但是相较于游客来说，本地人对于环境生态的各方面感知是明显有所改善的。尤其是在卫生状况方面，不仅是居民，游客也感到明显有改善。这说明，随着旅游资源的开发，甘南地区不管是基础设施还是卫生条件较之前都有较为明显的改善。

所以，从地缘方面看，旅游对于目的地的影响，不管是经济方面、社会文化方面还是环境生态方面所起的作用都是积极的，都是积极影响。

2. 基于性别结构的旅游影响评价分析

性别不同，在许多事情上的衡量标准也不同，鉴于男性女性对于相同的一件事情往往有不同的看法，我们进行了不同性别的人对于旅游影响的感知分析。样本中男性女性比例结构如图21所示，抽样样本中男性占55%，女性占45%。在性别结构的基础上，我们进一步对甘南地区旅游影响感知的三个方面进行了数据分析,并得到了相应的感知影响评价,如图22、图23、图24及表18、表19、表20所示。

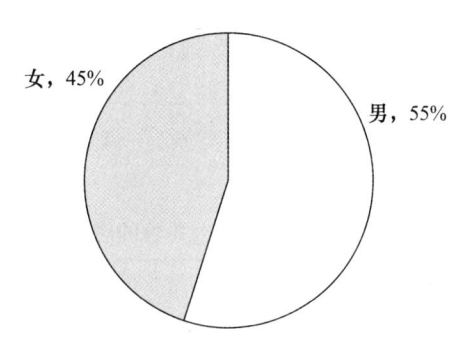

图21 性别结构比例

表18 不同性别对经济维度的感知

指标 性别	经济水平	收入水平	收入差距	物价水平	房屋价格	基础设施	人际关系	交通状况	娱乐活动	女性地位	犯罪现象	平均数
男	4.00	3.79	3.40	3.93	3.80	3.98	3.81	3.95	3.90	3.75	2.85	3.74
女	4.07	3.88	3.40	4.08	3.96	4.04	3.97	3.98	3.90	3.71	3.09	3.83

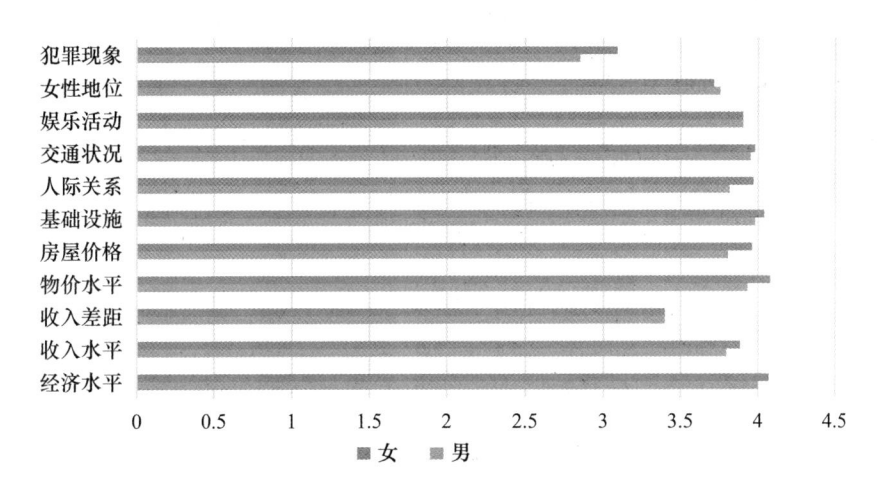

图22 不同性别对经济维度的感知

在经济方面，性别因素的差别并不太明显，其均值分别为男性3.74和女性3.83，根据李克特量表可知均为经济水平有所提高。对于女性来说提高最明显的是物价水平，为4.08，而对于男性来说上涨最高的是经济水平，为4.00。对于女性地位指标，不管是男性还是女性对其感知都是有所提高，这说明旅游的发展带动了经济的增长而使得社会文明有所进步，经济基础决定上层建筑，所以女性地位有所提高。

表19　　　　　　　　不同性别对社会文化维度的感知

指标\性别	宗教信仰	价值观	语言文字	饮食文化	服饰文化	消费方式	民族建筑	平均数
男	3.97	4.29	4.28	4.44	4.43	4.56	4.40	4.34
女	3.83	4.25	4.23	4.28	4.30	4.53	4.38	4.26

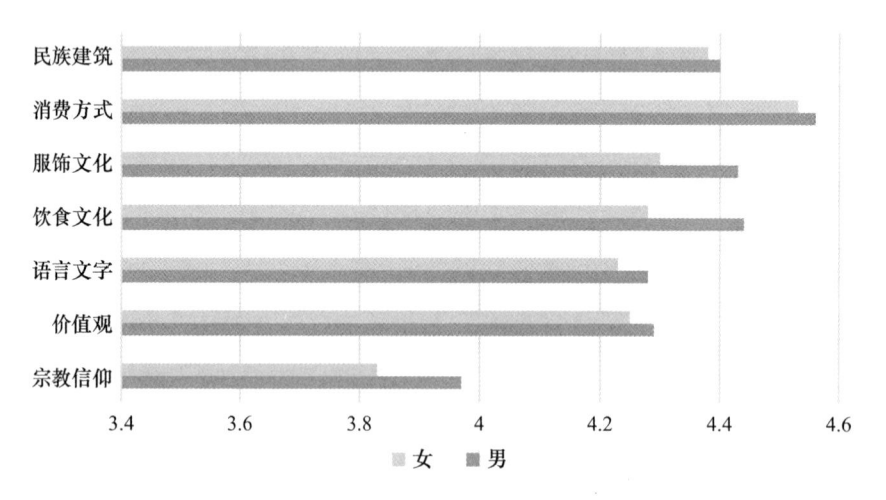

图23　不同性别对社会文化维度的感知

如图23、表19所示，除了宗教信仰外，旅游对于不同性别在社会文化中各方面的影响都有比较显著的，而且对于男性的影响明显高于女性，尤其是在饮食文化和服饰文化两方面。相较于男性，甘南地区女性受教育水平更低，思想更为保守，在一定程度上来说，影响显著与此有关系。

表20　　　　　　　　不同性别对环境生态维度的感知

性别＼指标	卫生状况	大气质量	水源质量	土壤质量	动植物质量	平均数
男	4.10	3.50	3.37	3.22	3.16	3.47
女	3.92	3.33	3.20	3.09	3.30	3.37

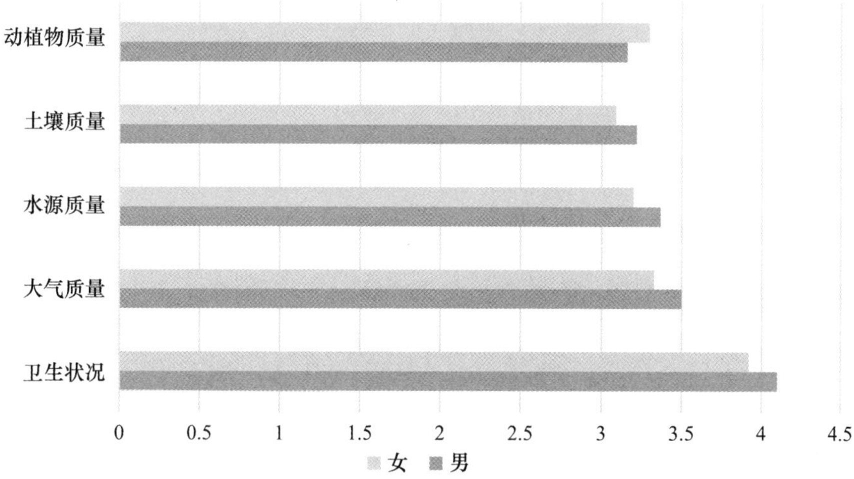

图24　不同性别对环境生态维度的感知

对于环境生态方面，从条形图中可以明显地看出，不同性别的样本都认为卫生状况有明显的改善，男性和女性分别为4.10和3.92，这与旅游所带来的影响是密不可分的。正是旅游资源的开发使得景区的建设等各个方面得到了更好的完善和提升。

3. 基于年龄特征的旅游影响评价分析

不同年龄的人对于不同的评价指标会有不同的感知，也会有不同的评价标准，所以对于样本进行年龄结构的分析也是很有必要的。如图25所示，18岁以下的被调查者有27人，占6%；18—24岁的有247人，占55%；25—35岁的有95人，占21%；36—45岁的有37人，占8.2%；46—59岁的有36人，占8%；60岁以上的有10人，占2%。然后针对不同年龄的人群又对旅游感知的三方面进行了数据分析，得到以下结果。

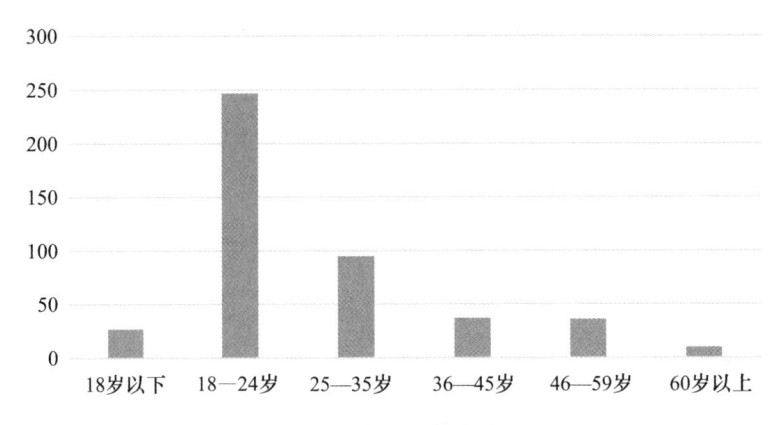

图 25　年龄结构统计

表 21　　　　　　不同年龄人群对经济维度的感知

指标 年龄	经济 水平	收入 水平	收入 差距	物价 水平	房屋 价格	基础 设施	人际 关系	交通 状况	娱乐 活动	女性 地位	犯罪 现象	平均 数
18 岁以下	4.19	3.81	3.63	3.89	4.22	4.04	4.00	3.81	3.74	3.85	3.00	3.84
18—24 岁	4.14	3.91	3.30	4.03	3.95	4.01	3.95	3.96	4.00	3.67	3.11	3.82
25—35 岁	3.96	3.74	3.48	4.05	3.79	4.05	3.91	3.98	3.82	3.74	2.71	3.75
36—45 岁	3.78	3.64	3.56	4.11	4.03	4.00	3.86	4.00	3.78	3.64	2.97	3.76
46—59 岁	3.89	3.94	3.50	3.89	3.47	4.00	3.56	3.97	3.67	3.97	3.056	3.72
60 岁以上	3.73	3.55	3.45	3.82	3.27	4.00	3.73	4.36	3.82	4.09	2.27	3.65

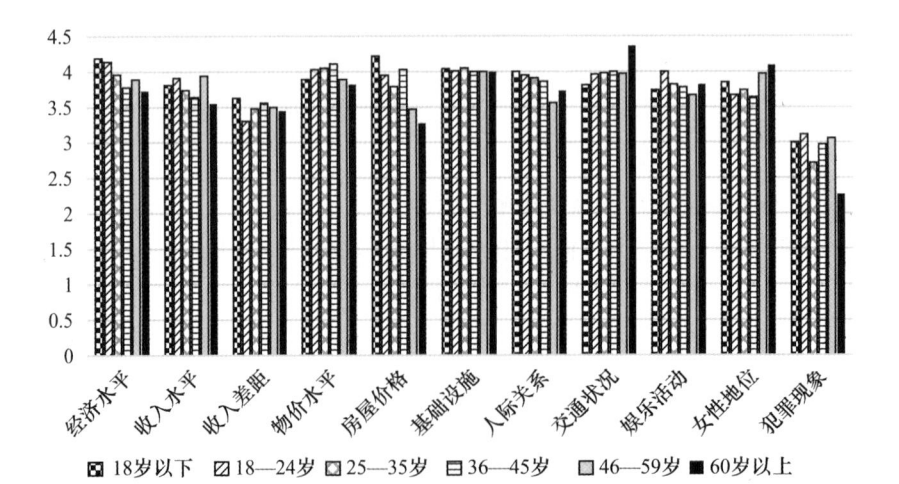

图 26　不同年龄人群对经济维度的感知

如表 21 所示，不同年龄段人群对于旅游影响经济方面的感知水平都维持在 3.75 左右，根据李克特量表可知，其感知评价为有所提高。但是从图 26 看出，不同年龄段对于不同指标的感知是不同的，最为明显的是交通状况这一指标，60 岁以上的人群为 4.36，远高于其他几个年龄阶段，这表明对于 60 岁以上的老年人来说，旅游使得甘南地区交通业得到了显著的改善，更加方便高龄人群的出行及游玩，这无疑是旅游所带来的积极影响之一。

表 22　　　　　　不同年龄人群对社会文化维度的感知

指标 年龄	宗教信仰	价值观	语言文字	饮食文化	服饰文化	消费方式	民族建筑	平均数
18 岁以下	4.04	4.26	4.00	4.37	4.37	4.44	4.44	4.27
18—24 岁	3.99	4.45	4.37	4.47	4.41	4.67	4.31	4.38
25—35 岁	3.88	4.24	4.23	4.23	4.28	4.38	4.67	4.27
36—45 岁	3.50	3.78	4.06	4.11	4.36	4.33	4.17	4.04
46—59 岁	3.71	3.77	4.00	4.23	4.34	4.46	4.40	4.13
60 岁以上	3.36	3.50	3.80	3.80	3.80	4.40	4.30	3.85

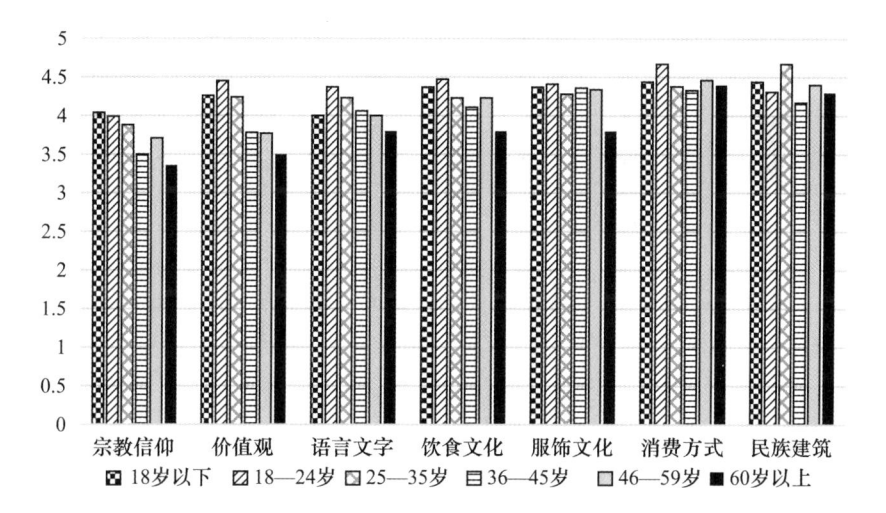

图 27　不同年龄人群对社会文化维度的感知

从表22可知，旅游对于36岁以下的人群的社会文化影响是明显高于36岁以上的人群的，年龄越大影响越小。并且对于18—35岁的人群的影响是最大的，这部分人群正是中青年人，是现代社会的主要劳动力与中坚力量。其中，价值观和消费方式的改变是最为明显的。

表23　　　　　　　　不同年龄人群对生态环境维度的感知

指标 年龄	卫生状况	大气质量	水源质量	土壤质量	动植物质量
18岁以下	3.93	3.52	3.12	3.15	3.41
18—24岁	3.86	3.19	3.12	2.93	3.04
25—35岁	4.06	3.67	3.53	3.47	3.62
36—45岁	4.42	3.67	3.44	3.47	3.28
46—59岁	4.31	3.71	3.40	3.40	3.37
60岁以上	4.60	3.80	3.80	3.40	3.20

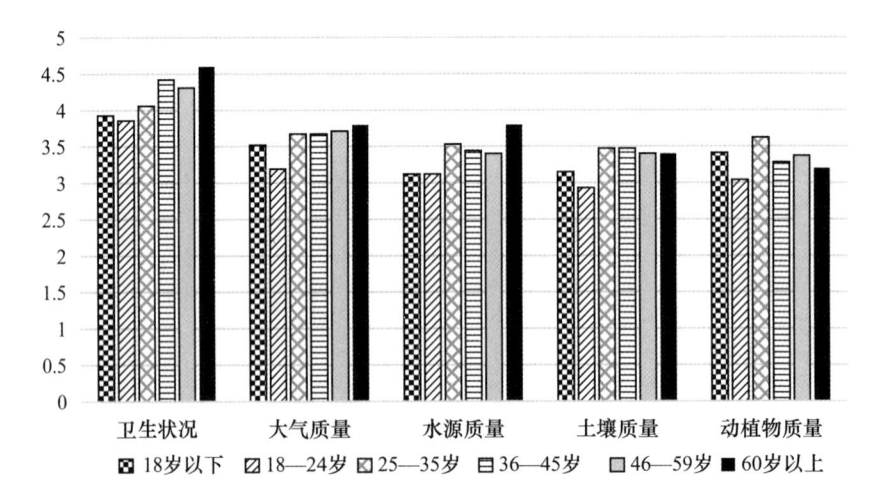

图28　不同年龄人群对生态环境维度的感知

从以上数据分析可知，所有年龄段的人对于卫生状况的改善都是一致认可的，这说明基于年龄因素上旅游的确在卫生状况的改善方面起到了很大的积极影响作用。

(三) 居民旅游影响感知聚类分析

旅游开发的成功与否与目的地居民的感知与态度有着极大关系,故研究不仅要了解当地居民对旅游发展的整体认知,还要揭示不同类型居民对旅游的感知与态度,探索其原因和规律,为提高和改善居民对旅游发展的态度提供决策依据。

1. 基于旅游影响感知的甘南州居民分类

经过对甘南藏族自治州居民进行调查研究,甘南州居民按照旅游影响感知与态度可分为四种类型:盲目乐观型、理性支持型、政策支持型和悲观冷漠型。

类型一的居民对旅游正面感知极强,在被调查的居民中占比20.2%,对旅游业的发展有极高的热情,尤其是经济方面,但却很少关注到旅游对其产生的负面影响或者认为旅游对社会文化和环境有影响。其中"经济水平"这一维度的感知均值最高,达到4.30,其次是收入水平、物价水平、收入差距和房屋价格,正面影响率为百分之百,但是房屋价格也是大幅提高,收入差距有所拉大。在社会文化方面,对"交通状况""基础设施"这两项感知较强,均值分别达到4.42和4.33,其余旅游影响感知不显著,均为正面影响。此类居民对旅游业的发展持相当乐观的态度,对旅游影响感知积极影响较为明显,可称其为"盲目乐观型"。这类居民中少数民族占到92%,年龄主要以青年人为主,老年人占比极少,并且低收入者占绝大多数。从职业分类来看,主要是服务、销售、商贸、农牧民等与旅游活动有着紧密联系的从业者,这类居民可以在旅游业中获得相关利益,所以更倾向于支持旅游业的发展且对旅游影响有积极方面感知。在态度上,对旅游者的欢迎程度和对该地区旅游业的发展程度都持支持态度,均值分别为3.70和4.42;对当地旅游业发展的满意度偏低,均值为2.87,这说明甘南州旅游业发展还存在一定问题,导致支持者的满意度较低。

类型二居民占比最大,为38.1%,该类居民对旅游影响的正面影响感知较强,同时也认为在社会文化和环境方面存在负面影响,对旅游影响具有理性的判断,同时也支持旅游业的发展。其中"收入水平""经济水平""交通状况""消费方式"这几项正面感知较强,对环境影响整体呈负面感知，对社会文化影响方面较为中立，"语言文字"这一题项得分最低。这一类居民总体来说对旅游业支持度较高，能考虑到正负面影响，对甘南旅游业的发展也较为满意，可称其为"理性支持型"。这类居民受教育程度明显高于类型一和类型四，67%的居民受教育程度在高中及以上，职业呈现多样性，但是旅游参与度一般。

类型三占31.6%，该类居民对正面影响和负面影响感知均比较明显，并且对旅游的负面影响能提出相应的解决措施和相关建议。这一类居民与类型二基本相似，正负面感知均比较明显，但是他们认为旅游的影响还是积极的方面大于消极的方面，只要采取相关的政策措施，旅游负面影响是可以规避的。这类居民对当地旅游业发展的满意度较低，他们希望甘南州可以发展得更好，应该多关注社会文化和生态环境的发展而不是一味地追求经济效益，所以称这类居民为"政策支持性"。进一步分析发现，此类居民主要是30—50岁的中年人，多为政府、企事业单位工作者或旅游经营管理人员，他们能站在自己的角度审视甘南州旅游业的发展并提出相应措施。

类型四占10.1%，该类居民对当地旅游影响感知和态度整体上持悲观态度，他们认为除了对经济发展的正面影响以外，环境影响和社会文化影响大多为负面影响。这类居民对社会文化和生态环境的负面感知极为明显，其中"民族建筑""水源质量"得分最低，分别为1.97、1.55，对游客的欢迎程度、旅游业发展支持程度以及满意度都较低，尤其是对外来游客的态度较为冷漠，均值为2.63。由于地处民族地区，问卷调查中涉及部分佛教信仰者和寺庙僧人，出现一些十分反对旅游业发展的群体，这类居民中更多的是旅游零参与度、文化水平较低的居民，对旅游业发展表现出相对冷漠、悲观的态度，所以可称其为"悲观冷漠型"。随着旅游业的发展和居民认识水平的提高，民族地区居民对旅游影响的感知和态度也在不断变化，当地政府和旅游开发者应该重视居民感知，正确认识社区居民在旅游业发展中的作用，及时了解不同类型的居民对旅游业发展的意见和建议，切实从当地居民的需求和利益出发，采取相应的政策争取居民的支持，将旅游的负面影响调控到最小，还要更加关注民族地区特殊群体的态度，使经济、文化、环境协调发展。

2. 影响居民分类的因素

对居民旅游影响感知的分类受到众多因素的影响，探索其影响与规律有助于更好地了解各类居民的需求，实现旅游更好地发展。本部分以居民旅游感知分类结果为因变量，以相关社会经济因素为自变量进行多分类逻辑斯蒂回归建模，以识别聚类结果的影响因素。再使用相关性进行判别，结果显示性别、年龄、受教育程度和职业对居民旅游影响感知群体分类有显著影响。

性别和年龄主要表现是男性和年龄较大者对旅游积极影响感知较强，对当地旅游业发展持积极态度，这与家庭关系结构和地方依赖有着极大关系。McCool 和 Martin 发现对社区依恋强的居民比对社区没有依恋的居民更高地评价旅游业的积极影响。[1] William 等人运用地区认同测量出较高社区依恋的居民比较低社区依恋的居民更支持旅游开发。[2] 年龄较大的居民在甘南州居住的时间较长，对地方依赖更强，民族地区家庭关系结构较为复杂，男性地位较为突出，所以更倾向于旅游影响的积极方面。Jurowski 根据社区依恋理论研究发现，依恋度高的居民对旅游开发的支持度更高且对旅游影响持乐观态度。Vesey 和 Dimanche 研究显示，新奥尔良的法国街区社区依恋与旅游业的积极影响感知有关。

受教育程度普遍较低是甘南藏族自治州面临的重要问题，文化水平是影响居民对旅游感知的重要因素。文化水平较高的居民对旅游积极影响的感知和消极影响的感知均比较明显，文化水平低的居民容易出现两极化，在"盲目乐观型"和"悲观冷漠型"这两类居民表现比较突出。大专和本科学历以上的居民比较理性，在感受积极影响的同时也意识到旅游给当地带来的消极影响，而且部分居民能够提出自己的相关看法和意见。

所从事的职业与参与旅游业有着很大关系，对旅游影响的感知与态度也是关系密切。聚类分析结果显示，所从事职业与旅游业关系较大或

---

[1] McCool S. F., Marin S. R., "Community Attachment and Attitudes Toward Tourism Development", *Journal of Travel Research*, Vol. 32, No. 3, p. 29.

[2] Williams D. R., Mcdonald C. D., Riden C. M., et al., "Community Attachment, Regional Identity and Resident Attitudes Development", *Proceeding of the Travel and Tourism Research Association Conference*, San Diego, 1995.

者直接参与旅游活动的居民对旅游影响更倾向于积极影响,所从事职业与旅游无关的居民更倾向于消极影响,这和 Faulkner 与 Tideswell 对澳大利亚黄金海岸的研究结果相一致。在进行深度访谈时,一位在景区牵马的牧民认为,发展旅游业为当地带来了经济收入,人民生活水平提高了,政府对草原生态环境比较重视,空气清新了许多,而且还能从游客身上学到很多东西;而另一位务农的居民反映发展不发展旅游对自己也没什么影响,游客增多会使环境受到破坏等,游客参观拉卜楞寺等影响了宗教信仰。还有研究人员发现,居民和社区对旅游收入依赖程度越高,对旅游开发的态度就越积极。

(四)结论

首先,通过聚类分析研究,甘南藏族自治州不同类型的居民对旅游影响的感知和态度存在着明显的差异,居民可分为盲目乐观型、理性支持型、政策支持型和悲观冷漠型四种类型。西北民族地区发展相对滞后,旅游业发展给当地带来的各方面影响相对显著,当地居民尤其是少数民族居民对旅游影响的感知和态度有所不同且存在明显差异,针对不同的居民类型应该采取相应的发展措施,鼓励居民参与旅游业的发展,包括政策制定、旅游规划等;对态度过于消极的居民加大扶持力度,使旅游业发展的成果与民共享,受惠于民。

其次,研究中对居民类型的划分以及与国内外其他学者的研究结果具有一定相似性,整体而言,居民对旅游业发展的态度是积极肯定的,但也存在着大量的中立者和少数反对者。民族地区发展情况错综复杂,语言沟通方面也存在着一些问题,在实际调查和访谈中受到一定局限,影响着研究结果。反对者受到其自身及所在地区的特殊性影响,甘南州被称为"小西藏",拉卜楞寺是佛教圣地,以喇嘛为代表的一些宗教信仰者的利益也要受到重视。政府和旅游管理者在进行旅游开发的过程中要考虑宗教保护与经济发展的协同发展,广泛征集社区居民意见,以求得旅游的可持续发展。

最后,为了分析居民聚类的因素,对人口统计学特征做了相关性分析,其中性别、年龄、受教育程度和职业对分类影响较大,其他人口统计学特征相关性较小。本研究也存在一定的局限性,对居住地到旅游区的远近、主客交往程度等其他影响因素未进行相关分析,在以后的研究中可以增加相关影响因素的分析，以便更精确地研究居民旅游影响感知的不同。提高民族地区居民的受教育程度、女性地位等是促进地区发展的软工程，文化水平是一个地区发展的重要因素。民族地区由于长期处于封闭的环境中，加强对外交流也是促进其发展的突破口，引进先进的思想观念、科学技术，开阔视野，将民族地区旅游发展的思路打开，才能取得长足发展，同时也减少或避免旅游产生的负面影响。

民族地区居民对旅游影响更加敏感，研究不同类型的居民对旅游影响的感知与态度有利于地方政府和企业充分了解居民的意愿，有针对性地、有差异地制定相关政策，有效减少和防止居民与政府、企业之间的冲突，实现旅游业的可持续发展。对旅游地居民的聚类研究还需要进一步结合当地社会发展及居民自身发展进行细分，对社区参与度更加重视，提出更为切实的发展对策。民族地区在旅游业发展大潮中取得了一定程度的持续进步，但长期存在着经济导向的问题，过于重视经济发展和旅游者需求而忽视了当地社区发展能力和居民内在需求。本研究结果也说明了我国旅游地居民对旅游业发展的参与度提高，意识水平提高，从发展初期的盲目向理性转变。他们更加关注社区内部的问题，尤其是少数民族的传统文化的传承和保护，并对自身生活的环境、条件等提出了新的发展要求，这对当地政府、企业等管理者而言无疑将是一次新的挑战。

四 不同文化背景的居民对旅游影响感知与态度的分析

（一）临夏回族自治州旅游业发展概况

临夏回族自治州是我国两大回族自治区之一，其位于甘肃省中部西南面，地形上属于青藏高原与黄土高原的过渡地带，自古以来就是古丝绸之路南道的要冲，唐番古道上的重镇。临夏州包括临夏市、临夏县、永靖县、和政县、广河县、康乐县、东乡族自治县、积石山保安族东乡族撒拉族自治县7县1市，辖区内居住有回、汉、东乡、保安等31个民族，其中少数民族人口占人口总量的59.2%，信仰伊斯兰教的少数民族占人口总量的57%。

临夏回族自治州民族文化底蕴深厚、民俗风情独特，自然与人文旅游资源丰富多彩，到2015年年底，临夏州拥有国家4A级景区4处，3A级景区13处。在临夏州境内，马家窑文化、半山文化、齐家文化等新石器文化遗址星罗棋布，具有极大的历史文化价值；和政县的古动物化石在数量、品种、规模和完整程度上都堪称世界之最，具有极高的科研价值与珍藏价值，被誉为中国古动物化石的"伊甸园"；临夏还是世界非物质文化遗产——民歌"花儿"的发源地，曾被中国民间艺术家协会命名为"中国花儿之乡"。此外，临夏的砖雕、保安腰刀锻制技艺、河州贤孝、莲花山及松鸣岩的花儿会五项民间艺术被列入国家级非物质文化遗产保护名录。

近年来，临夏州地方政府审时度势，高度重视旅游业的发展，把旅游业作为全市新的经济增长点和支柱型产业来加以培育，并取得了一些较为显著的成果。通过一系列的品牌营销与宣传，"黄河山水风光游，河州文化巡礼游，森林生态休闲游，史前生物探秘游，临夏民俗风情游"的旅游品牌形象也被越来越多的旅游者所熟知，临夏州旅游的知名度得到了较大提升。

（二）文化差异视角下的旅游影响感知比较分析

1. 描述性统计分析

表24　　　　　甘南州与临夏州居民旅游影响感知差异

公因子	感知指标	甘南 均值	甘南 标准差	临夏 均值	临夏 标准差
F1 环境收益	X1 土壤质量	3.17	0.953	3.17	0.905
	X2 水源质量	3.32	1.044	3.21	1.069
	X3 大气质量	3.50	1.034	3.33	0.967
	X4 动植物数量	3.10	1.072	3.31	1.085
	X5 卫生状况	3.97	0.988	3.86	0.945
F2 文化成本	X6 价值观	4.26	0.835	4.02	0.859
	X7 宗教信仰	3.97	0.856	3.73	0.831
	X8 语言文字	4.37	0.776	4.03	0.826
	X9 消费方式	4.54	0.708	4.40	0.765
F3 经济收益	X10 收入水平	3.89	0.705	3.76	0.733
	X11 经济水平	4.06	0.610	3.95	0.757
	X12 收入差距	3.52	0.948	3.51	0.866

续表

公因子	感知指标	甘南 均值	甘南 标准差	临夏 均值	临夏 标准差
F4 社会收益	X13 交通状况	3.97	0.675	3.88	0.898
	X14 女性地位	3.73	0.691	3.71	0.685
	X15 基础设施	4.02	0.713	3.99	0.659
	X16 娱乐活动	3.90	0.768	3.73	0.797
F5 文化收益	X17 民族建筑	4.41	0.732	4.42	0.730
	X18 饮食文化	4.42	0.725	4.23	0.839
F6 经济成本	X19 物价水平	4.01	0.730	4.03	0.682
	X20 房屋价格	4.08	0.706	3.80	0.949
F7 社会成本	X21 人际关系	3.92	0.818	3.85	0.693
	X22 服饰文化	4.45	0.501	4.21	0.806
	X23 犯罪现象	2.80	0.993	3.16	1.038

一般来说，李克特五级量表1—5等级评分平均值在1—2.4之间表示缩小或恶化，2.5—3.4之间表示没变化，3.5—5之间表示扩大或改善。从表24可以看出，在F1环境收益方面，甘南州藏族与临夏州回族居民对X1土壤质量、X2水源质量、X4动植物数量的感知均值均处于3.1—3.4，表明两地居民认为土壤质量、水源质量、动植物数量没有什么变化；而在X3大气质量与X5卫生状况方面，甘南州藏族居民的感知均值分别为3.5、3.97，临夏州回族居民的感知均值为3.33、3.86，两地居民均认为在大气质量与卫生状况上有所改善，但是甘南州居民认为改善的程度比临夏州居民感受得更深一些。

在F2文化成本方面，甘南州与临夏州居民对X6价值观、X7宗教信仰、X8语言文字、X9消费方式的感知均值均在3.5—5之间，表明两地居民的价值观、宗教信仰、语言文字、消费方式都有很大变化，尤其在价值观、消费方式、语言文字上变化最大，宗教信仰在文化成本的四个指标中变化最小。另外，通过对两地居民对文化成本四项指标均值进行对比，我们发现甘南州藏民族居民在价值观、宗教信仰、语言文字、消费方式四个方面变化更大。

在 F3 经济收益方面，甘南州藏族与临夏州回族居民对旅游对当地经济水平的拉动都有强烈的感知，感知均值分别为 4.06、3.95；在收入水平上两地居民的感知都高于 3.5，表明随着旅游的发展，当地居民的收入水平有所提高，但是提高的程度不是太大；然而在收入差距上，两地居民的感知均值分别为 3.52、3.51，感知程度相当，可知两地随着经济水平的提高，当地居民之间的贫富差距也有所扩大，但不是很明显。整体来看，虽然旅游的发展促进了甘南州与临夏州经济的发展与人民收入水平的提高，但也加剧了当地贫富差距的扩大。此外，甘南州藏族居民对于经济水平、收入水平、收入差距的感知均高于临夏州回族居民。

在 F4 社会收益方面，甘南州藏族与临夏州回族居民的感知均值都在 3.5—5 之间，表明两地居民认为旅游业的发展对当地交通状况的改善、女性地位的提高、基础设施的完善、娱乐活动的丰富都起着重要的作用。尤其是对交通状况与基础设施的感知最为强烈，感知均值都超过了 3.8，可以得知旅游业的发展对于当地基础设施与交通状况的改善有着很大的促进作用；在女性地位上，两地居民的感知均值相当，分别为 3.73、3.71，可见旅游者的进入有利于两地女性地位的上升。此外，通过对比甘南州藏族与临夏州回族居民在社会收益各项上的感知均值，可以看出甘南州藏族居民的感知均高于临夏州回族居民的感知。

在 F5 文化收益方面，甘南州藏族与临夏州回族居民对民族建筑、饮食文化的感知均值都超过了 4.2，表明旅游业的发展对两地民族建筑与饮食文化影响巨大；其中在民族建筑上，两地居民感知程度相当，但在饮食文化上甘南州藏族居民比临夏州回族居民感知更加强烈，表明旅游业对甘南州藏族居民的饮食文化的影响要高于临夏州回族居民。

在 F6 经济成本方面，甘南州藏族与临夏州回族居民对物价水平的感知均值都超过了 4.0，表明当地旅游业的发展很大程度上拉高了当地的物价水平；而在房屋价格上，两地居民的感知均值分别为 4.08、3.8，也都在 3.5—5 之间，这表明两地的房屋价格随着当地旅游业的发展出现了较大的上涨，此外，甘南州房屋价格的上涨程度高于临夏州。

在 F7 社会成本方面，甘南州藏族与临夏州回族居民对服饰文化的变化感知最为强烈，两地居民的感知均值分别为 4.45、4.21，表明旅游业的发展对当地居民的服饰穿着有着特别大的影响，但对于甘南州藏族居民的影响更大；在人际关系方面，两地居民感知程度相差不大，都在3.5—5之间，表明人际关系随着旅游业的发展有所改善；而在犯罪现象上，两地居民的感知均值分别为2.80、3.16，表明两地犯罪现象没有随着旅游业的发展产生大的变化，但临夏州回族居民的感知比甘南州藏族居民的感知更为强烈。

整体来看，除了在土壤质量、动植物数量、民族建筑、物价水平、犯罪现象五项指标上，甘南州藏族居民的感知均值略低于临夏州回族居民的感知均值，在其他十八项指标上甘南州藏族居民对旅游影响的感知都比临夏州回族居民更为强烈。

2. 相关性分析

通过分析甘南州与临夏州居民对旅游影响的感知与态度，研究两地居民对本地旅游发展影响的感知与态度之间的关系，进而探索哪些感知因素对两地居民的态度影响更为强烈并对其加以比较。

第一，甘南州居民对旅游影响感知与态度之间的相关分析

表25　　　　甘南州居民对旅游影响感知与态度的相关分析

态度	F1 环境收益	F2 文化成本	F3 经济收益	F4 社会收益	F5 文化收益	F6 经济成本	F7 社会成本
Pearson 相关	0.212**	0.170**	0.314**	0.136*	0.209**	0.051	0.130*
显著性（双侧）	0.000	0.003	0.000	0.020	0.000	0.382	0.026
N	294	294	294	294	294	294	294

** 在0.01水平（双侧）上显著相关。* 在0.05水平（双侧）上显著相关。

从表25可以看出，在对甘南州居民对旅游影响感知与态度的相关分析中，感知中七个公因子除经济成本外，其他六项与当地居民旅游态度的相关性检验的显著性（双侧）P值均小于0.05，表明甘南州居民对旅游影响感知与态度之间存在相关关系。尤其在F3经济收益上与居民旅游态度的相关性最高，显著性为0.000，其次是与环境收益、文化收益的相关性。

第二，临夏州居民对旅游影响感知与态度之间的相关分析

表26　　　　　　臨夏州居民对旅游影响感知与态度的相关分析

态度	F1 环境收益	F2 文化成本	F3 经济收益	F4 社会收益	F5 文化收益	F6 经济成本	F7 社会成本
Pearson 相关	-0.079	0.258**	0.159**	0.048	0.140*	-0.056	-0.025
显著性（双侧）	0.176	0.000	0.006	0.415	0.016	0.341	0.673
N	293	293	293	293	292	293	293

** 在0.01水平（双侧）上显著相关。* 在0.05水平（双侧）上显著相关。

从表26可以看出，在对临夏州居民对旅游影响感知与态度的相关分析中，文化成本、经济收益、文化收益三项感知项公因子与旅游影响态度的相关性较高，相关系数分别为0.258、0.159、0.140，其中又以文化成本的相关系数最高。

通过分别对甘南州与临夏州居民的旅游影响感知与态度进行相关分析并对结果进行比较，可以得知信仰藏传佛教的甘南州居民与信仰伊斯兰教的临夏州居民在对旅游影响感知与态度的相关方面存在一定差异。甘南州居民在经济收益上与其旅游态度的相关性最高，相关系数达到0.314，而临夏州居民在经济收益上与其旅游态度的相关性在七项公因子中仅居第二，相关系数为0.159，说明具有藏传佛教文化背景的甘南州居民对经济收益的感知更加明显。此外，临夏州居民在文化成本上与其旅游态度上的相关性在七项公因子中最高，相关系数为0.258，而处于藏传佛教文化背景下的甘南州居民在文化成本与旅游态度上的相关系数为0.170，通过对比可以看出，伊斯兰文化背景下的临夏州居民比藏传佛教文化背景下的甘南州居民对文化成本的感知更加强烈。在环境收益、社会收益和社会成本三个方面，甘南州居民的旅游影响感知与旅游影响态度都存在明显相关，而临夏州居民在这三方面未存在相关性，说明藏传佛教文化背景下的甘南州居民对环境、社会收益、社会成本方面更为关注。

（三）文化差异视角下旅游影响感知与态度的关系

1. 相关性分析

通过分析甘南州与临夏州居民对旅游影响的感知与态度，研究两地居民对本地旅游发展影响的感知与态度之间的关系，进而探索哪些感知因素对两地居民的态度影响更为强烈并对其加以比较。

2. 线性回归分析

本部分通过回归分析方法来进一步对变量之间的因果关系进行深入探讨，进而研究不同文化背景下影响甘南州与临夏州两地居民旅游影响感知与态度的因子是否存在某些差异。

针对甘南州居民旅游影响态度和七项旅游影响感知公因子进行多元线性回归，采取逐步线性回归方法，以具体论证和分析相关感知公因子与当地居民旅游态度之间的内在联系。

表27　甘南州居民旅游影响感知与态度的逐步多元线性回归分析

模型	R	R 平方	调整 R 平方	Durbin-Watson
1	0.314[a]	0.098	0.095	0.6365
2	0.360[b]	0.129	0.123	0.6266
3	0.386[c]	0.149	0.140	0.6206

a. 预测值：（常数）经济收益
b. 预测值：（常数）经济收益，环境收益
c. 预测值：（常数）经济收益，环境收益，文化收益

模型		非标准化系数 B	标准误差	标准化系数 Beta	T	显著性
1	（常数）	2.825	0.266		10.611	0.000
	经济收益	0.389	0.069	0.314	5.643	0.000
2	（常数）	2.407	0.292		8.232	0.000
	经济收益	0.363	0.068	0.293	5.317	0.000
	环境收益	0.151	0.047	0.177	3.219	0.001
3	（常数）	1.854	0.361		5.131	0.000
	经济收益	0.343	0.068	0.277	5.035	0.000
	环境收益	0.129	0.047	0.152	2.735	0.007
	文化收益	0.160	0.062	0.143	2.564	0.011

a. 因变量：甘南州居民旅游态度。

从表27可以看出，在对七项感知项的公因子与甘南居民旅游态度的多元线性回归分析中，经济收益、环境收益、文化收益三项公因子进

入了线性回归模型,且 P 值分别为 0.000、0.001、0.011,均小于 0.05,这说明经济收益、环境收益、文化收益三项对甘南当地居民旅游态度有重要的影响。此外,其他四项感知项的公因子没有进入线性回归模型,调整后的 R^2 分别为 0.095、0.123、0.140,表示该线性回归模型可以分别解释因变量的 9.5%、12.3%、14%。进而可以得到一个线性回归方程:甘南州居民旅游态度 = 1.854 + 0.343F3 + 0.129F1 + 0.160F5（F3、F1、F5 分别为经济收益、环境收益、文化收益）。

表 28　甘南州居民影响感知各项与态度的逐步多元线性回归分析

模型	R	R 平方	调整 R 平方	Durbin-Watson
1	0.293[a]	0.086	0.083	0.641
2	0.364[b]	0.133	0.127	0.625
3	0.413[c]	0.171	0.162	0.612
4	0.434[d]	0.188	0.177	0.607
5	0.452[e]	0.205	0.191	0.602
6	0.469[f]	0.220	0.203	0.597

a. 预测值：（常数）娱乐活动
b. 预测值：（常数）娱乐活动,经济水平
c. 预测值：（常数）娱乐活动,经济水平,动植物数量
d. 预测值：（常数）娱乐活动,经济水平,动植物数量,饮食文化
e. 预测值：（常数）娱乐活动,经济水平,动植物数量,饮食文化,人际关系
f. 预测值：（常数）娱乐活动,经济水平,动植物数量,饮食文化,人际关系,收入差距

将甘南州居民旅游影响感知具体项与旅游态度进行逐步多元线性回归分析。从表 28 中我们可以看出,共有六个模型,模型 6 共有六个指标项进入回归方程,分别为娱乐活动、经济水平、动植物数量、饮食文化、人际关系、收入差距,调整后的 R^2 为 0.203,说明该模型可以解释 20.3% 的总变量（旅游态度）,解释效果较好。六项指标来自社会收益、经济收益、环境收益、文化收益、社会成本和经济成本这六个公因子,这说明在甘南旅游业发展过程中,当地居民旅游态度的形成是对旅游影响多方面感知的综合结果,其中对于社会、经济、环境方面收益更

为关注,对于旅游发展产生的收益感知比旅游发展带来的成本感知更为明显。旅游业发展带来的收益使甘南州居民的生活水平得到了有效地提高,才会使他们对当地旅游业的发展持积极的态度。通过表中数据可以得到模型的线性回归方程:甘南州居民旅游态度 = 1.482 + 0.33X16 + 0.178X11 + 0.098X4 + 0.123X18 + 0.109X21 + 0.08X12（X16、X11、X4、X18、X21、X12 分别为娱乐活动、经济水平、动植物数量、饮食文化、人际关系、收入差距）。

同样,采取逐步线性回归方法,对临夏州居民旅游影响态度和七项旅游影响感知公因子进行回归分析。

表29　　临夏州居民旅游影响感知与态度的逐步多元线性回归分析

模型	R	R 平方	调整 R 平方	Durbin-Watson
1	0.259[a]	0.067	0.064	0.653
2	0.291[b]	0.085	0.079	0.648
3	0.315[c]	0.100	0.090	0.644

a. 预测值:（常数）文化成本
b. 预测值:（常数）文化成本,社会成本
c. 预测值:（常数）文化成本,社会成本,经济收益

模型		非标准化系数		标准化系数	T	显著性
		B	标准误差	Beta		
1	（常数）	3.077	0.249		12.348	0.000
	文化成本	0.277	0.061	0.259	4.558	0.000
2	（常数）	3.547	0.316		11.219	0.000
	文化成本	0.341	0.066	0.317	5.166	0.000
	社会成本	-0.194	0.081	-0.147	-2.386	0.018
3	（常数）	3.175	0.358		8.870	0.000
	文化成本	0.319	0.066	0.297	4.814	0.000
	社会成本	-0.202	0.081	-0.153	-2.496	0.013
	经济收益	0.131	0.060	0.123	2.164	0.031

a. 因变量:临夏州居民旅游态度。

从表 29 可以看出，文化成本、社会成本与经济收益三个感知项先后进入了线性回归方程，其中文化成本与社会成本较先进入，这说明了临夏州居民在文化成本、社会成本方面对于自身旅游态度的形成影响最大。此外，可以归纳出线性回归方程为：临夏州居民旅游态度 = 3.175 + 0.319F2 − 0.202F7 + 0.131F3（F2、F7、F3 分别为文化成本、社会成本与经济收益）。

表 30　临夏州居民影响感知具体项与态度的逐步多元线性回归分析

模型	R	R 平方	调整 R 平方	Durbin-Watson
1	0.237[a]	0.056	0.053	0.659
2	0.291[b]	0.085	0.078	0.650
3	0.337[c]	0.114	0.104	0.641
4	0.370[d]	0.137	0.125	0.634
5	0.390[e]	0.152	0.137	0.629

a. 预测值：（常数）语言文字
b. 预测值：（常数）语言文字，经济水平
c. 预测值：（常数）语言文字，经济水平，犯罪现象
d. 预测值：（常数）语言文字，经济水平，犯罪现象，动植物数量
e. 预测值：（常数）语言文字，经济水平，犯罪现象，动植物数量，消费方式

模型		非标准化系数		标准化系数	T	显著性
		B	标准误差	Beta		
1	（常数）	3.414	0.194		17.587	0.000
	语言文字	0.194	0.047	0.237	4.123	0.000
2	（常数）	2.937	0.249		11.785	0.000
	语言文字	0.160	0.048	0.195	3.350	0.001
	经济水平	0.156	0.052	0.175	2.993	0.003
3	（常数）	3.314	0.275		12.043	0.000
	语言文字	0.150	0.047	0.183	3.177	0.002
	经济水平	0.159	0.051	0.178	3.097	0.002
	犯罪现象	−0.111	0.036	−0.170	−3.043	0.003

续表

模型		非标准化系数		标准化系数	T	显著性
		B	标准误差	Beta		
4	（常数）	3.700	0.306		12.105	0.000
	语言文字	0.143	0.047	0.174	3.046	0.003
	经济水平	0.155	0.051	0.174	3.052	0.002
	犯罪现象	-0.118	0.036	-0.181	-3.269	0.001
	动植物数量	-0.096	0.035	-0.154	-2.768	0.006
5	（常数）	3.390	0.334		10.145	0.000
	语言文字	0.098	0.051	0.120	1.935	0.044
	经济水平	0.145	0.051	0.162	2.855	0.005
	犯罪现象	-0.122	0.036	-0.187	-3.397	0.001
	动植物数量	-0.092	0.034	-0.148	-2.681	0.008
	消费方式	0.121	0.054	0.135	2.220	0.027

a. 因变量：临夏州居民旅游态度。

由表30可知，在模型5中，语言文字、经济水平、犯罪现象、动植物数量和消费方式等五项的P值均小于0.05，模型5的解释效果较好，我们可以得出模型5的线性回归方程为：临夏州居民旅游态度 = 3.390 + 0.098X8 + 0.145X10 - 0.122X23 - 0.092X4 + 0.121X9（X8、X10、X23、X4、X9分别为语言文字、经济水平、犯罪现象、动植物数量、消费方式）。从得到的回归方程中可以获知语言文字、经济水平与消费水平等感知具体项对于临夏州回族居民积极态度的形成影响巨大，而犯罪现象的增多与动植物数量的减少对临夏州回族居民消极态度的产生起着重要的作用。

（四）文化差异视角下旅游影响感知与态度的评价分析

甘南是一个民族文化资源丰富的地区，不同的民族具有不同的文化背景和生活习俗，所以不同的民族对于旅游影响的感知也是各有千秋的。我们的调查样本中藏族最多，占38%；其次是回族，占34%；然后是汉族，占27%；最后是其他民族，占1%。

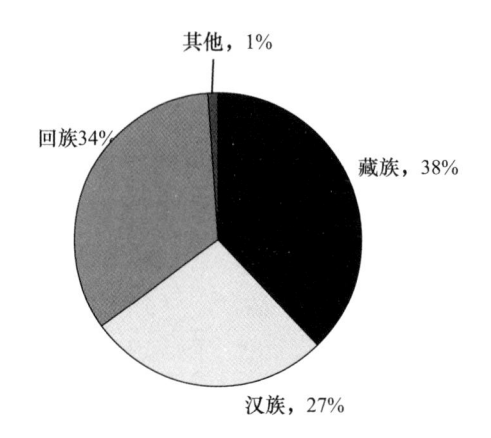

图 29　民族结构比例

表 31　　　　　　　　不同民族对经济维度的感知

指标\民族	经济水平	收入水平	收入差距	物价水平	房屋价格	基础设施	交通状况	娱乐活动	女性地位	犯罪现象	平均数
藏族	4.16	3.94	3.43	4.04	4.07	4.10	4.01	4.02	3.74	2.72	3.84
汉族	4.12	3.90	3.28	4.00	3.91	4.05	3.97	3.94	3.70	3.05	3.79
回族	3.85	3.67	3.46	4.01	3.66	3.92	3.93	3.73	3.73	3.21	3.73
其他	4.17	4.00	3.50	4.00	4.00	3.50	3.67	3.83	3.83	3.33	3.79

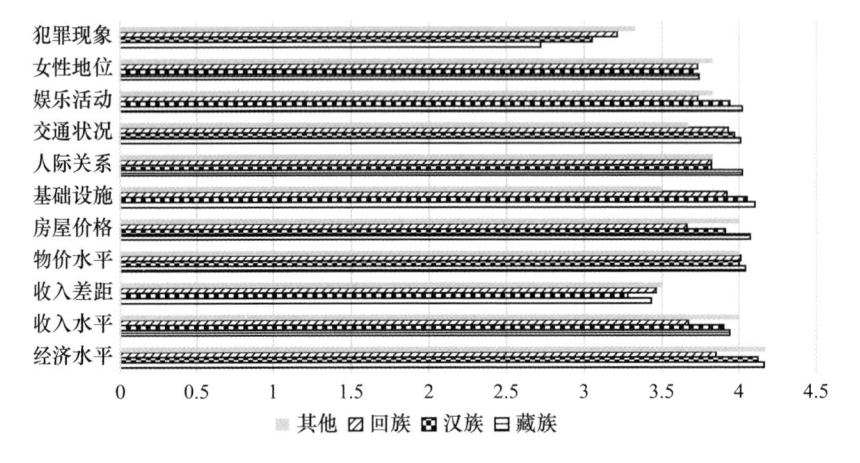

图 30　不同民族对经济维度的感知

第五章 西北民族地区旅游影响的实证研究   123

由图 30 可清晰看出除了回族之外都认为旅游影响使得经济水平有了显著的提高，而回族认为改善最显著的是交通方式，这与甘南藏族自治州回族普遍聚居于交通极其不便利的山区有很大关系，所有旅游的发展带动了经济，使得交通也有了很大的改善，不仅便利了旅游区，也使得其他地区受益。并且我们也可以看出，在物价水平方面普遍都认为有所提高，这是经济提升的直观反映之一。

表 32   不同民族对社会文化维度的感知

指标 民族	宗教信仰	价值观	语言文字	饮食文化	服饰文化	消费方式	民族建筑	平均数
藏族	4.04	4.45	4.46	4.47	4.47	4.64	4.41	4.42
汉族	3.85	4.38	4.29	4.37	4.38	4.62	4.35	4.32
回族	3.76	3.96	3.98	4.19	4.22	4.38	4.41	4.13
其他	3.83	4.67	4.33	4.50	4.17	4.83	4.17	4.36

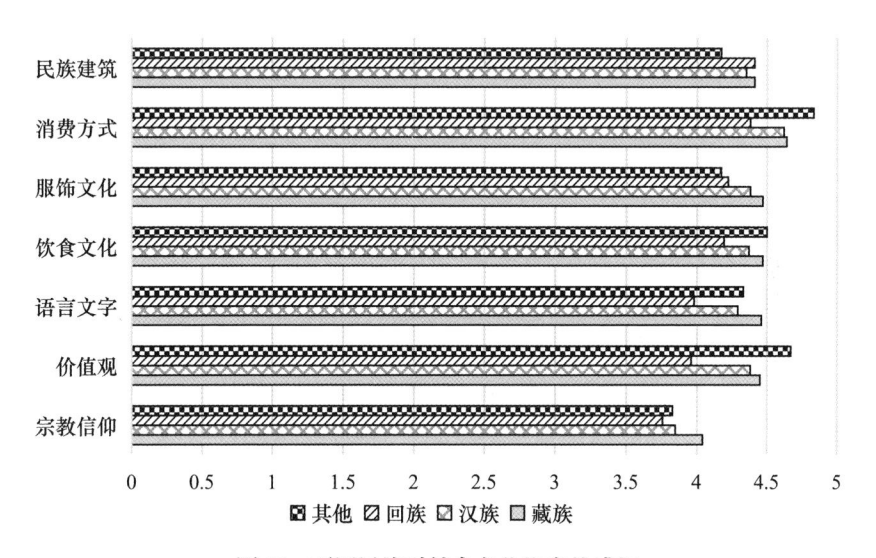

图 31   不同民族对社会文化维度的感知

从表 32 的统计数据中"平均数"一栏可以看出，不同民族对于社会文化维度的感知均值均为 4.2 左右，根据李克特量表可知，所有民族的人群都认为旅游对于社会文化方面具有很大的影响。除了消费方式有很大的改变之外，与生活息息相关的饮食文化、服饰文化和民族建筑，衣食住三方面各民族普遍认为都有较为明显的影响。从图31可以看出，对于藏族来说社会文化方面的影响最为剧烈，各个方面影响都较为显著；对于回族来说影响较为平和。这一定程度上与旅游景区的分布有关系，藏族相较于回族一般分布于甘南旅游资源丰富的地区，所以所受影响也更大。

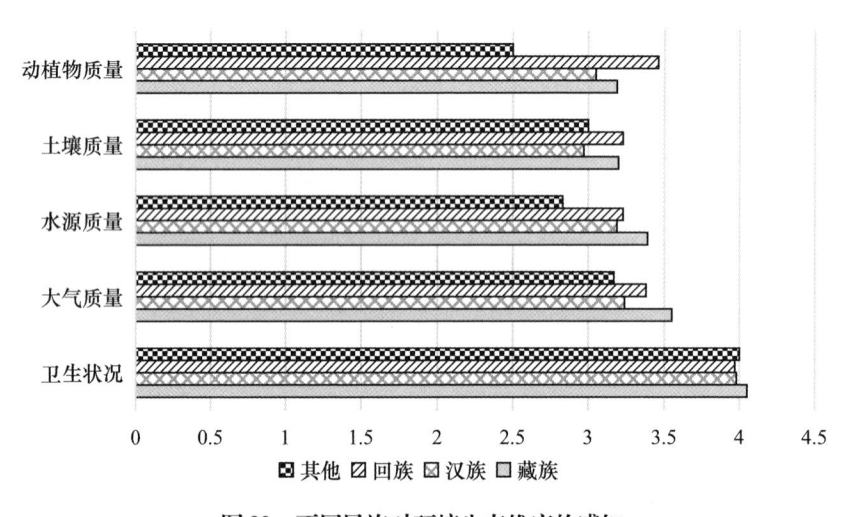

图32 不同民族对环境生态维度的感知

明显地，从表32中数据可看出基于民族因素旅游对于甘南地区环境生态的影响是较为不明显的，各民族均感觉无太大变化。但是，同时我们也可直观地看出，对于目的地卫生状况的改善这一事实，各民族是达成共识的。这也充分说明旅游对于甘南地区环境生态起到了一定的积极影响作用。

（五）研究结论

1. 不同文化背景下的居民对旅游影响的认知有所不同

通过对甘南州与临夏州两地居民的实地调研及数据分析，可以看出甘南州藏民族居民与临夏州回族居民文化各具特色并具有显著的文化差异，这种文化差异导致甘南州藏民族居民与临夏州回族居民对旅游影响有着不同的认知。总的来看，在旅游的文化成本、经济成本（除物价水平）、社会成本（除犯罪现象）影响方面，藏传佛教文化下的甘南州藏族居民的感知强于伊斯兰文化背景下的临夏州回族居民的感知。在旅游的经济收益、社会收益、文化收益（除民族建筑）、环境收益（除土壤质量、动植物数量）影响方面，藏传佛教文化下的甘南州藏民族居民的感知强于伊斯兰文化背景下的临夏州回族的感知。这是由于甘南藏族居民长期在藏传佛教文化的影响下，佛教文化的包容性使得当地居民更容易接受外来文化，对旅游带来的收益与造成的成本感受更为强烈。而临夏州回族居民几乎全民信仰伊斯兰教，长期以来受伊斯兰文化的熏陶，此外伊斯兰文化有着强大的同化能力，在当地旅游发展过程中旅游虽然对当地居民的价值观、宗教信仰、语言文字、消费方式有着一定的影响，但居民对这些指标变化的感知程度相对藏传佛教文化下的甘南州藏族居民较低。

2. 不同文化背景下的居民旅游影响感知与态度的关系存在差异

不同文化背景下的甘南州藏族居民与临夏州回族居民在对旅游影响感知与态度的相关方面虽然存在一定的共同点，但在导致旅游态度产生的主要感知项上存在差别。甘南州藏族居民与临夏州回族居民在经济收益上与其旅游态度都有着较为显著的因果关系，但临夏州回族居民在经济收益上与其旅游态度的相关性上远低于甘南州藏族居民，甘南州藏族居民在文化成本与旅游态度的相关性上远低于临夏州回族居民。藏传佛教文化背景下甘南州藏族居民对经济收益的感知比伊斯兰文化背景下的临夏州回族居民更加明显，而伊斯兰文化背景下的临夏州回族居民比藏传佛教文化背景下的甘南州藏族居民对于文化成本、社会成本的感知更加强烈。文化不同，影响旅游态度形成的主要原因也有所不同。此外，在环境收益、社会收益两方面，甘南州居民的旅游影响感知与旅游影响态度都存在显著相关，而临夏州居民在这两方面未存在相关性，可知藏传佛教文化背景下的甘南州居民对于环境收益、社会收益方面更为关注，对于旅游影响的态度更为积极。

3. 人口统计学特征对居民旅游影响的认知有所影响

通过前文对甘南州与临夏州两地居民的数据分析，可以看出人口统计学特征对居民旅游影响的认知有些影响。甘南州藏族居民的性别与感知指标中的少量指标如动植物数量、宗教信仰等感知指标显著相关,而临夏州回族居民的性别与各感知指标均不显著相关;甘南州藏族居民的月收入水平与收入差距感知指标存在一定的正相关,与其他感知指标均没有显著相关,而临夏州回族居民的月收入水平与收入差距没有呈现显著相关,却与女性地位、民族建筑呈现显著相关;不同年龄、不同受教育程度、不同职业、是否与旅游相关这四个人口学统计特征下的甘南州藏族居民与临夏州回族居民对旅游影响的认知都存在一定的差异,其中年龄、受教育程度与文化成本各指标的相关性最为显著。

4. 旅游发展对旅游地居民的价值观影响较大,对宗教信仰影响较小

甘南州与临夏州都是我国典型的少数民族地区,与我国发达地区相比,其经济发展较为落后,在文化强弱对比中处于明显的弱势地位,但是在其旅游业发展过程中,旅游业所产生的巨大经济利益对两地传统的社会文化观念产生了很大的冲击,两地部分少数民族居民逐渐对本民族的传统文化产生怀疑,原有的思想观念也在慢慢发生改变。外来文化与传统民族文化在交流与碰撞中,促使两地少数民族居民开始寻求两种文化的适应性模式,这种适应性就是传统民族文化对外来文化的妥协与认同。旅游地居民与旅游者的交流,表面上是平等的,实质上是旅游者携带的强势文化,很大程度上挤压了旅游地居民的弱势文化,如旅游者的价值观,在主客交往中会对旅游地居民原有的价值观产生很大的冲击,在调查问卷统计中,甘南州藏族居民与临夏州回族居民价值观变化的感知得分分别为4.26、4.02,处于变化程度较高的水平。而在当地居民的宗教信仰方面,通过对两地一些居民的深度访谈,我们发现旅游业的发展对两地居民的宗教信仰整体上影响较小,低于价值观的变化程度,但访谈中也出现一小部分年轻居民的宗教信仰有动摇之倾向。

五 居民对旅游影响感知的历时性研究

(一) 研究设计

1. 问卷的设计与调查

调研团队在过去的几年中对甘南州进行跟踪调查,旨在探究不同时间段目的地居民旅游影响的感知、态度及二者之间的关联与差异。在问

卷量表设计中，主要参照了 Ap 及陆林等学者的量表，结合甘南州实地情况进行调整（陆林，2005）。[①] 两次调研选用相同问卷，共包括 5 个样本社会统计人口特征（居民居住地），7 个态度题项，23 个旅游影响感知题项。问卷题项采用 5 分制 Likert 量表，5－4－3－2－1，分别表示非常赞同、赞同、一般、反对、非常反对。第一次问卷调查时间为 2012 年 7 月中旬，调查方式为现场填写、现场访谈。此次调查共发放问卷 252 份，回收有效问卷 251 份，有效率为 99.6%。第二次调研时间为 2017 年 7 月中旬，主要由本人及团队协作完成。此次调研总共发放问卷 356 份，回收有效问卷 350 份，有效率为 98.3%。为确保结论的可靠性，故在样本选取中重点对居民来源地予以甄别、筛选。笔者选择距离景点相对较近的郎木镇、桑科乡、拉卜楞镇、益哇乡等地的居民进行重点分析。在 2012 年的调查问卷中选取 127 个样本，在 2017 年的调研中选取 159 个样本，进行了历时六年的比较研究。两次调查均为随机抽样，以保证获得最原始、有效的数据及保证结论的科学性和准确性。

2. 研究过程

笔者均对两次的问卷样本进行了整合。以学术界公认的对旅游效应的经济、社会、环境三分法为基准，参照 Gursoy 的分类标准（Gursoy，2002），从成本和利益的视角为切入点，采取因子分析法将因子整合为六类，提取了甘南州居民旅游影响感知的六个主成分：经济收益与成本、社会文化收益与成本、环境收益与成本。本研究对两次调研的 23 项指标均值进行独立样本 t 检验，以判别六年间居民对效应的感知变化，并针对具有显著性的感知影响指标加以具体剖析。采用线性回归方法分别对两次调查后的居民的感知与态度进行分析，以挖掘社区居民对于旅游效应的感知与态度的关系与差异及六年间的变化情况。

（二）数据分析

1. 样本人口学特征

笔者选择距离景点相对较近的，最能反映甘南州景区周边居民对旅游影响的感知和态度的郎木镇、桑科乡、拉卜楞镇、益哇乡等地的居民

[①] 陆林：《城市旅游地居民感知差异及其影响因素系统分析——以中山市为例》，《城市问题》2005 年第 2 期。

进行重点分析。从年龄调查数据中，可以看出平均年龄是不断提高的，这主要是由于随着生活条件的改善和提升，当地居民的平均预期寿命在不断提高，加之同内陆其他地市一样，甘南州人口老龄化也在不断加深。职业上，两次调查的数据差别不大，主要以当地服务商贸销售人员和工人、学生、农牧民为主。从人口社会学特征上来看，除了年龄有所增加之外，其他人口学特征两次调查相差不大，因此具有很高的可比性。

两次调查选取的样本在教育和收入等项上有一定的差异性。甘南州最近几年一直在大力发展教育事业，这从调查问卷中也可以得到很好地反映，初中以下学历人数从28.3%减少为23.4%，而大学以上学历则从五年前的33.9%上升为36.3%，可见甘南州教育事业在不断地向前推进，取得了可喜的成绩。收入方面，五年前当地居民月收入少于2000元的占比50.4%，而2017年则为42.7%，减少了近8个百分点。2000—3500元的则增加了4.3个百分点，此外3500—5000元以及5000元以上的也分别有1.6、0.7个百分点的提升，可以很明显地从数据中看出两次调查问卷中收入的变化，这与整体经济的不断发展有关系。

2. 信度分析

为保证研究结果的可靠性，特对两次样本的23项居民旅游影响感知指标，7项居民感知态度共30项进行了信度检验，本研究采用SPSS20.0软件，结果显示（Cronbach's Alpha在0.7以上具有一致性）此量表信度能够反映出要检测的变量。

3. 因子分析

分别对2012年、2017年样本进行了居民旅游影响感知的23项指标巴特莱特球形度检验后，Kaiser-Meyer-Olkin检测结果为0.731（2012年）、0.77（2017年），大于0.7的推荐标准，显著性概率Sig均为0（<0.05），适合进行因子分析。

（三）居民对旅游影响感知的历时性分析

1. 居民对旅游经济影响感知的历时性分析

从2012年、2017年的两次研究样本中发现，甘南州居民对旅游经济影响感知较强，逐年增加，表明在此时间段内，甘南州旅游业得到较好发展，居民对旅游对经济的正面影响感知越来越明显。在经济影响的各项指标上都有不同程度的提升，当地居民普遍认为旅游业发展有利于调整产业结构、增加经济收益、提高个人收入和生活水平以及带动相关产业发展。

在对经济收益指标的分析上，"有利于调整产业结构"一项差异明显，这与我国当前经济背景，尤其是2012年以来国家层面的产业促升级、调结构的政策有很大关系。甘南州也积极响应国家重大政策，大力发展以旅游业为代表的现代服务业，旅游业连续六年以两位数的速度增长，当地居民切实感受到了旅游对促进产业升级的重要性。研究显示居民在对旅游经济的有利影响上感知一致而又逐渐提高。

此外，对经济成本这一领域的感知差异尤为显著，均值由2012年的3.19提升为2017年的3.92，这说明伴随当地旅游业的发展，社区居民感受到了不断上涨的物价和不断扩大的收入差距。从数据中研究发现，甘南州居民在不同时段对经济影响感知存在差异。2012年属于甘南州旅游业发展的探查阶段，旅游的经济影响相当明显，居民对经济的积极作用感受较强，而对旅游产生的消极影响不太关注甚至不直接将这种现象归因于旅游业，这主要是在探查期旅游景区景点开发能力有限，居民处于半农半牧状态，生活水平较低，所以更关注经济利益的诉求，更多地将焦点放在了旅游给当地带来的经济利益上。然而随着旅游业的繁荣，大量游客涌入，居民逐渐开始关注旅游的消极影响，2017年的数据中发现当地居民经济的消极影响感知均值大于2012年。由此可知，民族地区旅游业发展初期阶段，社区的经济增权体现更为明显。

2. 居民对社会文化影响感知的历时性变化

研究结果显示：六年中甘南州当地居民对社会文化影响感知发生了明显的变化。均值由2012年的3.17提升到了2017年的3.46，基本持肯定态度。在社会文化收益领域中，总体分值由3.65提升到3.71，具体四项指标都有不同程度的提升。其中居民对"有利于学习外来文化""促进思想观念改进""促进生活方式改进"等均持积极态度但变化不明显；在"人际关系得到改善"这一项上变化明显，因为旅游是一个涉外性很强的产业，不但可以促进当地居民之间以及居民与外来游客的沟通和交流，同时提升了目的地居民的人际交往能力，改善了人际关系。

在社会文化成本中，当地居民更多地注意到了旅游所带来的负面影响。居民普遍认为犯罪现象不断增加、民俗文化受到一定程度的冲击、民族信仰不断淡化，这不仅是社区心理去权的表现，也是精神文化地方化的变化。其中变化最为明显的是"民族语言流失"和"民族服饰减少"两项，在对甘南州居民进行第二次深入调查时，穿着藏袍的居民相比之前大大减少，尤其是青少年和旅游从业人员，外来旅游者所带来的现代化生活观念和潮流服饰冲击着传统。同时，随着相关产业的发展，汉语成为当地社会交流的重要语言，藏语逐渐处于弱势地位，仅仅成为当地人之间的交流用语。这不仅仅是旅游示范效应的体现，同时也是最为典型的去地方化和社区居民去权的一种表现，是文化汉化的一个过程，目前这样的表现在物质文化及行为或制度文化层面尤为显著。

总而言之，社会文化影响在旅游业发展的初期并不明显，当现代化进程加快、居民物质生活大大满足，居民对旅游的文化影响的负面感知就会增强。

3. 居民对旅游环境影响感知的历时性分析

居民对甘南州环境影响感知也呈现明显差异，环境收益均值从2012年的3.62提升到了2017年的3.84，环境成本从3.14提升到了3.33，总体均值从3.36提升到了3.93。其中环境收益中，"基础设施得到改善"和"促进城镇建设"变化最为明显，主要是最近几年随着甘南旅游业的发展，当地交通等基础设施建设明显提升，特别是甘南的道路状况得到很大改善；近几年城镇化建设加速，整个甘南州都有所提升。社区卫生方面较有改善但差距不大。在环境成本方面：当地居民对环境破坏的感知认识清楚，大部分居民认为发展旅游业造成了环境破坏、生态平衡被打破、噪声污染加剧、水污染等，打扰了居民原来宁静的生活氛围。大量的游客涌入，越来越多的环境问题危害到当地的水源水质、土壤，居民对于开展旅游活动而产生的环境负面效应已经有了充分的意识，但是对于旅游目的地，这样的消极影响伴随着旅游业的不断发展仍在持续发酵中。

（四）居民对旅游业影响态度的历时性分析

从两次调查数据分析来看，居民对旅游业发展总体持积极态度且缓慢上升，印证了甘南州旅游业处于初级阶段、居民态度友好积极的相关理论。总体而言，经过历时比较：2012年甘南州居民对于旅游的正面效益感知较强，居民更易看到旅游影响中积极的一面，特别是对于经济方面的积极影响。但随着当地经济、社会的不断发展，城镇化水平的不断提高，居民生活水平迈上了新的台阶和高度，社区居民逐渐关注到旅游所带来的负面效应，特别是对于社会文化和当地环境的影响。但是，甘南州由于受自身区位局限及传统能源资源较为缺乏等方面的局限，自身产业基础较薄弱，各项事业起步较晚，居民生活水平相对较低，因此，居民虽然意识到发展旅游业所带来的消极影响，但他们依旧将目光更多投放到旅游的积极影响上，尤其是经济收益上，并且也没有减弱他们对旅游业和外来游客的热忱。

（五）居民旅游感知与态度的相关性分析

2012年的调研中，仅有旅游经济收益这一因素对当地居民的态度有一定的显著影响。其中"个人收入增加"和"带动相关产业"这两项与当地居民旅游态度有着显著的联系，表明在六年以前甘南州旅游处于开发初期阶段，当地居民感受更多的是旅游带来的经济积极影响，且这种对于旅游经济收益的感知直接影响到了当地居民对于旅游的整体态度感知。

2017年调查研究中显示：旅游态度影响模型的公因子为旅游经济收益、旅游社会文化收益和旅游环境收益。在当前旅游业的飞速发展中，不仅仅是经济影响，环境影响和社会文化影响也成为居民关注的重点。对于旅游业当地居民的认知也更全面化，并非仅仅停留在经济层面上。

公因子方面的差异在具体各项对于居民旅游态度的影响感知上更为显著：与2012年相比，2017年多了五个指标，分别是"增加个人收入""带动相关产业""改进生活方式""促进城镇建设"以及"学习外来文化"。其中前两个与2012年保持一致且有大幅提升。这说明近几年甘南州旅游业发展的经济积极影响更明显，当地政府及旅游相关部门加大了基础设施建设，大大改善了居民生活，加之大量游客给当地居民提供了更多和外界接触的途径和机会，文化交流更加频繁。

综上所述，民族地区居民对旅游持积极态度，他们深刻认识到了旅游为当地社区带来的巨大变化，特别是经济方面和社会方面的变化。在经济方面，居民获得了持续不断的旅游收益；而在社会方面，由于旅游的需要，地方基础设施趋于完善，服务体系不断加强，社区的权利不断增加，地方兴修民族特色文化建筑，使得甘南再地方化。同时，当地居民对旅游的负面影响的认识也在逐渐提高，例如对于当地环境的破坏，物价的提升等，但是因当地经济发展水平较低，旅游发展时间较短，居民感受更多的还是旅游的积极作用。民族地区居民对于旅游的态度总体上还是受旅游的积极效益影响，对于发展旅游业持积极支持态度。

六 对甘南藏族自治州旅游影响的评价与建议

（一）居民对甘南州旅游影响的总体感知评价

发展应该以人为主要关注点。甘南藏族自治州特有的地域文化和自然环境资源构成了旅游业发展的独特优势，通过大力发展民族特色产业，使少数民族地区居民改善了生活质量，实现了旅游业对人的发展、文化的发展、环境的发展和社会的发展等多方面的积极影响，推动了整个地区的发展。根据调查统计结果，甘南州居民对旅游业发展的整体态度、旅游业是否成为支柱产业、旅游业对经济的贡献及促进当地社会和谐等各项感知趋同性较好，但在环境保护和促进当地居民全面自由发展两项感知中趋同性较差。在总体感知调查中显示：30%的居民对旅游发展现状感到满意，61%的居民对旅游发展现状持保留态度（61%的比例为一般）；47%的当地居民认为旅游业已经成为本地的支柱性产业；有超过76%的居民认为旅游业的发展促进了本地的经济发展。根据"支持""反抗""退却""同化"理论分析，甘南藏族自治州居民对旅游影响的感知处于"支持"阶段。

1. 经济影响

对于西北民族地区来说，旅游业是当地经济发展的支柱型产业，旅游效应在推动当地社会发展和居民思想文化的转变方面作用巨大。甘南藏族自治州自然环境脆弱且长期以农牧经济为主，工业资源与农业自然资源优势较弱，仅以贵金属、森林、畜产品为主，相关产业规模小效益低。再加上基础设施相对滞后、地方财政困难、自我发展后劲不足、人才匮乏等，导致社会发展水平较低。随着甘南州将旅游业培育成为新的经济增长点，并扶持相关优势产业进行结构调整，经济增长优势明显。

调查显示，有63%的居民认为旅游业的发展的确增加了旅游地居民的收入，68%的居民认为旅游业的发展增加了当地居民的就业机会，73%的居民认为旅游开发使得当地交通、通讯等基础公共设施有所改善，为当地居民出行及通讯等基本生活提供了方便。种种迹象表明旅游对甘南州的经济影响积极方面显著。

但是，消极影响也依然存在。甘南丰富的旅游资源促进了当地实现经济发展的目标，但第一、二产业发展程度较低，未能很好地反哺第三产业，在很大程度上也阻碍了发展。调查显示86%的居民认为旅游业的发展只是少数人受益，物价上涨、收入差距扩大等现象越来越严重。

2. 社会文化影响

社会文化是民族地区旅游发展的主要吸引物，在旅游影响中是最为重要的，研究显示大部分居民认为旅游业的发展有利于传统文化的挖掘与传承。文化也是民族地区旅游产业可持续发展的动力所在，承载了一个地区的文脉，决定了旅游产品的深度与广度。保持民族文化的独特性有利于增强旅游业的核心竞争力，促进民族地区旅游产业可持续发展，因此应当不断挖掘民族文化内涵、增强吸引力。从居民人际关系的调查中显示，居民之间保持着良好的人际关系，旅游对甘南州当地社会文化人文体系起到了积极作用，旅游业的发展保持了当地淳朴善良的民风、改善了居民的人际关系。

3. 环境影响

旅游与环境的关系既相互依赖又相互制约，环境保护是旅游开发的首要原则。甘南藏族自治州生态环境脆弱，旅游发展日益影响到了当地的环境质量，调查发现44%的居民认为旅游业的发展影响到了当地环境质量，42%的居民认为旅游业的发展不利于水源地的保护。人类在现代化进程中，生态的本体价值和旅游的发展必须建立在环境有效保护的基础上。

(二) 对甘南州旅游影响的建议

本文通过将甘南藏族自治州作为案例地进行研究，对甘南藏族自治州的社会经济发展进行了分析，研究发现甘南州区位条件、生态环境等方面条件较差，但是资源禀赋较高，旅游业的发展将成为其经济增长的主要动力。因此，为实现旅游业可持续发展本文提出以下建议：

第一，深度挖掘传统民族文化内涵，提升核心吸引力。甘南州旅游业发展中民族传统文化的内涵突出，才能吸引更多的游客，保证旅游产品的丰富性。民族文化的不断挖掘有利于增强当地居民的民族自信心和自尊心，增强民族自豪感，有效避免文化汉化和文化变迁，实现民族文化的可持续发展和传承，为旅游业发展打好基础。

第二，加强旅游人才培养，提升软实力。人才的缺乏也是阻碍旅游业发展的主要因素，包括管理人才、解说人才、教育人才等。传统民族文化经千年积淀，博大精深、难于言表，很多内涵属于"只可意会"的隐性知识，只有世世代代生长于斯的少数民族居民才能准确把握。[1]因此，将传统民族文化融入现代休闲旅游发展的任务将主要由民族地区居民来承担，基于本地社区的人力资本投资将成为新的主导力量。此外，对当地居民思想道德水平、文化知识、价值观等的培养也尤为重要，因为当地居民是地区旅游业发展的主要力量。

第三，保持民族独特性，保护其原真性。保持其原真性与独特性，就要对文化迁移做出合理化的调适，对其带来的收益和成本进行理性评价，谨慎对待外来文化的冲击。保持民族地区民族文化的原真性和淳朴性，坚持民族文化特有的品格，才能彰显民族文化的独特吸引力，为民族地区旅游业的发展增添生命力。

第三节 旅游发展对拉卜楞镇居民身份认同与藏族女性的影响研究

一 研究区域概况

（一）研究区域基本概况

夏河县位于甘南州西北部，东、南面分别与合作市、碌曲县相邻；北面与临夏州及青海循化县、同仁县相依；西侧与青海泽库县相接。地处甘肃省西南部、甘南藏族自治州西北部；属寒带湿润气候，高原大陆

---

[1] 饶勇、何莽：《人力资本投资优先：西部民族地区旅游业转型发展的路径选择》，《广西民族大学学报》（哲学社会科学版）2012年第1期。

性气候特点比较明显，地理分布东北高、西南低，草原溶洞河流分布其间，生态良好。夏河县藏药材分布范围广，种类多数量大。县内矿藏丰富，分布极为广泛，种类多、品位高。此外，夏河县是甘肃省重点牧业县之一、全省牛羊产业大县、全省新农村产业试点县，畜牧业是全县的支柱产业。夏河县水能资源潜力大，水质好，属全州丰水地区；区域内旅游资源得天独厚，自然人文景观众多，具有鲜明的地域特色和民族特色。夏河县交通便利，具有旅游集散中心，距甘肃省省会兰州约三小时车程。夏河县县城位于拉卜楞寺的所在地拉卜楞镇，是夏河县的政治、经济、文化、物流、商贸中心。全镇辖4个社区、2个行政村，东接达麦乡，南邻扎油乡，西连桑科乡，北靠甘加乡，居住着藏、汉、回等多个民族。拉卜楞镇常住人口8.9万人。

(二) 区域旅游发展概况

夏河县具有丰富的自然和人文旅游资源，有桑科草原、甘加八角城、大夏河及夏河土门关——"霍尔仓相告"等，尤其重要的是坐落在县城西侧的拉卜楞寺，它是我国藏传佛教格鲁派六大宗主寺之一、甘肃省三大旅游热线景区之一。夏河县有藏传佛教、独特的自然风光及浓郁的民族风情，每年都开展各项具有民族风情和特色的宗教活动和民俗活动，如夏河拉卜楞寺酥油花灯会、正月法会、晒佛节、香浪节、插箭节、赛马节等。拉卜楞镇是本研究的重点研究区域，由于夏河县开展旅游较早，尤其是以拉卜楞寺为首的景区带动了整个拉卜楞镇旅游业的发展，也进一步带动了整个夏河县乃至甘南藏族自治州旅游业的整体发展。

二　旅游影响下的拉卜楞镇居民身份认同嬗变研究

(一) 数据来源

在旅游发展的过程中，给旅游目的地带来了各方面的影响，既包括积极影响也包括消极影响。同样，旅游的发展也会对居民身份认同的嬗变产生影响。为了探究旅游发展对居民身份认同嬗变的影响因素，本文借鉴旅游影响研究中的经济影响、社会文化影响以及环境生态影响，将旅游对于身份认同嬗变的影响划分为三个维度：经济发展维度、社会文化维度以及环境生态维度。结合前文质性材料的分析以及相关文献的研究，编制了旅游影响下当地居民对其身份认同嬗变影响因素感知的调查问卷。

为了得到第一手资料，调研团队于 2018 年 9 月赴甘南藏族自治州夏河县拉卜楞镇进行了调研问卷发放，以及委托当地朋友在线上进行问卷发放，共计回收线上线下问卷 465 份，所有问卷全部回收，经核查，其中有效问卷 450 份，15 份为无效问卷，最终问卷有效回收率为 96.8%，样本分布情况详见下表。

表33　　　　　　　样本人口学特征统计 N = 450

变量	类别	数量	百分比
地缘	本地原居民	341	76%
	外地移居民	109	24%
性别	男	249	55%
	女	201	45%
年龄	18 岁以下	37	8%
	18—24 岁	197	44%
	25—35 岁	115	26%
	36—45 岁	53	12%
	46—59 岁	38	8%
	60 岁以上	10	2%
民族	藏族	367	82%
	汉族	52	12%
	其他	31	6%
受教育程度	小学及以下	218	48%
	初中	89	20%
	高中	73	18%
	大学及以上	70	14%

通过表 33 可看出，此次调查样本中男女比例分别为 55% 以及 45%，接近 1∶1 的比例。本地原居民占 76%，外地移居拉卜楞镇的占 24%；样本年龄主要集中在 18—35 岁；主要民族为藏族占 82%，其次

为汉族；受教育程度以中小学及以下为主。可见调查样本的人类学结构特征与甘南藏族自治州夏河县拉卜楞镇当地居民总体特征基本一致，可以认为本次抽样调查样本具有一定的代表性。

(二) 拉卜楞镇居民身份认同嬗变的特征

1. 个人层面

(1) 从淳朴老实到拜金功利

旅游的发展使得旅游地区经济发展迅速，居民收入水平快速提升，越来越多的居民开始投身旅游，想在旅游业中赚钱。有些人的方法是正规渠道，但很多人是进入了经济利益催生的"捷径"，如带游客去山头拍好看的景色收钱、草原上的藏家乐坐地起价等行为，使得原本淳朴老实的藏民开始变得拜金功利，从原本重视精神生活的民族逐渐也开始重视物质生活，如下代表性访谈材料所示。

> ……我们以前小的时候，都是外国人来的，我们大概六七岁，七八岁的样子，我们也愿意带着外国人去寺庙里面转，我们也不图什么，但是人家给你巧克力你就开心得很。但是现在的孩子，人家给你巧克力，让你带他去寺庙，你去吗？后来渐渐变成了给钢笔、铅笔、本子、书这种文具，现在这些都不要了，只要钱……
>
> ……到了旅游旺季游客多了向导不够了，然后这些游客就说我给你一百你带我们去，有的就说我给你一百五你带我们去。逐渐的这些孩子就知道了，他们会互相抬高价钱，就要的也高了……

(2) 从安于现状到自我激励

原本的藏族居民非常安于现状，会认为这辈子得到的或者失去的东西都是上辈子修来的，是上辈子决定的这辈子，而这辈子的努力也只是为了下辈子过得更好，也就是不断地在为来世修德积福。传统的藏族居民是以耕牧为生，最重要的事情就是去寺庙以及诵经修行。在旅游发展之前，居民每天过着安逸的生活，在马路边晒太阳念经。但是，旅游发展以后，游客带来的外部世界的直观表征对当地居民影响很大，越来越多的当地居民会对外部世界产生极大的兴趣，并期望走出去看看。旅游发展以后，人民收入增加了，动力就更足了，想寻求更好的发展，比如越来越多的父母支持孩子上学、年轻人更愿意外出就业等。旅游的发展带来的外界冲击使得旅游地当地居民从一种与世隔绝的安逸现状中挣脱出来，迸发出了强烈的探索欲与自我激励，如下代表性访谈材料所示。

……游客来了之后接触的人多了，我也会被潜移默化的影响，也会有那种冲动，想去看看外面的世界，看看外面的城市发展的事怎么样，再看看我自己的城市发展的样子……

……年轻人就不一样，他们就不想在这待了，想出去看看，想去看看外面的世界，而不是像原先一样每天念经，为下辈子积福这样。年轻人的观念已经变了……

……有些游客就对你，真的不屑一顾，那种表情我真的，一看就能知道。就是那种仗着自己很有钱，然后是那种藐视的眼神。我就会这样想，你素质差不差跟我没关系，我卖我的东西，我是靠自己的努力赚钱的，我会不理睬他们，但是我就越来越坚定一定要上一个本科，之后找一个好的工作，改变自己的人生这种。是会变成自我激励吧。

……这个观念现在不一样了，我们接触到的外面来的人多了，孩子也有想出去看的那种好奇心了，我们也知道外面可能更好，就支持孩子走出去，也更多地支持孩子去读书了……

(3) 从放牧种田到多重职业

拉卜楞镇当地居民原本多为农牧民，以种田和放牧为生，随着旅游的发展，越来越多的新型职业出现在镇中，职位需求增加，当地居民也开始逐渐涉入旅游行业，在旅游旺季时经营旅游商品店、草原藏家乐等，在淡季时回归农牧生活。这样，随着旅游的发展许多居民的职业身份就是多重的，可能是牧民的同时也是客栈主或藏家乐经营者，这样也会使得居民的收入具有一定的季节性波动，在旅游旺季相对来说收入就会比淡季高一些，如下代表性访谈材料所示。

……之前就不会有这么多的人在干这种工作，开家庭旅馆啊什么的，那边很少的。大多数都是放牧为生的。这边也是旅游发展了之后，这些才有的，之前也是种地的比较多，然后旅游发展了很多人就开了这种藏族特色商品店，还有住宿的店这些……

……因为这边游客多了，旅游发展好了，所以开始做包车了，而且做包车的话没有出租车那么累，不需要天天上班，还可以接触各种各样的游客，赚得也多了，也能出去玩儿……

……夏天旺季的时候会注重旅游，但是淡季的时候基本就没有游客，他们也就只能去干原来那些放牧的活，冬天草原上什么都没有，所以夏天旅游旺季就挣得多一些……

……很多人原来都是务农的，后来看旅游发展起来了就开店啊，卖东西啊这些，包括很多周边区县，甚至合作市都有好多人过来夏河拉卜楞寺这边做生意，赚钱……

2. 社会层面
（1）社会角色冲突显现

随着旅游的发展，游客带来的高收入不仅对于普通居民的影响很大，对于寺庙中喇嘛的影响也很大，寺庙中的许多喇嘛从小在寺庙中修行，随着旅游地的知名度越来越大，游客与信众也会越来越多，寺庙的香火自然就会越来越旺。而这些从小长在寺庙中修行的喇嘛，对于外界事物了解甚少，突然激增的游客对于他们来说也会带来很强烈的文化冲击，包括游客的穿着、游客用的手机、游客开的汽车等，都会对他们造成影响，而随着寺庙香火钱的收入越来越多，许多喇嘛也开上了好车，用上了好手机，而许多小喇嘛就利用手机联系游客让他们来供奉自己，当自己的信徒。这就与原本应当重视精神修行、不为物质所诱惑的喇嘛角色产生了冲突，如下代表性访谈材料所示。

……寺庙里面的那些小喇嘛接触的游客多了，他们就会被影响，就不像原来那么纯了，也会有一些利益啊什么的杂念，所以现在那些上师们，就开始限制他们和游客的接触……

……他们（藏民）现在也要买房子买汽车，肯定买这些就不能像原来一样赚的全部捐寺庙了吧。而且寺庙里面的那些大喇嘛，现在基本上用的都是苹果手机，开的车子都是好车……

……不到 10 分钟就有 50 多个打招呼的人，一天下来加起来差不多 120 多个人，基本上全都是佛学院里的喇嘛，年轻的居多，他们经常在朋友圈发布求资助或供养的动态，有的甚至还主动给我发信息……

（2）女性地位逐步提升

传统的藏族家庭中女性地位是远低于男性的，男性可以外出打工但是女性不可以在外面上班，女性需要留在家中，家中一切事务都是家中女性的大事，如带小孩、种地、做饭、家务活等。而且在家中男性的话语权是远远高于女性的，一般都是女性服从于男性的决定。但是随着旅游的发展，越来越多的行业对于女性的需求是显著高于男性的，如客栈酒店的前台、服务人员，景区的门迎人员等，使得女性的工作权利得到一定的解放，越来越多的女性走出家门投身于旅游行业中，很多都是夫妻俩一同经营旅游商品店铺，并且家中的男女权力关系也有很大的改善，女性地位正在逐步地提升，如下代表性访谈材料所示。

　　……女性地位这个事情还是非常严重的。尤其是大多数家里老人是绝对不接受的，他们觉得女的在家里坐在那里翘个二郎腿是不可能的，就应该干活，但现在旅游发展，见得多了，也就有改善了……

　　……现在已经很不一样了，游客多了，旅游发展了，餐厅啊，旅店啊这种就多了。很多岗位都是女生才适合的，就有越来越多女生出来做餐厅服务员啊，酒店前台啊这种的岗位的……

（3）消费需求更加多元

旅游的发展带动了当地的消费升级，游客对于使用产品的多元化需求带动了当地居民对其日用品的需求多元化。许多旅游发展前闻所未闻，见所未见的产品被游客带来并逐渐被当地居民所接受并使用。比如，藏族一般生活在高海拔地区，紫外线强烈，所以不管是男性还是女性皮肤都比较黝黑。在旅游发展之前，当地居民没有人使用防晒霜，大家都对这种气候习以为常，但是许多游客来到这种高海拔地区，皮肤受不了强烈的紫外线就会采用防晒霜、遮阳帽、墨镜等防晒措施，一些藏族姑娘看到肤白貌美的游客也逐渐开始注重防晒，注意保持自己皮肤的肤色。这就是现在能看到许多白净的藏族姑娘的原因，而防晒霜这种东西如果旅游不发展，游客不进入，可能藏族同胞根本不会用，甚至根本不知道。所以旅游的发展使得当地居民的消费需求更加多元化，如下代表性访谈材料所示。

……很多外国游客还有外地游客过来超市，他们一开始要的很多东西我们都没听过，后来老板就让记下，然后到兰州还有在网上买过来，发现还挺好卖的，尤其是游客需要的一些防晒霜啊，遮阳帽啊这些的，一方面游客买的多，另外之前我们藏民根本不会用这些的，现在有些藏族姑娘也开始用了……

……这边很多人知道了一些物品，比如香皂什么的，就过来点名要什么牌子的，之前根本很少用这种东西，都是这些外国人或者游客带来送给他们的……

……我感觉很多都是这边城市发展了人们才知道的，很多人都不知道"进口"这两个字是什么意思的……

3. 族群层面
（1）宗教信仰影响极深

藏传佛教对于藏族的影响可以说是深入骨髓的，藏族的小孩一出生就开始听身边的爸爸、妈妈、奶奶、爷爷念经，小小年纪就被带着去寺庙里面转经筒，可以说是伴随着藏族同胞的一生，是他们生命中最重要的组成部分，是他们的精神支柱。但是随着旅游的发展，带来的许多新思想、新观念也在不断挑战宗教对他们所产生的影响，并且现在也有很多方面在逐渐放宽，许多原本不可能的事情又有了可能性，比如汉藏通婚、对女性限制的放宽，但是很多方面藏族同胞还是很虔诚谨慎地遵守着，如下代表性访谈材料所示。

……但是像短裤啊，短裙那种我们还是不会穿的，藏传佛教是不允许的。就是我们的穿着和行为再怎么汉化，也不可能穿得那么暴露，或者披头散发的……

……藏传佛教对于男性和女性的规定是完全不一样的，对于男性的限制会小于女性，我们也会自觉地遵守这些东西，但是也在逐渐的改变了，有一定的影响，也是旅游发展以后，思想和观念越来越开放了……

……如果我们家全是藏族的话，我喜欢一个汉族男生是绝对不允许的。家里藏传佛教非常的深厚。但是现在观念有转变了，如果喜欢的男孩信藏传佛教的话，就也是可以的，不一定是要藏族了，这个也是旅游带来的影响……

……我们从很小开始就会被抱着去寺庙里面，跟大人一起转经筒，转山什么的，都会学习诵经文。即便再接受教育，或者旅游再发展，也不会影响到藏传佛教在我们心中的地位的，那是骨子里面的东西，不会改变的……

（2）民族自豪感更加明显

旅游的发展使得当地少数民族居民接触到其他民族的机会变多，许多信仰、文化、习俗等方面的区别令藏族同胞的文化认同感增强。并且在与游客接触的过程中，许多藏族的父母会用今天见到的游客的不文明行为来教育自己的子女，让他们引以为戒，不管是不文明的行为还是由于宗教习俗背景产生的行为差异，都会成为他们教育下一代的材料，因为许多行为对于他们来说也是第一次见，在之前的教育中根本不会涉及，他们会教育自己的子女以后出门在外不能像这些游客那样给自己的民族抹黑，从而增强了民族自豪感与文化认同感，如下代表性访谈材料所示。

……我爱我们的民族，非常爱。在我们的世界里面是不分藏区的，我们都是同一个民族，……

有一天我舅妈从寺庙回来说她今天看到一对汉族情侣，女生脚下粘了口香糖，就大庭广众地让他男朋友给她弄下来。她说，你们以后不能这样，尤其是在寺院这种大庭广众的，她们自己有手干嘛让男朋友给你们弄。游客更多的是一种长辈教育晚辈的反面教材。

......老人家每次回家都会说游客太多太烦了,他们不尊重我们的习俗,到处乱爬乱踩。他们没有反省自己,却说怎么藏传佛教的喇嘛会骂人......

(3) 民族符号逐渐消失

民族符号是一个民族表征性的特殊标记,包括民族的语言、文字、服饰、传统建筑等,是区分自身与其他民族最方便,也是最容易的方式。传统的藏族居民都是以藏语作为日常生活中的交际用语,也会穿藏服进行生产生活,居住的建筑也依据其生产生活环境而极具民族特色。随着旅游的发展,越来越多的汉族游客的到来,使得汉语和便服对藏族居民的影响很大,藏族居民与游客做生意就必须得会汉语,所以越来越多的当地居民为了生计就开始学汉语,通过学校、手机或者电视跟着学。学校也从幼儿园就开始教汉语,藏族小孩子从小就会说汉语,身边的同学朋友之间的交流都以汉语为主了,甚至有些藏族小孩汉语比藏语说得好。藏服在传统藏族家庭中非常适合农牧生活,但是在城镇中生活就显得束缚很多,不适合很多城市的生产生活情景,在旅游发展后藏服更多地被应用于服务行业、演艺行业,作为民族特色吸引游客之用,而居民越来越喜欢穿便服,只在重大节日的时候才会穿藏服。旅游的发展带动经济收入的增长,许多旅游时代农牧的家庭都走进了城镇,涉足了旅游业,为了适应城市的生产生活,使得他们不得不放弃一些原有的民族符号,搬入楼房、学说汉语、常穿便服等,旅游的发展带来的文化冲击,使得许多极具特色的少数民族符号逐渐走向衰亡,如下代表性访谈材料所示。

......之前我们就会觉得穿藏服的就是藏族,穿汉服的话就是汉族,是一种民族区分的标志,藏族穿汉服就是不尊重民族。但是现在渐渐旅游的人越来越多,新观念带来了冲击了旧观念,就我自己觉得穿汉服没有什么不好的,这又不是汉族的,这是世界通用的便服......

......这边的幼儿园也是以汉语为主的,而且据我了解应该没有藏语幼儿园。很多小孩就藏语都有些结巴了,家里很多人都不想让孩子上学了,因为汉化太严重了……

我没怎么上过学,上小学的时候都是藏语。现在社会发展了,小孩要发展就需要汉语了。游客多,小孩汉语好可以帮我们卖东西,帮我们交流。

……我们传统的要么是帐篷,要么是那种木头搭的,外面会有我们民族传统的一些绘画这些的,也会在房屋外面挂经幡,现在住楼房外面都一个样子,没有特色……影响很大,和我家乡那边完全都不一样了。生活习惯根本不一样了,家里面还是那种在草原生活的,吃啊,住啊什么的,还是放牧什么的。但是夏河这边都是住楼房了,做饭啊,工作啊都不一样了。感觉还是更加现代化了……

(三) 拉卜楞镇居民身份认同影响因素感知评价分析

1. 经济发展方面

旅游所带来的经济发展方面的变化是最为明显的,直观地体现在居民生活的方方面面。根据扎根分析对质性材料的研究以及参考文献的阅读,在经济发展方面共梳理出9项对居民身份认同产生影响的变化因素,根据调查问卷的统计结果,可以从拉卜楞镇当地居民身份认同嬗变影响因素感知雷达图看出,在经济发展方面的九项影响因素中,居民感知得分高于4分的有四项,分别是旅游发展带来的经济水平的变化、物价水平的变化、基础设施的变化以及交通状况的变化,这四项是当地居民身份认同嬗变的主要影响因素。居民感知得分介于3—4分的有四项,分别是旅游发展带来的收入水平的变化、收入差距的变化、房屋价格的变化以及消费方式的变化,这四项是当地居民身份认同嬗变的次要影响因素。还有一项为旅游发展所带来的犯罪现象的变化,居民感知得分为2.95分,是当地居民身份认同嬗变的一般影响因素。

2. 社会文化方面

旅游的发展对于社会文化方面的影响是最为深远的,尤其是对于民族地区,传统文化生态较为脆弱。旅游的发展带来的各种社会文化冲击,对于旅游地区当地居民来说都具有相当大的影响。通过研究我们共筛选出9项旅游发展所带来的社会文化方面的变化。在社会文化方面的九项影响因素中,当地居民认为有两项对于其身份认同的影响很大,分

第五章 西北民族地区旅游影响的实证研究　　145

别是宗教信仰以及语言文字，这两项的居民感知得分均高于 4 分，是当地居民身份认同嬗变的主要影响因素。剩余的七项影响因素的得分都接近于或等于 4 分，分别是旅游发展所带来的人际关系的变化、娱乐活动的变化、女性地位的变化、价值观的变化、饮食文化、服饰文化以及传统建筑的变化，这七项是当地居民身份认同嬗变的次要影响因素。

3. 生态环境方面

旅游作为一种空间中的活动，对于生态环境的影响也是不可忽略的重要因素之一。旅游所带来的生态环境的变化，会影响当地居民的惯常生活环境、日常食物来源、生产生活习惯等方面，对其身份认同也存在着一定的影响。经过对质性材料的分析以及文献的阅读，最终共确定了 6 项旅游发展所带来的生态环境的变化对于居民身份认同的影响因素，计算分析得出，这六项影响因素中，有三项的居民感知得分介于 3—4 之间，分别是旅游发展所带来的卫生状况的改变、空气污染状况以及街容街貌的改变，所以这三项是当地居民身份认同嬗变的次要影响因素。噪声污染以及过度开发两项的得分介于 2—3 之间，是当地居民身份认

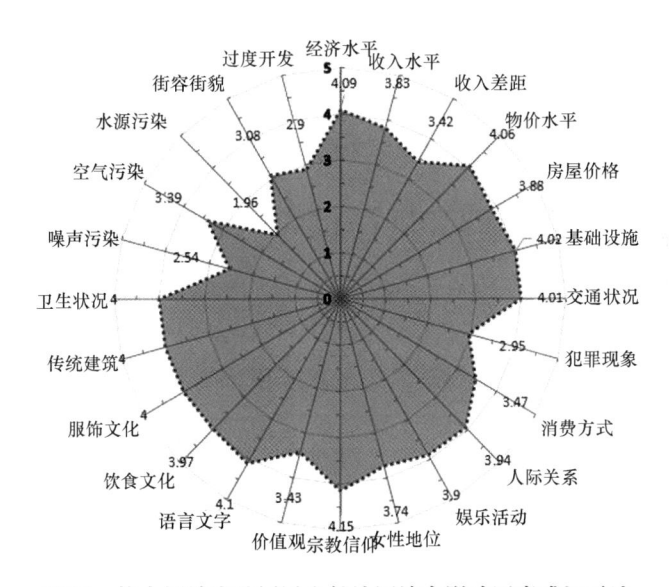

图 33　拉卜楞镇当地居民身份认同嬗变影响因素感知雷达

同嬗变的一般影响因素。还有一项是旅游发展所带来的水源污染，当地大部分居民认为，这对于其身份认同影响不大，所以感知得分为1.96分，低于2分，是居民身份认同的边缘影响因素，即虽然对居民身份认同产生影响，但是影响很细微，处于居民身份认同嬗变影响因素体系的边缘位置。

如图33所示旅游影响下的拉卜楞镇当地居民身份认同嬗变影响因素的雷达图，以及结合对于调研结果的数据分析，可得出旅游影响下的拉卜楞镇当地居民身份认同嬗变的影响因素，按照影响程度共可划分为四类，分别是主要影响因素，包括经济水平、物价水平、基础设施、交通状况、宗教信仰以及语言文字共6项；次要影响因素，包括收入水平、收入差距、房屋价格、消费方式、人际关系、娱乐活动、女性地位、价值观、饮食文化、服饰文化、传统建筑、卫生状况、空气污染以及街容街貌共计14项；一般影响因素，包括犯罪现象、噪声污染以及过度开发；边缘影响因素为水源污染一项。依此可构建出旅游地当地居民身份认同影响因素系统，如图34所示。

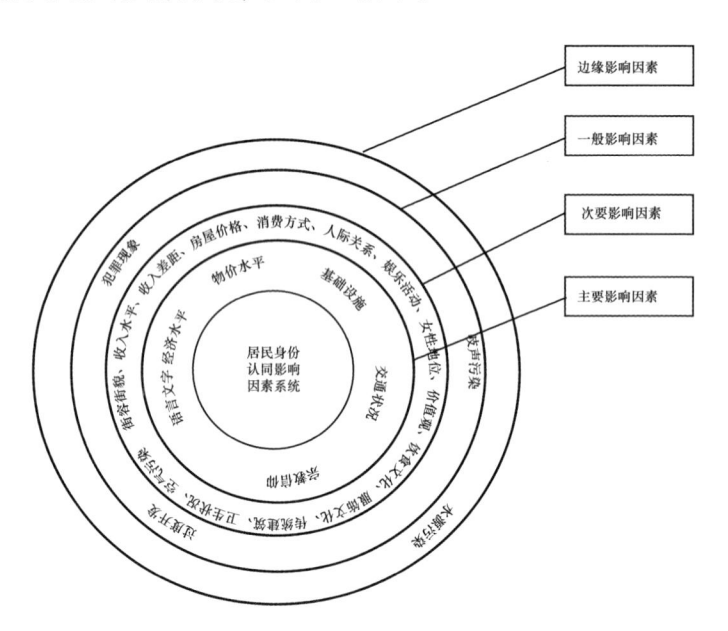

图34　旅游地当地居民身份认同影响因素系统

（四）拉卜楞镇居民身份认同对旅游地发展的影响

1. 居民身份认同嬗变对旅游地发展的积极影响

居民身份认同的嬗变对旅游地发展的积极影响主要有以下三个方面：居民的主人翁意识增强；主客矛盾减少；地区旅游发展工作推进更加顺利。

居民身份认同的嬗变会使其主人翁意识逐步增强。随着民族地区旅游的发展，越来越多的游客来到居民常住地旅游，之前的民族地区少数民族居民对于游客的到来大多以负面情绪为主，觉得游客过多，干扰到了自己的正常生产生活，对游客的许多行为嗤之以鼻。但是随着旅游的发展，他们增进了对其他各民族文化的了解，在逐渐改变自己原来的认知。他们认识到自己与游客不仅仅是简单的利益往来关系，在此之上还有更深层次的交往，自己需要做好自己城市的"主人翁"，需要从言行、穿着、文化等各方面去展示自己的民族文化，维护自己居住地的旅游形象。越来越多的当地居民会注重自己与游客交流时的言语与态度，会更加欢迎游客来了解自己本民族的文化，主动地加入到政府组织的旅游相关从业者的培训中来。在日常生活中，他们不仅是与游客进行交易的商人，更是欢迎游客来的主人，也是给游客传递本民族文化的窗口，会使得游客能更加全面、更加真实、更加系统地了解旅游地以及当地特色的少数民族文化，也会对于此旅游地刻画出一个居民热情好客的旅游形象，有助于旅游地的口碑宣传。

居民身份认同的嬗变会减少主客间的摩擦。旅游的发展带来的居民身份认同的嬗变，会使得居民改变固有的身份认知，会更加愿意了解往来游客的文化、行为，而不是像旅游发展初期只对自己认为不合时宜的游客行为破口大骂或嗤之以鼻。旅游的发展增进了文化之间的沟通与交流，主客双方对于彼此的文化、习俗、传统等会有更加深入的了解，同时文化交流的意愿也会更加的强烈，彼此之间也会更加的宽容与开放。所以，主客对于对方的民族、文化、习俗等背景会有更加清晰与深入的了解，有助于在交往中更加有效的沟通，而不是原先的相互咒骂，也会增加对其行为的理解，并且取长补短，所以日常生活接触中主客之间的摩擦会减少，游客体验感会更好，居民态度也都会更加积极。

居民身份认同的嬗变会使得地区旅游发展工作推进更加顺利。随着旅游的发展居民会更加积极主动地投身于旅游发展中去，会自发地涉入旅游行业。如访谈中提及的"……现在很多城里的人也去桑科上去买地，或者租一块地去办餐厅啊，住宿啊这种……"，就是城市居民通过租买草皮进入旅游行业，拉动了当地的经济，为当地农牧民创了收。同时旅游的发展也带来了更多的就业岗位与机会，在解决当地人的就业问题的同时也为当地居民增加了收入。随着旅游的快速发展，居民的社会责任感也会增强，也希望自己的家乡越来越好，并且大多数人都是旅游发展的直接利益相关者，所以对于政府部门的相关政策会更加自觉去了解，对于政府的各项工作也会积极去参与，行使自己的公民权利，而不是如原先那样，与政府割裂，政府怎样做都不会影响到他们自身的行为。所以随着旅游发展带来的居民身份认同的嬗变会使得当地旅游发展的各项工作更加顺利地推进。

2. 居民身份认同嬗变对旅游地发展的消极影响

居民身份认同的嬗变对旅游地发展的消极影响主要表现在以下两个方面：旅游地特色减弱；游客满意度降低。

旅游的发展带来的居民身份认同的嬗变使得旅游地民族特色减弱。旅游的发展带来了各种各样的文化，旅游地当地居民将会直面暴露在外来文化的冲击中。游客带来的汉语、便服、生活用品、价值观念等，与当地居民原有的完全不一样。现在旅游发展使得越来越多的藏族年轻人更加汉化，如访谈材料中所言：

……这边的幼儿园也是以汉语为主的，而且据我了解应该没有藏语幼儿园。很多小孩就藏语都有些结巴了，家里很多人都不想让孩子上学了，因为汉化太严重了，孩子因为周围说汉语的人特别多，说藏语就有被孤立的感觉，所以就不喜欢说藏语了。就像衣服一样，周边人都不穿藏服，他们也就不喜欢穿了……

身边的人都是说汉语的，他们的藏语使用就少了；身边人的人都不穿藏服，都是穿便服的，他们也就更加喜欢穿便服了。人都是有服从于群体压力的从众心理的。所以身边的非本民族文化越来越多，就会逐渐同化少数人的文化。随着旅游的发展，越来越多的藏族年轻人日常交流中更多地使用汉语，日常生活中都是穿便服为主，一代一代地影响下去，藏族传统的少数民族特色符号会被逐渐消磨殆尽，从而使得旅游地空有一个旅游的名头，其他的游客直接观感和普通旅游目的地区别不大，只有一两个旅游景点而已，从而失去了旅游地作为核心旅游吸引物的民族文化符号元素。

当地居民的身份认同的嬗变会导致游客的满意度降低。游客的满意度与当地居民对于自身身份认同的嬗变息息相关。十几年前的拉卜楞镇，旅游发展刚刚起步，游客多以背包客为主，旅游地保持着较为完好的民族生态，游客较少，对于目的地的各方面旅游影响都较小，还保持着原本的淳朴品质。但是随着旅游的发展，经济急剧膨胀，许多当地居民都受到了影响，从原先的淳朴变得更加的功利，旅游宰客的现象也就开始萌生，在旅游旺季的时候，经常可以看到当地的民宿、客栈坐地起价，标出天价的房费。许多居民自营的旅游项目，如草原骑马、草原风情体验等，都是淡季票价的好几倍，甚至有游客骑完马后与骑马前商定的价钱不一致的情况出现。这种现象的出现使得游客对于旅游目的地的满意度会直线降低，极不利于旅游目的地的未来发展。在民族地区，由于旅游的开发，一些原本民风淳朴的少数民族居民，因为游客的激增而从中得到利益的欲望不断膨胀，做出一些宰客的行为，这种现象绝非个例。新闻中广泛报道的四川九寨沟地区的藏民用黄牛肉冒充牦牛肉卖，游客不能随便拍摄藏族小朋友的照片，不然会有藏族同胞来收费，等。旅游发展影响了他们的身份认同，使得藏族由原来追求精神生活为主逐渐变为追求物质生活的民族，这些行为都是由这种身份嬗变所带来的。所以旅游发展影响下的居民身份认同的嬗变会影响游客的旅游体验满意度，对旅游地的发展带来消极影响。

三 旅游发展对拉卜楞镇藏族女性的影响研究

旅游发展对西北民族地区少数民族中的个体产生影响，同时产生的各种影响是具体的、多样的。尤其对该地区藏族女性也产生了不可忽视的影响。旅游的发展与藏族女性的进步和发展之间有着必然的联系，二者之间也是相互依存、相互促进的。随着旅游的发展，藏族女性的生存状态也发生着变化，经济地位、社会地位和家庭地位得到了一定程度的提升，在社会发展中获得了较多的权利和自由支配的时间和空间。本节以甘南藏族自治州夏河县拉卜楞镇为例，具体分析旅游发展对该地区藏族女性个体产生的较为具体的影响。

（一）研究设计和数据来源

通过阅读相关文献，总结归纳并结合甘南藏族自治州旅游发展实际，本研究以旅游地生命周期理论、社会性别分析理论、利益相关者理论、社区参与旅游发展理论、文化传播理论、可持续发展理论等理论为基础，确定了西北民族地区旅游发展对藏族女性产生的经济、社会、思想文化及家庭等方面的影响。本研究涉及的居民以拉卜楞镇的藏族女性与常住拉卜楞镇的藏族女性为主。问卷设计共包括三部分内容，第一部分为被调查者的基本信息，包括性别、年龄、民族、职业、收入、受教育程度等基本信息；第二部分采用李克特的五分制量表，分别是对拉卜楞镇旅游发展环境下藏族女性对旅游影响感知和受到旅游影响程度的调查，其中包括旅游业发展所产生的具体影响，居民对旅游业发展的态度、居民是否参与旅游发展、经济、社会文化和环境等方面，选项分为"非常同意""同意""一般""不同意""非常不同意"，对应分值为5、4、3、2、1，分值越高，表示对问题项的赞同度越高；第三部分为开放性问题，主要是藏族女性对旅游对当地旅游业发展未来的期望。此外，对居民的访谈列了提纲，主要问题包括："您认为旅游发展给您带来的最重要的影响是什么？""您认为旅游业发展前后的变化有哪些？请举例说明。""您希望未来旅游业的发展给您带来什么方面的好处？"，等等。

对夏河县拉卜楞镇的调研主要分为两次，第一次调研的时段是2018年8月13—17日，主要是对拉卜楞镇藏族女性进行问卷调查和部分深度访谈；第二次调研的时段是2018年10月2—6日，在修改原有问卷的基础上，主要针对拉卜楞镇藏族女性补充发放问卷和深度访谈，并对拉卜楞镇周边地区进行调查。在调研过程中，调研队员采取入户调查的方法，由于语言交流上存在很大障碍，为保证问卷的质量，基本由调研队员逐一进行题项解释。在进行深入访谈时，仅给出被访谈者参考和提示的方向，开放性作答，真实性、可靠性较高。经过两次调研，共发放问卷130份，回收有效问卷126份，回收率达96.92%。深度访谈材料共计45份。

1. 人口统计学样本分析

表34　　　　　　　　人口统计学特征调查表

人口统计学特征	分类	频数	百分比（%）
年龄	18岁以下	17	13.5
	18—34岁	51	40.4
	35—49岁	31	24.6
	50—64岁	9	7.1
	65岁及以上	18	14.2
受教育程度	未上学	22	17.4
	小学	22	17.4
	初中	20	15.8
	高中或中专	30	23.8
	本科及大专	32	25.3
职业	工人	1	0.1
	农牧民	22	17.4
	学生	26	20.6
	销售/服务	29	23.01
	企事业管理人员	7	5.5
	私营企业主	15	11.9
	教师	10	7.9
	政府工作人员	4	3
	其他	12	9
家庭月收入（元）	2000元以下	27	21.4
	2000—4999元	66	52.3
	5000—9999元	29	23.01
	10000—14999元	4	3.1
	15000元及以上	0	0

表34反映了拉卜楞镇被调查藏族女性的基本情况，从表中可以看出，调查样本较为合理，具有较高的代表性。

其中，在被调查者中，以藏族女性为主要调查对象，在年龄上，拉卜楞镇下辖的四个社区和两个村子以青中年藏族女性作为较为活跃的单元，调查对象以青年藏族女性为主，总占比达到65%，这一群体为拉卜楞镇旅游发展带来了活力。在受教育程度方面，被调查藏族女性的受教育程度普遍较低，初中及以下学历占比为50.6%。在职业方面，被调查对象主要以销售、服务人员、学生、农牧民为主，总占比达到60%。在调查中，52.3%的藏族女性家庭月收入处于2000—4999元的区间，整体收入水平较低。

2. 信度检验

信度（reliability），也称可靠性，是指一个衡量的正确性或精确性，包括稳定性及一致性，Kerlinger认为可靠性可以衡量出问卷的可靠度、一致性与稳定性。可靠性即采取同样的方法对同一对象重复进行测量时，其结果的一致程度。Cronbachα可靠性系数是目前最常用的可靠性系数。可靠性高低与Cronbachα可靠性系数相互对照参见表35。

表35　　　　　　　　　　可靠性高低对照

可靠性	Cronbachα 系数
不可信	$\alpha < 0.3$
勉强可信	$0.3 \leq \alpha < 0.4$
可信	$0.4 \leq \alpha < 0.5$
很可信（最常见）	$0.5 \leq \alpha < 0.7$
很可信（次常见）	$0.7 \leq \alpha < 0.9$
十分可信	$0.9 \leq \alpha$

表36　　　　旅游发展对藏族女性影响的调查问卷信度检验

检验项	Cronbach's Alpha	项数
旅游对藏族女性影响	0.725	17

如表36所示，本次问卷的信度检验结果显示，旅游影响部分Cronbachα可靠性系数为0.725，属于很可信范围，所以本次问卷的可

靠性较高，可以开展后期调研。

(二) 拉卜楞镇旅游发展对藏族女性影响的研究分析

1. 藏族女性对拉卜楞镇旅游业发展的态度分析

表37　　藏族女性对拉卜楞镇当地旅游业发展的态度分析

	希望当地旅游发展越来越好	希望游客越来越多
均值	3.80	4.23
标准差	0.883	0.862
均值的标准误差	0.140	0.136
方差	0.779	0.743
中值	4.00	4.00

在受旅游发展的影响方面，藏族女性整体上对旅游业的发展持支持态度，均值为3.80，而且希望以后来拉卜楞镇旅游的游客越来越多，均值为4.23，反映了处于旅游地生命周期初级阶段的拉卜楞镇的旅游发展现状，大多数藏族女性都希望大力发展旅游业，促进旅游业增长以增加旅游发展带来的种种益处。因为这样会使她们自身的切身利益得到一定的提高，家庭收入增加，家庭经济条件得到改善。同时，她们也希望可以通过旅游这一发展形式使拉卜楞镇被更多人认知，通过旅游这一渠道传播藏传佛教文化，增加藏传佛教的知名度，使藏传佛教文化走向世界。拉卜楞镇藏族女性中当然也存在一些不同的声音，她们希望外来游客能够控制在一定的范围内，不希望外来游客过度打扰她们的生活；希望外来游客可以尊重她们本民族的文化，提升自身综合素质，文明旅游；同时她们希望政府加强对拉卜楞寺的保护。她们希望游客在旅游时能保护环境，不乱丢垃圾，能够保护她们的原生态自然环境。

2. 拉卜楞镇旅游发展对藏族女性影响分析

(1) 拉卜楞镇旅游发展对藏族女性的经济影响

根据问卷调查结果，结合表38结果分析显示，在经济影响方面，藏族女性认为旅游发展引起的家庭劳动结构的改变才是旅游发展过程中带来的最重要的经济影响，均值为3.82。藏族女性认为旅游的发展促进了家庭劳动结构的改变，部分藏族女性开始脱离传统家庭的束缚，以多种形式参与到旅游发展活动中，并且其生活方式、劳动方式、家庭劳动结构都发生了根本的变化。同时，旅游发展使家庭经济来源多样化，与此同时，旅游业的发展也在一定程度上改善了家庭经济条件。

表38　　　　　　拉卜楞镇旅游发展对藏族女性的经济影响

	使家庭经济来源多样化	旅游发展改善了家庭经济条件	通过参与旅游活动获得一定利益	旅游发展引起家庭劳动结构的改变
均值	3.48	3.41	3.37	3.82
标准差	0.827	0.803	0.927	0.774
均值的标准误差	0.074	0.072	0.083	0.069
方差	0.683	0.644	0.860	0.598
中值	3.00	3.00	3.00	4.00

（2）拉卜楞镇旅游发展对藏族女性的社会文化影响

民族文化是在长期的历史发展中形成的具有本民族特点的文化。旅游开发对传统民族文化产生着强烈的冲击，会影响其社会治安、婚姻状况、宗教信仰、价值观等方面。少数民族居民对民族文化有着表层的、欣赏的和根基的多样化认同。[1] 根据表39所示，旅游发展对藏族女性产生的社会文化影响较为显著，旅游发展引起了当地藏族女性自身民族文化、价值观念、受教育程度观念的改变，并促使藏族女性由传统的藏族女性转变为接受新观念、新想法、新思维的女性，在社会角色上发生了根本性的改变。而在宗教信仰方面，拉卜楞镇大部分藏族女性仍认为加强自身藏传佛教的学习是日常生活中非常重要且不可或缺的一个重要部分，均值达到了4.75。

---

[1]　左冰：《社区参与：内涵、本质与研究路向》，《旅游论坛》2012年第5期。

表39 拉卜楞镇旅游发展对藏族女性的社会文化影响

	旅游发展引起女性价值观念的改变	日常生活中女性大都穿着传统民族服饰	加强自身藏传佛教文化教育学习	藏族女性关注自我形象	受教育程度有所提高
均值	3.78	4.08	4.75	3.87	4.25
标准差	0.768	0.891	0.517	0.800	0.807
均值的标准误差	0.068	0.079	0.046	0.071	0.072
方差	0.590	0.794	0.267	0.640	0.651
中值	4.00	4.00	5.00	4.00	4.00

(3) 拉卜楞镇旅游发展对藏族女性的家庭影响

随着旅游的发展，部分藏族女性的生育观念也在发生变化，她们认为多生孩子不一定有利于家庭的总体发展。由于藏族女性在参与旅游活动中发挥的作用甚至大于男性，传统的生男比生女好的观念随着旅游的发展发生了一定的改变。尽管少数人还有重男轻女的封建传统思想，但大多数人已经认为生儿、生女都一样，且在生育数量上也相应地减少了。随着旅游的发展，从数量和性别上，藏族家庭都不同程度地受到了影响。民族地区藏族女性在旅游业发展中借助自身优势发挥了重要的作用，部分参与旅游活动的藏族女性不仅在经济条件上有所提升，而且在生活质量、家庭环境的改善方面都起到了不可替代的作用。有些藏族女性参与旅游活动的获利能力甚至强于男性，藏族女性各方面的潜能得到了激发。

表40 拉卜楞镇旅游发展对藏族女性的家庭影响

	女性改变传统生育观念	改善了女性医疗、卫生、住宿条件	越发关注女性的权益保护
均值	3.84	3.87	3.75
标准差	0.794	0.715	0.766
均值的标准误差	0.071	0.064	0.068
方差	0.631	0.512	0.587
中值	4.00	4.00	4.00

在家庭地位上，旅游的发展对参与旅游活动的藏族女性产生的影响和作用更为显著，她们的经济地位随着参与旅游活动得到提升，家庭地位随之提升，思想观念也发生了相应的变化，参与家庭决策的话语权随之提升。家庭地位的提升，为她们参与家庭事务和活动赢得了更多的话语权。

在医疗卫生方面，随着旅游业的迅速发展，原来相对较差的医疗与生产条件逐渐得到改善，藏族女性开始享有正规的、安全系数较高的医疗与生产条件。民族地区各项基础设施建设相应的配套与更新，使得民族地区女性越发关注自身权益的保护，例如社会保障、相关权利的行使，并且更加关注自身医疗、卫生及住宿等条件的提升。

(三) 拉卜楞镇旅游发展对藏族女性影响结果分析

1. 拉卜楞镇旅游发展对藏族女性产生的经济影响

(1) 促进家庭经济来源多样化

以往的藏族女性多以兼顾家庭与丈夫的日常生活为主，在此基础上还要照顾好家中的耕地。旅游发展使拉卜楞镇的藏族女性拥有自己的就业方式，同时也拥有了就业的多种选择。她们可以以多种形式参与到旅游活动当中，家庭的经济来源随之多样化。与以往传统的藏族女性形象不同，参与到旅游活动中的藏族女性则多注重于自己所参与的活动本身，注重于旅游活动给她们带来的实际经济利益与自我价值的实现。

(2) 改变了其生活方式与经济结构

女性的经济角色是社会对女性这一群体在社会经济生产中的行为期待以及女性在社会经济生活中所体现的作用。在拉卜楞镇发展的历史长河中，女性传统的经济角色主要为承担家庭生活中的大部分劳动，如做家务、照顾老人、丈夫和小孩、农作等。很少有藏族女性外出打工，她们进行的这些活动对家庭的经济贡献并不显著，她们的能力发挥受到严重束缚。女性传统经济角色严重影响了藏族女性经济作用的发挥。随着部分藏族女性参与到旅游活动当中，藏族女性的家庭生活方式与经济结构也发生了相应的变化。藏族传统家庭的生活方式与经济结构由原来的以农牧业为主的生产生活方式转向以第三产业为主的生产生活方式。

2. 拉卜楞镇旅游发展对藏族女性产生的社会文化影响

(1) 民族文化方面

尽管拉卜楞镇地区旅游发展对该地区藏族女性所信仰的传统的民族文化造成了一定的影响，使传统的藏族文化有着逐渐向大众化的方向发展等风险，但大多数藏族女性基本都能够遵循藏传佛教对自身的要求，按时去进行朝拜活动。此外，她们对于僧侣特别尊重，在日常生活中加强自身藏传佛教文化的教育学习。藏族女性积极参与拉卜楞镇的旅游业的发展，直接或间接地保护和传承了当地传统的民族文化，一定程度上促进了民族文化的再传播。同时，她们的自主意识不断增强，她们在与外来游客进行交往的过程中意识到了自身民族传统的独特性和稀缺性，与其他的文化类型不同，促使她们维护自身文化特征、保护自身民族传统文化。

(2) 价值观念方面

传统藏族女性思想价值观念较为保守，缺乏对于自我的认知，她们将自己作为家庭发展的附属品，自我认识和自我价值缺失。她们自认为理应承担繁重的家务劳动和农活，肩负起生儿育女的重任，基本不参与社会事务和活动。而随着旅游业的发展，外来游客进入该地区，其原有的民族文化、价值观念、生活方式及教育等观念也随之受到了影响。拉卜楞镇旅游发展对藏族女性产生的社会影响尤其强烈，旅游业的发展使部分藏族女性参与到旅游活动当中，享受旅游发展成果。在与外来游客及利益相关者进行接触交流的同时，由于外来价值观念与藏族女性本民族文化价值观念的碰撞与交融，引起自身价值观念与生活方式也产生了相应的变化。

(3) 身份认同的影响

在拉卜楞镇旅游发展的过程中，外来游客接触的主要就是藏族女性，藏族女性是他们重要的凝视对象。而且对外来游客而言，藏族女性及其所带来的民族风情是他们的关注重点。游客在相对较短的时间内以藏族女性为视角和窗口透视藏族的传统文化。因此，藏族女性在参与旅游活动的过程中，身份也发生了相应的变化。而在变化中依然有不变的成分存在。值得注意的是，西北民族地区藏族女性对于其传统文化、宗教信仰极为认同，对自身的宗教信仰仍无比坚信。

(4) 受教育程度和观念的影响

在传统社会中,藏族女性受教育程度普遍偏低,传统思想根深蒂固,很多藏族家庭还遗留着重男轻女的思想,传统计划生育政策相对较为宽松,即使在经济条件差的情况下,大多数藏族家庭仍选择多生。藏族女性的受教育机会受到很大的威胁。① 在拉卜楞镇旅游发展的大环境下,旅游管理相关部门重视对于旅游从业者和当地居民的文化素质和技能培训,相关的基础教育和培训也逐渐增多,藏族女性学习和受教育的机会大大增加。这可以使她们能更好地与外来游客进行交流,从而促进了藏族女性传统思想的更新与价值观念的转变,提高了她们的自我发展意识。

(5) 藏族女性服饰的影响

在拉卜楞镇的旅游发展中,藏族女性较少穿着传统藏族服饰,但在腰饰、耳饰、头饰及发饰上仍佩戴藏族风格饰品。由于经济的发展,藏族女性的服饰较之前更为精美华丽,且更注重生活中的实用性。日常对传统藏服的需求下降,为了更好地参与旅游活动,部分藏族女性会穿着传统民族服饰吸引游客,同时也对传统民族文化起到了一定的宣传作用。在盛大的节日,藏族女性会身着极具民族特色的藏族服饰以显示她们对于藏传佛教信仰的尊重。

3. 拉卜楞镇旅游发展对藏族女性产生的家庭影响

(1) 家庭地位的影响

传统的藏族家庭中经济指标是衡量家庭成员地位的重要指标,在传统社会中,藏族主要以农牧业为重要的经济来源。藏族男性由于先天生理上的优势导致其在耕种、放牧等活动中发挥主要作用。而传统的藏族女性认为自己在家庭中起到的只是依附作用。藏族女性认为自己带来的经济价值甚微,话语权严重不足,早期在家庭中的地位低而不自知。随着旅游在拉卜楞镇的持续发展,这种现状得到了一定的改善,部分参与到旅游活动中的藏族女性通过自己的勤劳获得了可观的经济收入,为家庭获得了比参与旅游活动之前更多的经济支持,使藏族女性提高了自身

---

① 闫国疆:《问题与反思:近 30 年中国身份认同研究析评》,《西南民族大学学报》(人文社会科学版) 2013 年第 4 期。

的经济地位，在家庭中的地位和话语权也随之提升。传统的家庭劳动结构和生活方式也发生了改变，同时，在与外来游客进行接触的过程中她们也对自身的价值观和传统思想观念进行了重新的审视，有助于她们思想的解放。

(2) 婚姻观念的影响

藏传佛教在各方面都影响、塑造着藏民族的人生观、价值观和世界观。在传统社会中藏族女性在家庭中的角色就是为家庭服务，主要体现在对家庭的照顾，洗衣做饭，耕种等。这些琐事使藏族女性长期处于压抑的境地，无法喘息。而且在传统社会藏族女性大多数采用婚姻包办。对于藏族女性婚姻观中凸显的婚姻不完全自主这一现象应不断完善，使藏族女性在选择婚姻的过程中实现真正的自由。这时，宗教信仰作为她们生活中重要的精神支柱，给予她们慰藉。藏族女性婚恋观受到各方面的影响，如政治、文化、宗教等。藏族文化所指的伦理道德，是宗教伦理和世俗伦理的融合体。旅游发展的过程中，藏族女性在与外来游客接触的过程中感受到了不同文化与不同的价值观念，她们的社会文化及家庭观念也受到了不同程度的影响。

然而不论是过去还是现在，藏族女性在择偶时仍会将宗教信仰作为标准进行重点考虑。随着社会经济政治文化快速发展，现代藏族女性受现代教育和新思想影响，旅游业进入后，藏族女性的社交圈随之扩大，她们在参与旅游活动的过程中增长了见识，对婚姻的自主意识也大大提升。在受访者中，未婚女性大多表示希望能够婚姻自主。女性的婚姻自主权有了不同程度的增加。[1]

(3) 生育观念的影响

拉卜楞镇藏族女性在旅游业发展中借助自身优势发挥了重要的作用，部分参与旅游活动的藏族女性不仅在经济条件上有所提升，而且在生活质量、家庭环境的改善方面都起到了不可替代的作用。有些藏族女性参与旅游活动的获利能力甚至强于男性，藏族女性各方面的潜能得到了激发。与此同时，部分女性的生育观念也发生着变化，她们认为多生

---

[1] 陈丽琴：《民族旅游对黎族女性社会地位变迁的影响和思考》，《社会科学家》2016年第4期。

孩子不一定有利于家庭的总体发展。传统的生男比生女好的观念也随着旅游的发展发生了一定的改变。尽管少数人还有重男轻女的封建传统思想，但大多数人已经认为生男孩或女孩都一样。随着旅游的发展，从数量和性别上，藏族家庭都受到了不同程度的影响。

（4）公共空间的影响

随着旅游业在拉卜楞镇地区的深入发展，藏族女性参与社会生活的半径不断扩大，参与旅游经营活动过程中产生的社会交往也不断增多，逐渐成为信息交流共享、形成认同的新群体。此外，随着藏族女性互动频率以及分享社会信息资源、积累社会资本机会的增加，一些藏族女性在增加经济收入、扩展公共空间和积累社会资本的基础上，不断开拓自己的事业发展领域，这些都为当地藏族女性社会地位的提高、自身的发展奠定了一定的基础。

（5）权益保护的影响

传统的藏族女性对于自身发展的权益保障并不重视，据统计，民族地区藏族女性患妇科疾病、乳腺疾病及相关病症患病的概率很高，且容易复发。由于传统社会医疗条件及藏族家庭的经济能力有限，很多藏族女性在生产后往往面临终身疾病的困扰。而随着旅游业的迅速发展，拉卜楞寺乃至甘南州的各项基础设施建设相应的进行配套与更新，藏族女性也越发关注自身权益的保护，例如社会保障、相关权利的行使等，并且更加关注自身医疗、卫生及住宿等条件的提升，促进了藏族女性保护自身权益，提高生活质量。

四 结论

当地居民身份认同的嬗变是由居民个人身份认同的嬗变、社会身份认同的嬗变以及民族身份认同的嬗变共同作用引起的；个人层面的理想、信念、认知的变化造成了个人身份的解构与重构，引起了个人身份认同的嬗变；社会层面居民社会权利、社会地位以及生产生活方式的改变造成了其社会身份的解构与重构，引起了社会身份认同的嬗变；而在族群层面，居民的民族认同感、民族符号以及传统习俗的改变造成了其民族身份的解构与重构，引起了民族身份认同的嬗变。其中居民身份认同嬗变的特征，在个人层面上主要是从淳朴老实变为拜金功利；从安于现状到自我激励；从放牧种田到多重职业。在社会层面上主要是社会角色冲突显现，女性地位逐步提升，消费需求更加多元；在族群层面上主要是宗教信仰影响极深，民族自豪感更加明显，民族符号逐渐消失。

处于旅游发展的前沿地带的拉卜楞镇，其旅游发展在甘南藏族自治州旅游发展中具有一定的代表性。随着旅游在拉卜楞镇的迅速发展，越来越多的藏族女性参与到了旅游活动当中，享受旅游发展给她们带来的各种益处，使她们的家庭生活条件得到了很大的改善。同时，与外来游客交流的过程激发了她们内生的价值观和思想意识方面的觉醒，进而对她们的行为产生了一定的影响。拉卜楞镇旅游发展给当地藏族女性带来了经济、思想文化以及家庭社会等多方面的影响。总体来看，旅游的发展给藏族女性带来了多方面的较为积极的影响，然而过度的旅游开发对于旅游目的地的影响并不乐观，也会对当地的藏族女性产生负面的影响。当西北民族地区的生态和环境承载力大于地区承载力时，将会对当地传统的文化造成致命的冲击，同时也会对整个西北民族地区造成难以逆转的生态破坏。目前，拉卜楞镇旅游发展还处于旅游地生命周期中的初级阶段，各方面发展都处于上升阶段、较为均衡，藏族女性参与到拉卜楞镇旅游活动的动力在不断加强，拉卜楞镇旅游发展对藏族女性的影响逐渐在向更好的方向发展，也激励着她们能更好地弘扬民族传统文化。拉卜楞镇旅游发展对藏族女性的影响水平将会持续上升。

第四节　旅游发展对肃南裕固族民族文化变迁的影响研究

一　研究区域概况

肃南裕固族自治县地处甘肃省祁连山北麓，部分处于河西走廊中段，在经纬位置上介于东经 97°20′—102°13′、北纬 37°28′—39°49′之间，东南—西北方向长 650 公里，南北宽 120—200 公里，由四片互不连续的地域组成，呈现出东西狭长的特点。全县横跨河西 5 个地级市，同 15 个县、市、区接壤，空间关系极为复杂独特，东与天祝藏族自治县和武威市凉州区相接，西与酒泉市肃北蒙古族自治县相邻，南与青海省的祁连县、天峻县、门源县相连；在北边，自西向东依次与玉门市、嘉峪关市、酒泉市肃州区、高台县、临泽县、张掖市甘州区、民乐县、山丹县和金昌市永昌县为邻。

肃南裕固族自治县是一个以裕固族为主体，有9个民族聚居的地区，也是全国唯一的裕固族自治县，有裕固族人口8820人（2002年），占全国裕固族总人口（12279人）的71.8%。全县总人口3.67万，在民族构成中汉族占43.1%，裕固族占26.98%，藏族占24.53%，其他民族（蒙古、回、土等）人口占比较小。全县主要从事畜牧业，农牧业人口比例高达80.65%。随着时代的发展，原本过着游牧生活的牧民今天拥有了自己固定的牧场，只是随着季节的不同开始在不同的牧场定居放牧，形成半游牧半定居的生活方式。非农业人口占19.1%，分布于各个行业中。全县人口密度为每平方公里1.5人，男女性别比例为100∶94.52。多民族聚居的特点使这里的人民热情好客，易于相处。肃南虽然深处西北内陆，但与大多数封闭落后的少数民族地区不同，由于距酒泉、嘉峪关、武威、张掖、金昌等对外开放城市较近，联系密切，加之裕固族本身性格豪爽、开放，人民观念更新较快。全县已于1997年基本实现了普及九年义务教育，扫除了青壮年文盲，教育已经成为当地社会经济良性发展的重要助推器。

二 样本信度与效度分析

调研团队于2018年9月赴肃南裕固族自治县了解当地的裕固族文化在旅游发展影响下的变迁状况，研究中的重要数据主要是通过向当地居民做问卷调查而获取的。在本次调研中总共发放问卷150份，有效回收140份，问卷的可利用率为93.3%。问卷发放的对象是采取随机抽样的方式决定的，填写问卷的当地居民的职业类型涵盖了景区商店老板、政府职员、游客服务中心工作人员、景区牧民等。通过被调查者对肃南旅游业发展的直观感知进行相关研究，样本中人口学特征主要包括被调查者的居住地、性别、年龄、民族、职业、月收入、受教育程度7个方面，其中涵盖了旅游影响研究的个人因素和社会因素。

表41　肃南裕固族自治县旅游业发展调查人口学统计

样本类别		样本数（人）	百分比（%）
居住地	红湾寺镇	66	44
	皇城镇	14	9.30
	康乐乡	35	23.33
	马蹄藏族乡	7	4.67
	大河乡	6	4
	明花乡	9	6
	祁丰藏族乡	8	5.30
	白银蒙古族乡	5	3.33
性别	男	83	55.30
	女	67	44.70
年龄	18岁以下	6	4
	18—25岁	39	26
	26—35岁	36	24
	36—45岁	33	22
	46—60岁	27	18
	60岁以上	9	6.00
民族	汉族	47	31.33
	裕固族	79	52.67
	藏族	10	6.70
	蒙古族	14	9.33
学历	大学本科及以上	67	44.67
	大学专科、高职	39	26
	中专及高中	20	13.30
	初中及以下	24	16
职业	政府工作人员	29	19.33
	企事业管理人员	15	10
	专业/科教人员	13	8.67
	服务/销售/商贸人员	27	18
	工人	12	8
	农牧民	20	13.33

续表

样本类别		样本数（人）	百分比（%）
职业	军人	1	0.67
	退离休干部	2	1.33
	学生	22	14.67
	自由职业者	7	4.67
	其他	2	1.33
月收入	1000 元以下	7	4.67
	1000—1999 元	26	17.33
	2000—3499 元	63	42
	3500—5000 元	29	19.33
	5000 元以上	25	16.67

从人口学特征分析中可以看出，肃南裕固族自治县的居民性别比例中男性比女性略多，从居住地来看，填写问卷的居民多数居住在县政府所在地红湾寺镇和康乐乡这两个旅游景点较为聚集的乡镇，说明调查问卷选取的对象对当地旅游业的发展状况是比较了解的。接受调查者的年龄在18—45岁的占了主体，而这一年龄段的人通常形成了认识问题的价值观并且有一定的经济基础，为研究数据的可靠性作了保障。接受调查的居民以裕固族居多，汉族次之，民族属性明显，说明受调查者能够更好地感受旅游活动对本民族文化带来的种种变化。从填写者的受教育程度来看，大学本科及以上的占大多数，其次是大专和高职水平的，表明填写者能够充分理解问卷内容，可以将自身的感受充分地反映在问卷中。填写者的职业涉及的范围广泛，从政府企事业单位工作人员到个体工商户及学生，保证了研究数据的真实性、客观性，在这些填写者中政府工作人员最多，其次是服务、销售人员，然后是学生和当地农牧民。填写者的月收入在2000—3499元的人数最多，占到42%，月收入在3500—5000元的人数占19.33%，可以看出填写者的经济状况以中等程度居多。

从上述分析中可以总结出问卷填写人的特征，从填写者的民族属性来看，裕固族居民最多，既反映了当地的民族特色，也有利于本研究的顺利完成。从填写者的职业来看，涉及11种不同类型，保证了调研获取的数据的全面性；从年龄来说，填写者多是青年和中年，正是时间和精力都最为充沛的时候，对旅游行为及旅游影响有更多的感受，有利于研究的顺利进行。从收入方面来说，填写者具有一定的经济基础，有能力去旅游，保证了调研数据的有效性。从性别方面来说，填写者男性略多于女性，比例差距不大，基本持平，不同性别对旅游资源的偏好并没有太大差别，这保证了调研数据的全面性。

三　旅游发展对裕固族文化变迁影响评价指标体系构建

调查问卷的主体部分列出了旅游业发展对肃南地区的社会结构、民族文化、自然环境产生影响的重要因子，共有26个，其中对于民族文化方面的影响是本研究的重点。在表42中列出的肃南县民族文化变迁统计数据，反映了旅游业发展给肃南县民族文化的各个方面所带来的影响，这里主要包括涉及裕固族物质文化、精神文化、行为文化三个层次的12个影响因子，能够较为全面地反映民族文化变迁的过程。旅游影响下的民族文化变迁要素具有很大的主观性，不容易完整地获取和整理重要的数据，通过对各影响因素的变化趋势分层次的描述有利于数据的获取并增加数据的可靠性。

表42　　　　　肃南裕固族自治县社会文化要素变迁数据统计

要素	极大扩大 频数（人）	极大扩大 百分比（%）	扩大 频数（人）	扩大 百分比（%）	无变化 频数（人）	无变化 百分比（%）	缩小 频数（人）	缩小 百分比（%）	极大缩小 频数（人）	极大缩小 百分比（%）
民族文化建筑	26	17.30	84	56	40	26.70	0	0	0	0
饮食文化	18	12	91	60.70	41	27.30	0	0	0	0
服饰文化	21	14	78	52	52	34.70	0	0	0	0
娱乐活动	10	6.80	82	54.70	48	32	8	5.40	0	0
女性地位	12	8.60	70	46.70	61	40.70	6	4	0	0
犯罪现象	8	5.80	48	32	45	30	42	28	7	4.70
人际关系	20	12.84	86	58	35	23.30	7	4.70	0	0
消费方式	21	14.41	93	62	34	23	0	0	0	0

续表

要素	极大扩大 频数（人）	极大扩大 百分比（%）	扩大 频数（人）	扩大 百分比（%）	无变化 频数（人）	无变化 百分比（%）	缩小 频数（人）	缩小 百分比（%）	极大缩小 频数（人）	极大缩小 百分比（%）
语言文字	25	16.67	85	56.70	41	27.30	0	0	0	0
宗教信仰	14	9.30	48	32	86	57.33	0	0	0	0
价值观	16	10.67	90	60	42	28	0	0	0	0
文明程度	15	10	102	68	25	16.70	6	4	0	0

从分析表42中不难发现，肃南裕固族的民族文化受旅游业发展的影响很大，无论是从饮食文化、服饰文化、民族文化建筑这些很容易就可以观察出来的显性的民族文化，还是从人际关系、价值观、文明程度等需要深入交流、仔细观察才能发现的隐形的民族文化，都受旅游活动影响发生了显著的变化。民族文化变迁所涉及的12个主要因素中，只有犯罪现象和宗教信仰受旅游影响的变化程度较小，这一方面体现了肃南地区民风质朴，社会风气良好；另一方面说明伴随着旅游业的飞速发展，肃南地区的社会文明程度也有了很大的提升。肃南裕固族人深受藏族文化影响并信仰藏传佛教，这一传统的宗教信仰并不会随着旅游业发展而很快产生变化，可见相对于其他的文化变迁要素来说，宗教信仰这一要素是相对稳定的，旅游活动并不会对民族地区宗教信仰的神圣性产生太大的冲击。

表43　　肃南裕固族自治县社会文化变迁要素统计

要素	极大扩大+扩大	百分比（%）	无变化	百分比（%）	缩小+极大缩小	百分比（%）
民族文化建筑	改变	73.30	无变化	26.70		
饮食文化	改变	73	无变化	27.30		
服饰文化	改变	66	无变化	34.70		
娱乐活动	丰富	61.50	无变化	32	减少	5.40
女性地位	提高	55.30	无变化	40.70	减少	4
犯罪现象	增加	37.80	无变化	30	减少	33

续表

要素	极大扩大+扩大		无变化		缩小+极大缩小	
		百分比（%）		百分比（%）		百分比（%）
人际关系	改善	70.84	无变化	23.30	恶化	4.70
消费方式	改变	76.41	无变化	23		
语言文字	改变	73.37	无变化	27.30		
宗教信仰	改变	41.30	无变化	57.33		
价值观	改变	70.67	无变化	28		
文明程度	提高	78	无变化	16.70	降低	4

研究使用的调查问卷在设计上采用对涉及民族文化变迁的 12 个主要评价因素进行变化趋势描述，通过计算出相关因素涉及的频数和百分比来分析其在旅游影响下的变化规律，对民族文化所包含的建筑文化、饮食文化、服饰文化、语言文字、消费方式、价值观、宗教信仰这 7 个因素进行了变化大小的分析；其中除了宗教信仰的变化程度较小外，其他因素均在旅游活动的影响下发生了很大的改变。问卷在对女性地位、人际关系、娱乐活动、犯罪现象描述的过程中区分了旅游对这些因素造成的积极影响和消极影响，从表 43 中的统计数据可以看出，在旅游业的影响下裕固族女性的地位有明显提高、当地社会的文明程度也有了极大的改善，娱乐活动与以前相比从形式和内容上都更为丰富了。在旅游的带动下，当地居民与外界的互动和交流增强了，相互之间的交流也增多了，人际关系大为改善。肃南裕固族地区的犯罪现象本身并不多，在旅游的影响下有一定的减少，这说明旅游行为在一定程度上提高了旅游目的地的文明程度。

在进行到评价指标选取的阶段时，应用了专家咨询法，请熟悉肃南裕固族地区人文环境、民族历史文化的专家对各项反映民族文化变迁的指标进行打分，再结合目前肃南裕固族地区旅游业发展的实际情况，经过反复的对比分析研究，从众多因素中选取了最能够反映裕固族民族文化变迁状况的 12 个指标，并对每个指标都赋予具体的变化趋势，但不区分正面影响和负面影响，从变化的"极大扩大""扩大""无变化"

"缩小"到"极大缩小",这五种变化水平将文化变迁指标反映的各项内容都清晰地展现了出来。在调查问卷中按照要素变化水平的层次,依次赋予5、4、3、2、1的分值,受调查者对其进行评判、打分。

在指标最后确定的过程中,历经了从使用统计软件随机抽样到对选取指标进行信度检测两个步骤。在第一个步骤中,本研究使用专业统计软件测算随机抽取样本的均值和标准差。均值通常反映填写者对某指标意见的集中程度,均值的大小表示某项指标所反映的文化变化程度的大小;标准差则反映评价指标的离散程度,标准差的大小表示问卷填写者对这一指标争议程度的大小,从表43中可以看出,民族文化建筑指标的均值大于4,说明民族文化建筑的变迁程度最大;其他像价值观、文明程度、语言文字、饮食文化等指标的均值也大于3.5,说明这些指标受旅游影响的变迁程度也较大。犯罪现象和人际关系指标的标准差最大,说明这两项指标在当地居民中产生的争议最大,而语言文字和消费方式变迁指标受到争议的程度是最小的。

表44　　　　　　　　　　指标均值及标准差

指标	均值	标准差
民族文化建筑	4.03	0.608
饮食文化	3.92	0.543
服饰文化	3.73	0.595
娱乐活动	3.62	0.745
女性地位	3.45	0.665
犯罪现象	3.07	0.785
人际关系	3.71	0.762
消费方式	3.85	0.542
语言文字	3.83	0.506
宗教信仰	3.45	0.617
价值观	3.78	0.558
文明程度	3.89	0.675

在第二个步骤里,再次使用统计软件对所选指标的信度进行分析,

分析结果显示 Alpha 值为 0.709，表明此次调研获取的相关数据是可靠的。然后将选出的 12 个反映文化变迁程度的要素按物质、精神、行为三种民族文化的分类方式进行归属，分析其相关性。从表 45 中可以看出，建筑、服饰、饮食这三个物质文化指标的相关性都小于 0.05，说明通过这三个指标获取的研究数据与研究内容之间显著相关。

表 45　　　　　　　　　　　物质文化相关性

		服饰文化	饮食文化	民族文化建筑
服饰文化	Pearson 相关性	1	0.397*	0.378*
	显著性（双测）		0.022	0.03
	N	33	33	33
饮食文化	Pearson 相关性	0.397*	1	0.399*
	显著性（双测）	0.022		0.021
	N	33	33	33
民族文化建筑	Pearson 相关性	0.378*	0.399*	1
	显著性（双测）	0.03	0.021	
	N	33	33	33

注：* 在 0.05 水平（双侧）上显著相关。

除上述三个指标外，娱乐活动、消费方式、语言文字、女性地位、犯罪现象、人际关系的相关性系数都大于 0，说明这些要素之间是正相关关系。总的来说，本研究所建立的民族文化变迁的综合评价体系由二级评价指标构成，第一级评价指标为物质、精神、行为三个大的方面，第二级评价指标为具体的 12 个文化变迁要素。如表 46 所示为上述指标评价体系。

表 46　　　　　　　民族文化变迁的影响评价指标体系表

目标层	准则层	指标层
民族文化变迁的影响指标体系	精神文化（0.1637）	文明程度（0.0952）
		价值观（0.0506）
		宗教信仰（0.0179）

续表

目标层	准则层	指标层
民族文化变迁的影响指标体系	行为文化（0.2973）	语言文字（0.0610）
		消费方式（0.1119）
		人际关系（0.0606）
		犯罪现象（0.0123）
		女性地位（0.0191）
		娱乐活动（0.0324）
	物质文化（0.5390）	服饰文化（0.0770）
		饮食文化（0.1540）
		民族文化建筑（0.3080）

（一）权重

请10位不同学科领域的专家对选出的指标两两进行重要性比较评价，按照德尔菲法的原理，将评价结果汇总，运用层次分析法软件9.2，得到评价指标的权重，并完成一致性检验。如表47所示。

表47　　　　　　　　一级评价指标权重及一致性

民族文化变迁的影响评价体系	行为文化	物质文化	精神文化	权重	一致性	λ_{max}
行为文化	1	0.5	2	0.2933		
物质文化	2	1	3	0.1638	0.0089<0.1	3.0092
精神文化	0.5	0.3333	1	0.5390		

由表47可以看出肃南民族文化变迁影响评价体系中，精神文化的权重最大，行为文化次之，物质文化最小。通过检验，得到一致性CR=0.0089<0.1，说明专家打分构建的判断矩阵具有比较满意的一致性。

同理，以三个一级评价指标为准则，对12个二级指标进行权重打分，构建判断矩阵，运用层次分析法软件（AHP）9.2，得到相应的指标权重，通过检验，3个判断矩阵的一致性CR均小于0.1，具有比较满意的一致性。

表48　　　　　　　　二级指标权重及一致性

物质文化	服饰文化	饮食文化	民族文化建筑	权重	一致性	λ_{max}
服饰文化	1	0.5	0.25	0.1429	0	3
饮食文化	2	1	0.5	0.2857		
民族文化建筑	4	2	1	0.5714		

表49　　　　　　　　二级指标权重及一致性

行为文化	消费方式	人际关系	犯罪现象	女性地位	娱乐活动	语言文字	权重	一致性	λ_{max}
消费方式	1	3	6	5	4	2	0.3764	0.0416	6.2619
人际关系	0.3333	1	4	3	2	2	0.2037		
犯罪现象	0.1667	0.25	1	0.5	0.25	0.2	0.0414		
女性地位	0.2	0.3333	2	1	0.5	0.25	0.0644		
娱乐活动	0.25	0.5	4	2	1	0.3333	0.1089		
语言文字	0.5	0.5	5	4	3	1	0.2052		

表50　　　　　　　　二级指标权重及一致性

精神文化	文明程度	价值观	宗教信仰	权重	一致性	λ_{max}
文明程度	1	2	5	0.5813	0.0036	3.0037
价值观	0.5	1	3	0.3092		
宗教信仰	0.2	0.3333	1	0.1096		

故一级指标 U_i（i=1，2，3）的权重向量 A = (a_1，a_2，a_3) = (0.1638，0.2933，0.5390)；二级指标 U_{1j}（j=1，2，3）的权重向量 A_1 = (a_{11}，a_{12}，a_{13}) = (0.5714，0.2857，0.1429)；U_{2j}（j=1，2，3，4，5，6）的权重向量 A_2 = (a_{21}，a_{22}，a_{23}，a_{24}，a_{25}，a_{26}) = (0.1089，0.0644，0.0414，0.2037，0.3764，0.2052)；U_{3j}（j=1，2，

3) 的权重向量 A_3 = (a_{31}, a_{32}, a_{33}) = (0.1096, 0.3092, 0.5813)。即肃南旅游发展对社会文化变迁影响评价体系如表48、表49、表50所示。

四 旅游发展对肃南裕固族文化变迁的影响

(一) 旅游发展对物质文化的影响程度最大

本案例在对肃南裕固族民族文化变迁状况进行研究的过程中选取物质、精神、行为三个文化层次作为研究中的一级评价指标,对比计算出来3个综合影响结果,可以发现,物质文化在旅游影响下的变迁值最大。在民族文化包含的内容中,物质文化属于人们最容易感受的文化,也是一种显性的文化,不像精神文化和行为文化通常表现为隐性的,需要长时间的了解才能发现其中的变化。物质文化层级中包含了像服饰文化、饮食文化、建筑文化等以具体物质形态存在的民族文化符号,当它们与不同的文化接触、交流、融合时,会很快发生某种适应性的变迁且不容易与当地的主流文化价值观发生矛盾,也更容易为当地居民所接受。而精神文化则是一种文化的内核,通常在一般的文化互动过程中不会轻易地改变,最为稳定。行为文化则介于物质文化与精神文化之间,主要表现为消费方式、人际关系、娱乐活动等,这些因素会随着物质文化的改变而发生相应变化,但要受到精神文化的制约和支配。总而言之,在旅游业发展对裕固族民族文化造成的影响中,物质文化的变迁程度是最大的。

在肃南县不断推进现代化的过程中,当地各族人民对物质生活水平的要求也不断提高,随着当地旅游的飞速发展,旅游业已成为肃南县经济发展的支柱产业,为全县人民提供了更多的就业机会,当地人民积极参与到旅游业中,极大地推进了当地产业结构由畜牧业向服务业的转型。现在的肃南县城给人的第一感觉仍然是干净整齐、祥和宁静,绿意盎然,没有大都市的繁华与喧嚣,但是街道两旁也出现了不少现代化的楼房及娱乐设施,人们都居住在新建的楼房里,楼房窗户上的花纹设计凸显了传统的裕固族特色。肃南当地的裕固族人穿着打扮都与汉族人没有差异,只有在一些特别的民族文化展馆或民族传统节庆日,当地人才会穿上民族服饰。在当地的裕固族人身上已看不到传统的民族文化符号,这与当地裕固族人生活方式的改变有着极大的关系,从事传统游牧业的人越来越少，传统的民族服装无论是样式还是面料都给现代生活带来了极大的不便，在现代文明的猛烈冲击之下，传统服饰已丧失了原有的民族文化认同。就饮食文化来说，虽然有不少街边饭馆都打着裕固族传统美食的旗号卖着手抓羊肉、羊肉面片等民族特色食品，但是街边也出现了不少像特色石斑鱼、重庆火锅、兰州拉面这样的外来美食，很明显这是不同文化碰撞的产物，虽然很多都与裕固族人的传统饮食文化相冲突，但仍然为当地人所接受。这些物质文化的变迁也在调查问卷中得到了印证，问卷统计数据显示民族建筑、饮食、服饰文化的变迁率分别为73.7%，73%，65.8%。

（二）行为文化层面中消费方式的变迁程度最大

本研究在计算指标层各项具体评价指标权重的基础上，分析各项二级指标的权重占其对应的一级指标权重的比例，得出各项二级指标对文化变迁的贡献度，以此明确哪些指标是旅游活动对裕固族的物质、精神、行为文化产生影响的主导要素。从前一节的计算分析表中，可以看出，在行为文化层面所包含的6个评价指标中，消费方式这一指标的贡献度为38.5%，而犯罪现象、女性地位、娱乐活动这些指标的文化变迁贡献率均远远小于消费方式指标，分别只有3.7%、6%和10.7%。

在肃南旅游业的发展过程中，裕固族的民族文化是对游客产生旅游吸引力的源泉，也是当地旅游业发展的灵魂。因而，当地的旅游经营者为吸引更多的游客，满足自己赢利的目的，在将民族文化开发为旅游产品的过程中，出现了盲目及非理性开发的现象，导致民族文化过度"商品化"，这也使当地的旅游业的发展受到了学者们的质疑。马小京在对西部地区的旅游开发与民族文化保护的问题进行研究的过程中表示，旅游影响下的民族文化变迁的意义并不是单一的，应当从多角度来分析它，在旅游活动的进行中，目的地的社会文化受市场交易原则的影响，任何能够对游客产生吸引力的文化都被标以价格进行买卖，这种文化的商品化引发的文化变迁应予以重视。由于旅游业的发展受到市场经济影响，当地人民传统的消费方式及观念被打破，旅游经营者们为迎合大众的现代消费心理，将民族文化商业化，各种经过了精心包装设计的民族文化展演使文化沦为了一种为金钱而生的舞台表演，其原本的内涵与真实性随之消失殆尽。当然，这种说法有些片面，只看到了文化商品化的负面影响，一些研究从辩证的立场探讨了这一问题，从文化变迁的角度来说，旅游带来的文化商品化往往是对民族特色文化的一种保护和改造，有助于民族文化的复兴。

从语言文字方面来说，裕固族有自己本民族的语言，但却没有自己的文字。这本身就导致裕固语容易受到其他语言文化的影响，随着近年来当地政府对于旅游业发展的重视，裕固语的保护和传承面对的现实更为严峻。肃南县旅游的客源市场主要以国内市场为主，尤其以甘肃省内的张掖、兰州等邻近地区的游客居多，当然也不排除有少量的国外游客怀着对裕固族文化的强烈好奇心造访肃南县，不同文化背景的人们在接触的过程中，语言就起到了沟通的桥梁作用，为了与国内外游客进行自由的交流，肃南县政府、旅游局都积极培养旅游行业的人才，同时当地居民也不断提高自己的汉语水平，并积极学习英语。随着普通话的普及，裕固语的使用机会越来越少，现在当地裕固族的很多年轻人根本不会说裕固语，造成裕固族语言流失现象严重，调查问卷的数据显示填写者中72.8%的人认为裕固族的语言发生了巨大的变化。

除此之外，旅游业的发展使肃南裕固族居民的人际关系、女性地位也发生了改变，问卷调查者中有70.5%的人认为，旅游发展使当地裕固族居民之间的交往明显增多、相互之间的关系也更为和谐，人际关系有了极大的改善。当地女性逐渐从传统的畜牧业劳动中解放出来，参与到与旅游业相关的工作中来，有一定的经济收入，地位得到了极大的改善。在参与问卷调查的人当中，有54.5%的人认为旅游业发展提高了当地女性的地位。当地的犯罪现象受旅游的影响程度并不大，调查者中持增加、无变化、减少三种意见的人数基本持平，这也反映出肃南地区民风敦厚朴实，社会风气良好。

（三）价值观和文明程度变化显著

作为经济发展相对落后的少数民族地区，肃南县的裕固族文化处于弱势地位，在旅游发展过程中容易受到外来强势文化的冲击，人们在接受不同文化的过程中逐渐对自身的民族文化产生怀疑，进而转变思想观念。在旅游活动中，当游客与当地居民产生互动时，游客自身所带有的客源地文化就与当地少数民族的传统文化之间发生了接触，当地居民开始适应新的文化，这种对新文化的适应的本质其实就是弱势文化对强势文化的认同及妥协。游客与当地居民之间的接触与交往看似平等，实则不然，外来的强势文化猛烈地冲击着少数民族地区的弱势文化，最为明显的就是当地居民价值观的改变，对问卷数据进行统计的结果表明，填写者中认为当地居民价值观发生变化的人占72.1%。

同样问卷调查数据还显示，有78%的人认为在旅游影响下肃南县的文明程度有了很大的提高。肃南裕固族自治县是一个经济发展相对落后、文化较为封闭的少数民族地区，旅游业的发展不但让肃南县变得开放富裕起来，也提高了裕固族文化的知名度。越来越多的游客前往肃南县感受裕固族独具特色的民族文化和雄奇壮丽的祁连风光，与此同时，肃南县的居民也感受着现代文明的无限魅力，当现代文明与民族传统文化剧烈碰撞，当地的法律制度、医疗水平等现代文明程度随之不断改善和提升。就肃南裕固族的宗教信仰变化程度来说，问卷调查者中有54.33%的人认为是没有发生变化的，可见旅游发展对当地的宗教信仰有一定影响，但影响程度并不大，没有本质上的变化。裕固族信仰藏传佛教，肃南境内有许多佛教寺庙和佛教石窟，众多游客慕名而来参观、朝觐。宗教旅游的发展使当地居民的宗教信仰与以前相比还是发生了一些变化，突出地表现在人们对藏传佛教的虔诚度有所下降，宗教活动与经济收益相挂钩，人们开展宗教活动的目的也由早先的祭祀神灵、超度自我变成了对生活欲望的追求。

综上所述，旅游发展对肃南裕固族民族文化变迁的影响程度较大，尤以物质文化的变迁程度最大。从行为文化层面来说，旅游对消费方式的影响程度最大，这表明当旅游业的发展提升了旅游目的地的经济发展水平时，当地居民也在观察和模仿游客的消费行为，其传统消费观念受到了潜移默化的影响。在对调查问卷的结果统计分析后，可以发现，裕固族的精神文化也发生了一定的变化，尤其以文明程度要素的变化最为明显。肃南当地的居民快速地吸收和接纳了由旅游者带来的现代文明，当地的文明程度有了很大的提高。将问卷数据的统计分析结果和综合评价结果相结合，可以得出旅游业的发展对肃南裕固族的民族文化变迁有一定程度的正面影响，比如，当地女性的地位因旅游业的发展有了很大的提高，当地的现代化文明程度有了极大的提高，道路交通设施等改善明显，人们的日常娱乐活动内容丰富，形式多样。在其他方面如建筑文化、饮食文化、服饰文化、语言文字、消费方式、价值观也都发生了很大的改变，但是无法从单一的视角来判定这些变化究竟是正向的还是逆向的。从裕固族民族文化传承的角度来说，建筑风格的消失、当地居民饮食与服饰的汉化，民族语言的退化，均属于负面影响；但如果从社会发展及现代化的角度开看，传统价值观、消费方式以及建筑、服饰文化的变化都是人们在认识世界、适应现代化生活的过程中自然而然发生的，无可厚非。因而旅游业发展带来的肃南裕固族民族文化的变迁不能以单一的判断标准从正面或负面影响来作出结论，只能通过这些要素的变化来认识受旅游影响民族文化变迁程度的大小。

五　结论

根据民族文化的内涵和指标选取原则，确定物质文化、行为文化和精神文化为民族文化变迁的三个主要影响因素；结合肃南裕固族自治县旅游发展负面影响的现实存在，经过反复比较，选取了民族文化中具有代表性的12个方面，建立一个由3个一级指标和12个二级指标构成的民族文化变迁评价体系。在评价指标体系的基础上，采用灰色评价法计算得到旅游对民族文化变迁的整体影响较大，其中对物质文化的影响最大，行为文化次之，精神文化最小，说明旅游影响与民族文化中的物质文化关联度最大。认识到这一点，便可通过制定正确的文化保护策略，来指导肃南民族文化变迁正向发展，以减少旅游发展带来的负面影响。

在旅游对肃南民族文化变迁影响的12个要素中，其中正面影响包括女性地位提高、人际关系改善，犯罪现象减少、文明程度提高、娱乐活动的丰富和宗教信仰的微变化，其他要素的变化，结合肃南当地情况，单纯从旅游业的健康发展和文化保护的角度看，负面影响大于正面影响。

文化的习得性和传承性特征，决定了变迁是文化的永恒规律。旅游发展势必会导致旅游目的地产生很多社会问题，但我们应该认识到民族文化变迁是一种正常现象，因为旅游影响下的民族文化变迁不仅是一种结果，即社会事实；还是一种发展，即民族文化发展方向。因此正确的认识这种结果和趋势，做出适应性的调整，在未来发展中减少变迁结果中的负面影响，指导变迁趋势正向发展才能实现旅游目的地的可持续发展。

第五节　旅游发展对民族社区居民生计方式与"旅二代"生活方式的影响研究

一　研究区域概况

甘南藏族自治州拉卜楞镇作为我国的宗教旅游胜地，早在20世纪90年代就进行了旅游开发，是我国较早一批民族旅游地，已经有了较为悠久的旅游发展历史，同时，其优美的风景与独特的民俗文化对于游客来说也有着强大的吸引力。拉卜楞镇中的居民中以藏族居多，且几个世纪以来一直久居于此，民族氛围十分浓厚，因此，拉卜楞镇具有民族社区代表性。同时，就甘南藏族自治州整体而言，夏河县拉卜楞镇作为甘南藏族自治州政策下放重点地区，对于甘南藏族自治州的经济水平影响有着很大贡献。

郎木寺镇属于青藏高原领域，位于高原东部的边缘，是甘青川三省的交界点，地理位置优越。郎木寺镇地处甘南藏区，受到了藏文化的影响，而且在藏区具有较为重要的地位。该地区一直以来都是连接中原地区和青、藏及川北地区的主要交通枢纽，具有较为特殊的地理位置属性，这也使得该地区实现了内地和藏区之间的有效沟通和连接。以白龙江作为分界线可以把郎木寺镇划分为两个部分，北部为"赛赤寺"，南部为"格尔底寺"，这两个部分都在藏传佛教格鲁派寺庙的管辖范围之内。后来，随着时代变迁，该地区的商贸经济逐渐呈现繁荣的景象，在1865年，来自于甘肃和宁夏的大部分回族商人开始落户繁衍，出现了不同规模的大小村落。郎木寺镇具有较为浓郁的安多藏族风情，同时还融合了相关的藏传佛教文化，再加上当地先天的奇山异水资源，使得该地区逐渐成为具有特色的旅游资源。其中最具代表性的就是郎木寺院，该寺院属于格鲁派，在世界范围内享有盛名，寺院内建有诸多具有代表性的建筑群落，佛像、刺绣唐卡等不胜枚举，被称为"东方小瑞士"。

二　旅游影响下的民族社区居民生计方式的变迁研究

（一）指标体系构建与调查设计

根据DFID可持续框架，采用其构成元素，构建拉卜楞镇民族社区可持续生计分析框架指标体系。框架构成主要包括旅游相关背景、制度影响、脆弱性环境、生计策略、生计结果和生计资本六个层面。

旅游相关背景包含了民族社区旅游发展的宏观背景以及社区总体生计情况。指标中的"旅游发展环境"指自然资源以及内外部环境,"旅游发展历程"展现了社区在旅游发展过程中呈现的不同阶段性改变,"旅游市场"体现了主要旅游市场以及消费情况等。

制度影响即政策条例对民族社区旅游发展与生计变迁产生的影响。指标中的"正式制度"是考察国家包括地方出台的制度要求以及政策文件对于社区居民生计的影响,"非正式制度"是指地方非政府形式组织在旅游发展过程中为了利益相关体能更好地开展生计而采用的措施。

脆弱性环境包括了"冲击""趋势"和"季节性"三方面,用于描述旅游影响下当地生计的脆弱性体现。

生计策略中的"非旅游生计活动"主要指传统的生计活动策略,"旅游生计活动"指当地居民为顺应旅游发展而从事的旅游业相关生计活动策略。

生计结果建立了评价指标体系,包括三个层面。目标层为主框架的顶层设计,即生计结果评价指标体系,基准层采用了 DFID 可持续生计框架,指标层内容参考了国内外学者关于旅游发展、可持续生计等相关研究成果,梳理了 21 篇相关文献后,采用频度分析并结合实际情况进行设计,得出了生计结果的 20 个指标,见表 51。

表 51　　　　　　　　生计结果评价指标体系

目标层	基准层	指标层
生计结果	收入增加	就业机会
		创业机会
		旅游收入占比
		旅游收入分配
	福利提升	居住条件
		基础设施
		生态环境

续表

目标层	基准层	指标层
		居民个人能力和整体素质水平
		城镇整体规划建设
	脆弱性降低	季节性对工作机会的影响
		季节性对旅游产品的影响
		旅游产品价格
		物价水平
	食物安全性提高	特色旅游产品
		食物类产品安全系数
		家庭膳食水平
		食物短缺问题
	自然资源的利用更加可持续	水资源
		保护和环保工程
		居民生态价值观
生计结果	收入增加	就业机会
		创业机会
		旅游收入占比
		旅游收入分配
	福利提升	居住条件
		基础设施
		生态环境
		居民个人能力和整体素质水平
	脆弱性降低	城镇整体规划建设
		季节性对工作机会的影响
		季节性对旅游产品的影响
		旅游产品价格
	食物安全性提高	物价水平
		特色旅游产品
		食物类产品安全系数
		家庭膳食水平
		食物短缺问题

续表

目标层	基准层	指标层
	自然资源的利用更加可持续	水资源
		保护和环保工程
		居民生态价值观

生计资本包括"人力资本""自然资本""物质资本""社会资本""金融资本"和"文化资本"。具体指标体系见表52。

表52　民族社区可持续生计分析框架指标体系

一级指标	二级指标	具体分析	依据	资料来源
旅游相关背景	环境	社区发展的历史环境，经济社会环境、文化环境等	Butler（1980）；Wall（2009）等	文献；访谈
	历程	社区旅游发展经历了哪些阶段		
	市场	游客市场消费情况，旅游市场发展状况		
制度影响	正式制度	国家政策扶持与政策对民族社区造成的影响	DFID（1999）；Shen（2006）	文献；访谈；参与观察
		地方政府旅游规划与设计		
		民族旅游政策变迁以及对居民生计的影响		
	非正式制度	社区制度		
		旅游企业投资规划		
		游客购买力影响		

续表

一级指标	二级指标		具体分析	依据	资料来源
脆弱性环境	冲击		环境冲击的影响	DFID（1999）；Ashley（2000）	文献资料；深入访谈
	趋势		旅游发展趋势的影响		
	季节性		淡旺季、寒暑季对生计变迁的影响		
生计资本	人力资本	劳动能力 HU_1	($HU_1 = HU_{11} \times 0.2 + HU_{12} \times 0.6 + HU_{13} \times 1.0 + HU_{14} \times 0.5$)① 社区或家庭成员年龄构成衡量	DFID（1999）；Ellis（1998）；Sharp（2003）；王新歌等（2015）；苏芳（2009）；席建超（2016）	深入访谈；家庭调查
		教育程度 HU_2	($HU_2 = HU_{21} \times 1 + HU_{22} \times 0.75 + HU_{23} \times 0.5 + HU_{24} \times 0.25$)② 依据为社区学历构成		
	自然资本	耕牧地面积 NA_1	人均耕地面积		
		实际耕牧地面积 NA_2	人均实际耕地面积		
		耕牧地质量 NA_3	好 1；一般 0.8；差 0.5（赋值）		
	物质资本	住宅情况	好 1；一般 0.8；差 0.5（赋值）		
		生活资产	家庭拥有生活资产占家庭总资产比例		
	社会资本	参与社区组织	经常 1；一般 0.6；很少 0.2（赋值）		
		邻里关系	融洽 1；一般 0.6；紧张值 0.2（赋值）		

① 注：年龄 HU_{11}，12 岁以下；HU_{12}，13—20 岁；HU_{13}，21—60 岁；HU_{14}，61 岁以上。
② 注：学历：HU_{21}，大专以上；HU_{22}，高中；HU_{23}，初中；HU_{24}，小学公式中无"HU_{25}"。

续表

一级指标	二级指标	具体分析	依据	资料来源
生计资本	金融资本	家庭收入	家庭年总收入情况	DFID（1999）；Ellis（1998）；Sharp（2003）；王新歌等（2015）；苏芳（2009）；席建超（2016）	深入访谈；家庭调查
		储蓄状况	8万及以上，1；5—8万，0.75；2—5万，0.5；2万以下，0.25（赋值）		
		资金	资金周转好1；资金周转一般0.7；不能周转0.3（赋值）		
	文化资本	传统技能	有1；无0（赋值）		
		文化旅游产品开发	是否将传统技能转化为旅游产品经营		
生计策略		旅游生计活动	"旅游型""旅游兼业型"	DFID（1999）；Tao和Wall（1990）	家庭调查；参与观察
		非旅游生计活动	"纯农牧业型""农业兼业性"和"打工型"等		
生计结果	收入增加	就业机会	旅游增加了居民的就业机会	DFID（1999）；Ashley（2000）	问卷调查
		创业机会	旅游提供居民创业机会		
		旅游收入占比	旅游收入的占比提高		
		旅游收入分配	旅游收入分配合理		
	福利提升	居住条件	旅游改善了居住条件		
		基础设施	旅游使基础设施（道路、路灯、厕所灯）更加完善		
		生态环境	旅游改变了生态环境状况		

续表

一级指标	二级指标	具体分析	依据	资料来源
生计结果	福利提升	居民素质和能力	旅游让居民整体素质和个人能力都得到提升	DFID（1999）；Ashley（2000）	问卷调查
		城镇规划建设	发展旅游促进村屯规划建设管理		
	脆弱性降低	工作机会的季节性	旅游类的从业工作机会受季节性影响力变小		
		旅游产品季节性	产品的供给能力提升，受季节性影响小		
		旅游产品价格	旅游使当地旅游产品的价格不会随着淡旺季及季节性而产生波动		
	食物安全性提高	物价水平	旅游使得当地物价不会随着淡旺季及季节性而产生波动		
		特色旅游产品	旅游使特色旅游产品种植、养殖、制作得到重视		
		食物安全	旅游使食物更加安全放心		
		饮食水平	旅游提高家庭饮食水平		
		食物短缺问题	旅游有助于解决食物的问题		
	自然资源更加可持续	水资源	旅游提升居民的水资源保护意识		

续表

一级指标	二级指标	具体分析	依据	资料来源
自然资源更加可持续	保护和环保工程	旅游有助于环保		
	居民生态价值观	旅游提升居民的生态价值观		

为了对开展旅游活动前后民族旅游社区居民生计方式的变迁进行研究，本研究共开展了两次实践调研，第一次为2018年8月，主要对案例地进行资料收集及预调研；第二次为2019年7月，进行问卷正式发放和访谈。调研共发放调查问卷300份，深入社区收集大量的居民生计方式变迁的案例，得到生计变迁结果。

通过可持续生计分析框架，设计问卷内容，调查问卷涉及三个部分，包括：（1）基本信息（生计资本）；（2）社区旅游情况（生计策略）；（3）社区居民生计结果感知（生计结果）。问卷主要是以封闭性问题为主，对于生计结果感知部分问卷以"李克特量表"方式处理。

为更好地反映民族社区居民可持续生计结果，基于DFID的可持续生计框架，设计生计结果的评价指标体系，对指标进行编码（见表53）。

表53　可持续生计结果测量指标编码

类别	类别编码	调查指标	指标编码
收入增加	FA	受雇用机会	FA1
		创业机会	FA2
		旅游收入占比	FA3
		旅游收入分配	FA4
福利提升	FB	居住条件	FB1
		基础设施	FB2
		生态环境	FB3
		居民素质和能力	FB4
		城镇规划建设	FB5

续表

类别	类别编码	调查指标	指标编码
脆弱性降低	FC	工作机会的季节性	FC1
		旅游产品的季节性	FC2
		旅游产品价格	FC3
		物价水平	FC4
食物安全性提高	FD	特色旅游食品	FD1
		食物类产品安全系数	FD2
		家庭膳食水平	FD3
		食物短缺问题	FD4
自然资源的利用更加可持续	FE	水资源	FE1
		保护和环保工程	FE2
		居民生态价值观	FE3

经过前期基础资料的收集，对拉卜楞镇利益相关者有了大致了解。这些利益相关者包括政府职工、企业员工、社区负责人、当地导游、文化传承人、旅游经营户等。拉卜楞镇由于其宗教特色浓厚，除了以上利益相关者，还对一些本地特有的文化传统代表如喇嘛等进行了访谈。

访谈的形式包含了半结构化访谈以及集体访谈。本次利益相关者访谈总人数20人，访谈人员统计见表54。

表54　　　　　　　　　访谈人员统计

序号	性别	年龄	民族	职业	备注
1	男	30	藏	特产店老板	
2	男	23	回	收银员	合伙人
3	女	42	藏	手工艺品店主	
4	女	39	藏	小吃店店主	
5	男	27	汉	出租司机	
6	男	43	汉	厕所收费员	
7	女	14	藏	初中生	
8	男	27	藏	包车司机	
9	女	19	藏	唐卡店学徒	
10	女	33	藏	客栈老板娘	

续表

序号	性别	年龄	民族	职业	备注
11	男	29	藏	国企员工	
12	男	19	藏	藏袍店店主儿子	
13	女	23	藏	手工艺品店店主	
14	女	38	汉	川菜馆老板	
15	男	43	藏	拉卜楞寺工作人员	
16	男	41	藏	藏药师	拉卜楞寺
17	女	29	回	政府人员	
18	男	49	藏	药店喇嘛	拉卜楞寺
19	男	33	汉	社区工作人员	甘肃人
20	男	44	藏	喇嘛	拉卜楞寺

（二）旅游发展与拉卜楞镇社区生计变迁

1. 社区生计方式转变

拉卜楞镇周边的自然生态条件和原环境适于农作物、牧草种植，加之藏民居多，多数居民以放牧为生，而当地藏民世代居住于此，几个世纪以来，一直将农耕放牧作为生计方式。多年以来亘古不变的传统生计方式能够保证当地居民的基本生活条件，在自然条件允许的时候还可以提供一定的经济收入。

夏河县居民从古到今一直从事农牧业的活动。当地光照条件充足，土地富含营养，地下水充足，草原广袤且茂盛，生态环境优良，这些有利的自然环境，成了藏族在农耕放牧活动上的主要动力。这样的状态维持许多年，当地居民也随着祖先保持下来的传统，继承了当地的牧耕文化，多年来已形成自给自足的生活状态。

直到近年来，第二、三产业对第一产业造成了冲击，使部分耕地流失，而夏河农作物的青稞种植面积以及第一产业带来的收入都存在下降的情况。但当地部分居民仍在坚持着传统生计技能，沿袭祖先留下来的农耕放牧文化传统。随着社区产业结构调整，农作物市场价格产生了较大的波动，夏河县种植放牧的面积不断调整。在以前，夏河县的牧地主要用来放牧牛羊，经济收入也主要以牛羊为主，现在部分牧地已经用于帐篷、马场等开发，供游客娱乐，增加了旅游业收入，同时青稞的种植面积及比例下降，经济作物的种植面积和收入状况已经超过青稞种植。最近几年，在成熟的市场经济的带动下，传统农业活动的生计方式也在发生变化。在各种因素的复合作用下，拉卜楞镇的生计方式开始发生变化，从世代沿袭的农牧耕作转向了多元化的生计方式。

（1）旅游发展改变了以农耕放牧为主的生计方式

自21世纪初，拉卜楞镇民族旅游开始快速发展，游客的急剧增多使越来越多的居民开始思考生计方式的转变，有的居民开始放弃原本的牧耕生活，转而成为旅游从业者：开设当地特色的饰品店、藏餐厅、当旅游向导、开景区接送车等；而有的居民在维持牧耕生活的同时，也让部分家庭成员参与到旅游行业中。

从夏河县的整体经济结构中可以看出，夏河县2006年的种植业、畜牧业收入占夏河县经济总收入的63.3%，相当于一半以上的经济收入是由农牧业产生的，这表明了在早期，农牧业在经济结构和居民收入中占据重要地位。随后，种植、畜牧在夏河县整体产业结构中的重要性开始趋弱。种植业、畜牧业收入增长比逐渐降低，收入占比也逐渐降低，2013—2018年，第三产业对拉卜楞镇经济收入的影响非常明显，2018年第三产业收入达到7.48亿元，占总收入的41.6%。

表55　2006年、2013年、2018年经济收入结构统计（单位：亿元）

年份	总收入	种植业收入	畜牧业收入	第二产业收入	第三产业收入	其他
2006年	3	0.8	1.1	0.35	0.46	0.29
	占比	26.6%	36.7%	11.7%	15.3%	9.7%
2013年	12	2.23	2.72	1.12	4.45	1.48
	占比	18.6%	22.7%	9.3%	37.1%	12.3%
2018年	18	2.81	3.54	2.12	7.48	2.05
	占比	15.6%	19.7%	11.8%	41.6%	11.3%

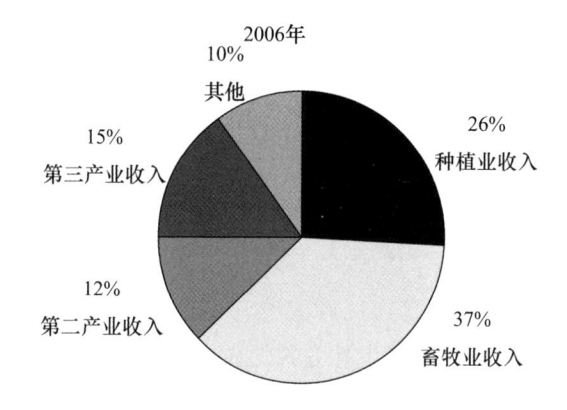

图 35　2006 年夏河县收入结构

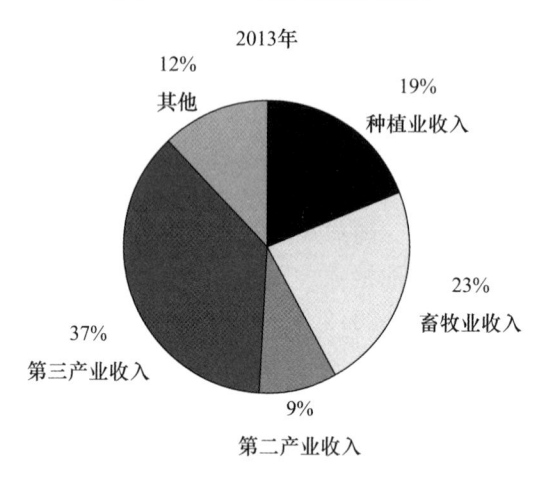

图 36　2013 年夏河县收入结构

通过查阅相关资料，以 2018 年为例，夏河县全年完成农作物播种面积 11.9 万亩，同比增长 2.7%。其中，粮食作物种植面积 5.38 万亩，同比下降 0.54%；经济作物播种面积 2.82 万亩，同比下降 0.1%；其他作物（青饲料）播种面积 3.73 万亩，同比增长 3.3%。粮、经、饲比重由 2018 年的 64∶31.2∶4.8 调整为 45.1∶23.6∶31.3，粮食作物比重下调 18.9 个百分点，经济作物比重下调 7.6 个百分点，青饲料比重上升 26.5 个百分点。全年全县粮食总产量 0.83 万吨，同比减少 0.01 万吨，下降 22.2%。

与此同时，社会消费品零售总额 7.09 亿元，同比增长 11.7%。其

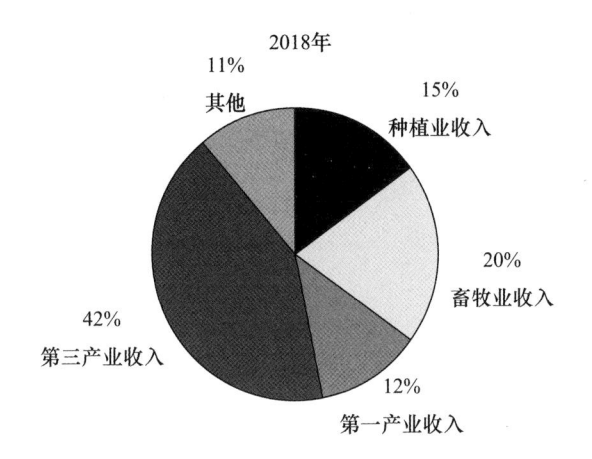

第五章 西北民族地区旅游影响的实证研究　189

图 37　2018 年夏河县收入结构

中,批发零售业完成零售额 6.01 亿元,增长 12.9%;住宿餐饮业完成零售额 1.08 亿元,增长 5.5%。全年接待游客 263.1 万人次,增长 10.2%,实现旅游综合收入 12.3 亿,增长 12.4%。由此可知,旅游业相对于第一产业的逐步衰退有了稳步上升,社区对旅游产业的发展力度倾斜较大。

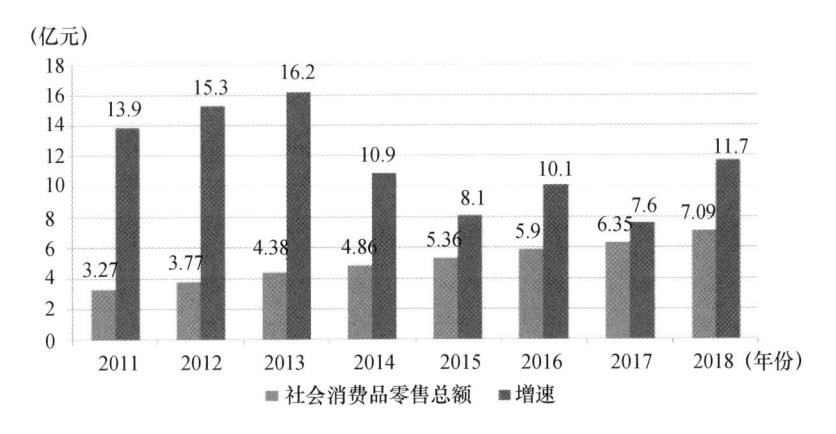

图 38　2011—2018 年夏河县消费品零售总额及增速

（2）以旅游业为主的生计方式逐步凸显

在旅游的影响下,拉卜楞镇传统的牧耕生计方式慢慢被替代,尤其是在旅游快速发展阶段,政府将越来越多的土地用于设施建设,种植业、畜牧业的面积和收入比例逐步减少。2013 年之后,第三产业崛起势头迅猛，其带来的收入也快速增长，至2018年占到了夏河县经济总收入的41.6%，成为该地区的一大经济支柱，旅游业与种植、畜牧业一道形成了拉卜楞镇最重要的收入来源。2018年之后，参与旅游业已经成为当地居民的主要生计内容，当地居民收入结构自此开始改变（见图39）。

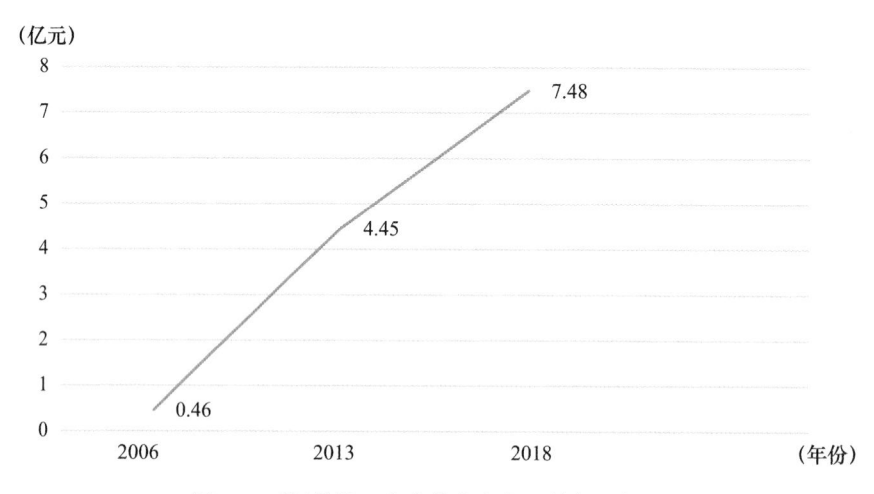

图39 夏河县第三产业收入变化（单位：亿元）

由此看来，在旅游影响下拉卜楞镇整个民族社区的生计方式发生了较大的转变，从传统耕牧生计方式转向了目前多样化的生计方式，尤其是旅游生计，经历了从无到有的过程，而旅游生计活动的增加也已经逐步成为社区经济的重要支撑点。

表56　　　　　　　　　　拉卜楞镇社区生计变迁表现

分析框架	具体表现
（一）生计策略	传统放牧农耕向多样化生计方式转变
	旅游生计成为主要生计策略
	可销售型农业产品占主要地位
（二）生计资本	居民参与旅游经营增多
	教育水平得到提升
	整体旅游吸引力增强

2. 居民生计策略的变迁

为了维持生计，居民会根据环境的影响做出相应的生计策略，拉卜楞镇居民在旅游影响下原有的生计活动发生了转变，这也反映出了居民所在家庭的生计策略发生了变迁。通过对拉卜楞镇生计活动的特点以及背景环境进行分析梳理，我们对拉卜楞镇家庭的生计策略进行了简单划分。家庭生计活动的改变反映的是生计策略的变迁，从拉卜楞镇本身的特点出发，我们将社区生计策略分为"纯农业""农牧业兼有""旅游兼有""旅游业""其他"五种类型，划分依据是以家庭为单位，家庭成员分别从事与农业、牧业、旅游业以及其他行业的人数多少，以及家庭中哪种行业从业人数较多。

根据资料调查显示，在20世纪初期就有外国游客陆续前往拉卜楞镇进行参观，随着国内外媒体宣传报道，拉卜楞镇的旅游契机逐渐凸显，游客量逐步增加，越来越多的文化涌入拉卜楞镇。同时，随着其他文化对本地社区文化的冲击，部分居民改变原有的封闭思想，改变原有生计方式，部分有过外出经历的居民转而抓住了旅游带来的商机，开始通过从事旅游业相关工作改变原有的生计方式。

随着市场经济对拉卜楞镇的影响，农牧业带来的经济收入与成本已经难以满足家庭对于生活的需求，尤其是在旅游的影响下，拉卜楞镇社区居民也在适应着向更加多元的生计方式转变（见表57）。旅游开发之前，绝大多数人以农耕放牧为主要经济来源，其余的生计活动包括外出务工、纺织、酿酒等。旅游开发之初（2003—2013年），放牧耕种依旧是拉卜楞镇居民最主要的生计活动，由于传统生活方式的限制以及思想观念的束缚，很少有居民会想到从事其他行业或外出打工，只有小部分居民从事旅游业、外出务工的生计活动。而在2013年旅游快速发展阶段，越来越多的居民开始从事旅游生计活动，如开办民宿、经营旅游商品店铺和藏餐厅等，并有部分居民开始自发从事导游、司机等服务业工作。

2013年之后，拉卜楞镇游客数量的激增改变了拉卜楞镇居民的生计活动，2018年拉卜楞镇已有居民经营的宾馆饭店、农牧藏家乐372家，并有大部分居民参与旅游小商品经营活动，主要销售一些具有当地民俗文化的饰品。调研过程中我们随机访谈了20位拉卜楞镇居民，通过访谈发现，这些受访居民家庭的实际种植面积均少于 0.3 亩，其中 18 名受访者家里已经没有耕地了，占比高达 90%，而这些受访者家里几乎所有的生计活动都围绕旅游经营。

表 57　　　　　　　拉卜楞镇旅游开发前后生计活动对比

旅游发展前	旅游发展后	
21 世纪初	2003—2013 年	2013—2018 年
主要生计活动：		
种植业、畜牧业	种植业、畜牧业、外出务工、旅游业	旅游业、外出务工
辅助生计活动：		
外出务工、纺织、酿酒	旅游业、外出务工、纺织	种植业、畜牧业、纺织

从拉卜楞镇居民生计活动变化的过程可以看出，社区居民生计策略由原本的"纯农牧业生计策略"转变为包括旅游业在内的其他生计策略。由于拉卜楞镇的原住藏族居民几乎不会离开自己长久居住的地方，所以很少出现外出务工的情况，但在进入 21 世纪以后，大量资本进入了当地社区，许多藏族居民转变了自己的思想，开始外出打工或参与旅游业。2003—2013 年，打工和参与旅游业成为一些居民家庭的重要的生计活动，这说明了部分家庭的生计策略从"纯农业"慢慢转变为"农业兼业"。2013 年之后，游客数量增加，越来越多的居民开始参与旅游业经营，大部分家庭开始变更生计方式为"旅游兼业"，家庭中部分年长的成员依然继续农耕畜牧生计活动，但已经有家庭成员开始从事旅游业生计活动。甚至对于一些人口少的家庭，出现了所有成员都开展旅游生计活动的情况，即"旅游型"生计策略。

在家庭层面上的生计策略变化，也会导致家庭成员在不同年龄段出现认知分歧和代际差别。一般来说，传统生计方式如放牧、种植、养殖等生计活动一般由家庭成员中年龄较大的承担，而年轻人更多倾向于旅游行业的生计策略。调研中有一位在拉卜楞民航大酒店前台工作的居民YYK，作为家中存在代际差别的年轻居民代表，她对现如今拉卜楞镇年轻人的生活与工作现状作出了如下表述：

像我家还有我朋友家，都是老人去干一些农活，也有很多老的（人）会去放牧，不过现在都少了。现在我们这里的年轻人，包括我的一些朋友和同学，有人就去当导游了，有的去租两个店面卖点东西什么的。年纪大一点的人还会种地放牛，年龄小一点的要么出去上学，要么出去打工。没有人放牛了，我家里的老人让我去我也不愿意去，总觉得放牛也赚不了几个钱，总觉得家里老人的想法还是太旧了，毕竟现在旅游发展得这么好，搞旅游肯定还是能比放牛赚到钱。一般我们现在的生活都是下班朋友约着买买东西吃吃饭，偶尔也会去烧烤吧喝点酒什么的。

3. 居民生计资本的变迁

根据对拉卜楞镇居民的入户调查及访谈数据，按照民族社区旅游可持续生计分析框架和指标体系以及生计资本的计算公式和权重系数，我们对20名受访者的生计资本进行评估，计算平均值（见表58）。观察表58，拉卜楞镇居民的生计资本总值为31.747，在表中可以看出人力和社会占比较高，而金融和自然只有较少的一部分。经过处理后发现20位居民的生计资本平均值为0.599，其中自然资本与金融资本分别占0.064和0.044，占比较小。

表58　　　　　拉卜楞镇受访居民生计资本计算结果

2018 年	人力	自然	物质	社会	金融	文化	共计
值	6.792	3.582	5.794	9.481	2.814	3.284	31.747
占比（%）	21.4	11.3	18.3	29.8	8.9	10.3	
平均值	0.132	0.064	0.110	0.178	0.044	0.072	0.599

（1）人力资本

人力资本划分成劳动能力和教育程度两个二级指标。从劳动能力角度分析发现，夏河县的人口数量和结构都较为稳定，2018年年末全县常住人口9.03万人，比2017年年末增加0.05万人，其中：城镇人口1.91万人，城镇化率21.2%。人口自然增长率8.03‰；0—14岁人口

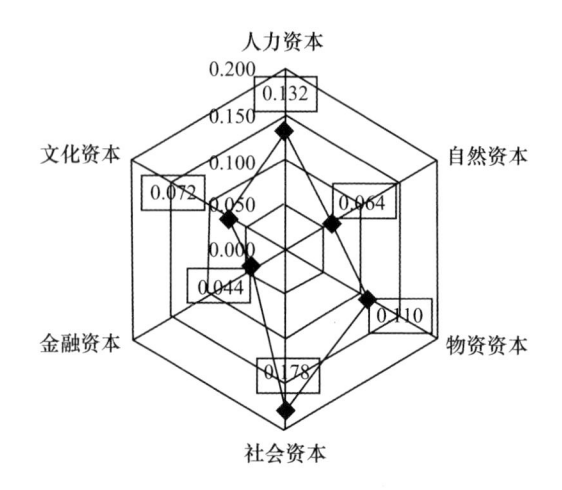

图40　拉卜楞镇受访居民生计资本计算结果

1.87万人，占全部人口的20.71%；15—64岁人口6.33万人，占全部人口的70.1%；65岁及以上人口0.83万人，占全部人口的9.19%。人口结构数量稳定的原因在于，拉卜楞镇的居民以藏族居多，而藏族在习俗上都会生多个子女，这就保证了拉卜楞镇具有充足的劳动力，同时，藏族不会从世代居住的地方迁徙，也很少有出远门的习惯，虽然在市场经济快速发展的今日，会存在年轻人外出务工学习的情况，但他们即使出门也不会在太远的地方定居，还是会选择回来或者在离家比较近的地方生活，因此不会担心人口流失问题，这样就保证了拉卜楞镇劳动力的稳定性。

表59　　　　　　　　2018年年末夏河县常住人口及构成

指标	年末人口（万人）	比重（%）
常住人口	9.03	
其中：城镇	1.91	22
乡村	7.12	78
其中：0—14岁	1.87	20.71
15—64岁	6.33	70.1
65岁及以上	0.83	9.19

教育方面，随着义务教育制的普及，拉卜楞镇的入学率逐渐提高。2003年以前，拉卜楞镇整体教育水平落后，文化程度偏低，在2010年之后逐渐有所改观，20岁左右的年轻人多数接受过中学教育。旅游发展之后，随着与外地游客的接触增加，藏民思想观念逐渐开放，大部分藏民愿意让自己的孩子上学，这大大提升了社区教育程度。

(2) 自然资本

自然资本主要受人均耕地面积和耕地质量影响。拉卜楞镇周边多牧区，耕地、牧地质量整体良好，根据夏河县统计局资料显示，拉卜楞镇人均耕地面积0.8亩，人均牧地面积2.3亩。由于许多居民对外地经营商出租土地，同时也有部分居民自己改造牧地吸引游客，自此之后，居民拥有的实际耕地面积一直在逐步减少。21世纪初，部分拉卜楞镇居民开始向外出租土地，根据实际调查，20户居民中有18户不再耕种土地，因此，拉卜楞镇居民自然资本多年来总体变化不大。值得注意的是，越来越多的土地用于出租及基础设施建设，这可能会对未来的自然资本状况带来影响。

(3) 物质资本

物质资本由家庭住宅情况以及生活资料情况这两个二级指标来确定。从资料图片和对社区老年人的访谈，我们了解到，21世纪以前，当时拉卜楞镇没有楼房，区域内都是土屋毡房，而拉卜楞寺修缮工作不到位，寺庙周围道路均为土路，道路旁的环境状况堪忧，也未铺设下水管和自来水管道，区域内有很多处理不完的垃圾，有很重的腐臭气息。而开发旅游业后，当地政府注资整改当地生活环境，民宅翻修，对整个拉卜楞商业街进行风貌改造，统一用料，使得整体建筑风格整齐划一，并加强了街道卫生质量监管。除此之外，甘肃省政府和甘南州相关政府部门对拉卜楞镇投入了大量资金，支持对拉卜楞镇的修缮与建造，仅2018年，政府对拉卜楞镇的各类财政支持资金就超过3亿，这对于拉卜楞镇的基础设施建设和环境保护起到了重要作用。

在生产生活资料方面，拉卜楞镇居民拥有生产生活资料的数量也在不断提高。20世纪初本地居民几乎很少有家用小轿车，如今街道上各种家用商用车辆比比皆是，家家户户都已经装上了电视机，用上了电冰箱，人人都用上了手机，而家里的日常生活用品也一应俱全，部分家庭以及商家也都通上了网络宽带。

多数居民在访谈中都谈到了旅游发展以后家庭居住环境变好了，住宅质量提高了，生产生活资料也丰富了，如下代表性访谈资料所示：

……以前啊我们都是在城边边上住的土房子，后面来旅游的人多了我们也靠着卖这些东西（手工制品）赚了点钱，现在就搬到这楼房上来了……

之前我们家就住在牧区那块，后面弟弟要上学，我们也拿了些补贴，就搬到这边的楼房上来了……这房子当然好多了，比以前要干净得多……

……我们这开饭店的一开始经常有游客来了就问有没有wifi（无线网络），后来问的人多了我就想着干脆装一个……

（4）社会资本

社会资本主要是通过居民参与社区组织频繁程度和邻里关系状况来考察的。藏族的传统节日和仪式较多，由于藏民的宗教信仰程度较高，因此藏民普遍对宗教、节日等活动十分重视，社区内也时常组织集体活动，如正月祈愿法会、七月和九月法会、香浪节、插箭节等。旅游的发展使得当地少数民族居民接触其他民族的机会变多，游客在游玩过程中对民族文化、宗教文化敬仰令居民对社区文化的认同感增强，同时保持着对传统节日的高度参与。根据调查，16名受访者表示"经常参加"社区各类活动，有4户表示"有时参加"。在关于当地居民的关系氛围上，所有接受采访的人都表示相处得十分愉快，关系都很要好。

由于拉卜楞镇是一个多民族聚居的社区，社区内藏民占70%以上，但也有一定数量的回民和汉民，通过对居民的访谈我们了解到，在旅游发展之前社区内民族间经常会发生冲突，不同民族间冲突较大。在旅游发展以后，少数民族的思想逐渐开放，变得更具有包容性，民族间冲突逐渐减少。另外政府为加强游客安全管理，对于社区内矛盾冲突问题也十分重视，在政府的协调疏导下社区冲突逐渐消失，现在各民族间繁荣昌盛，欣欣向荣，大家相敬如宾，如下代表访谈资料所示：

……现在都没有什么冲突的，大家关系都很好，我以前不会说藏语，现在我和我邻居没事待一起聊天，我慢慢都会说一些藏语了……

以前不行的，经常看见在街上一群人打架，我们都不敢靠过去，现在哪有了，政府那边也关注得很，一有问题就及时过来协调了，这些年就没见过打架的，连吵架的都很少了……

(5) 金融资本

金融资本的指标包含收入和储蓄状况两项。通过之前对夏河县收入来源的统计分析，结合对居民的问卷访谈来看，2013年以前收入来源主要靠种植和畜牧，2013年开始表现为种植放牧与第二、三产业的融合。夏河县统计局资料显示，在收入方面，2018年年末全县城镇居民人均可支配收入24721元，同比增加1755元，增长7.6%。农村居民人均可支配收入7756元，增加721元，增长10.3%。金融储蓄方面，全县金融机构人民币各项存款余额40亿元，同比增长24.8%。其中，住户存款15.7亿元，增长8.9%；非金融企业存款13.2亿元，增长118.6%；广义政府存款11.1亿元，下降4.1%。金融机构人民币各项贷款余额15.7亿元，增长11.5%。其中，住户贷款9.8亿元，增长3.3%；非金融企业及机关团体贷款5.8亿元，增长28%。全县金融机构存贷比为39.3%，金融资本扶持产业，支援地方经济发展的能力不足。

旅游发展之后拉卜楞镇居民的整体贫富差距水平在逐步缩小。根据夏河县2018年国民经济统计公报，县政府围绕"两不愁、三保障"目标，整合涉农资金2.1亿元，大力实施道路通畅、饮水安全、危旧房改造、产业培育、劳动技能培训等扶贫项目，贫困户生产生活条件明显改善。全年实现866户，3923人稳步脱贫，贫困发生率下降到1.35%。拉卜楞镇在一定程度上向居民提供了通过参与旅游发展经营，公平增加劳动收入的环境。

(6) 文化资本

文化资本包含传统技能和文旅产品开发两项二级指标，传统民俗文化伴随着整个旅游的进程。在基础设施建设完成的时候，政府将传统手工艺作为景区的一项重要旅游产品进行开发，开放了拉卜楞镇商业街、商场等工艺品贩卖商铺。拉卜楞镇居民有一直保持并传承下来的传统技能，比如酿酒、纺织、藏银器打造、藏药以及唐卡等。

藏族的传统饮食藏餐是一类十分有特色的旅游产品，口味独特、民族风味浓厚的藏餐对于外地游客来说吸引力十足。因此，藏餐的制作对开设藏餐厅的居民来说是一种生计技能。我们在藏餐厅品尝藏餐并进行参与观察，也对游客进行了随机访谈，大多数游客认为藏餐十分有特色，并且在价格方面也较为合理。另外，手工艺品的传统技能也是维系生计的手段，且存在代际传承的现象。如我们在对唐卡店学徒的访谈中所了解到的：

> 我很尊敬我的唐卡老师，我的老师是省级认证的唐卡画师，我老师的老师是国家认证的唐卡画师，唐卡画师和喇嘛是我们藏族人最为尊敬的人，藏族人的宗教信仰都很强的，因此制作唐卡是永远不会失业的，是一种较好的职业，而且游客对唐卡十分感兴趣，唐卡也能赚很多钱，所以我上大学的时候就选择了唐卡专业，平时放暑假放寒假就会到老师这边来做学徒学习画唐卡……

除藏餐厅和传统手工技能外，出售旅游商品是多数拉卜楞镇居民选择维系生计的办法之一，而旅游商品也是文化旅游产品开发的方式之一。居民多在拉卜楞商业街、商城或位置较好的门店摆摊出售商品，但只能在屋内摆设旅游商品，不允许占据主要道路。商品价格由政府监管，较少出现乱要价的行为。综上所述，拉卜楞镇的传统技能主要表现为文化旅游产品开发，包括藏餐饮、手工艺品、旅游商品摆摊出售。

拉卜楞镇社区居民生计变迁具体表现见表60。

表60　　　　　拉卜楞镇居民生计变迁具体表现

分析框架	生计变迁具体表现
（一）生计策略	旅游从业成为居民赖以生存的主要活动
	农牧户开始向旅游业从业转变
	"纯农牧业"到"旅游兼业"的转变

续表

分析框架	生计变迁具体表现
（二）生计资本	总体生计资本产生变化
	生计资本的变化带动生计策略的转变
1. 人力资本	劳动力结构较为稳定
	外出打工以及旅游从业人数增多
	旅游发展带动教育发展
2. 自然资本	居民土地出租用于旅游设施建设增多
	人均耕地减少
3. 物质资本	旅游发展提升了居民居住环境
	环境整治和保护力度加强
	家庭生活资料质量提升
4. 社会资本	旅游发展使得居民社会关系向外扩展
	居民间的内部关系变好
	家庭人均纯收入增长
5. 金融资本	居民贫富差距水平缩小
	居民金融储蓄量增加
6. 文化资本	当地特色食物颇有魅力
	传统文化表现出代际传承

（三）拉卜楞镇社区生计脆弱性表现

生计的脆弱性往往是拉卜楞镇生态环境与居民生活环境的一种直接体现，如自然冲击、季节性、制度变化等对拉卜楞镇生计和经济活动的直接影响。旅游发展的过程往往是环境机遇与制度挑战同时并存的，旅游业的发展成为拉卜楞镇重要的生计活动发展策略之后，拉卜楞镇的居民不仅需要面对传统的农牧业经济生产中所遇到的自然灾害、政策结构调整、市场经济变化等诸多方面的挑战和冲击，还可能会面对拉卜楞镇自身旅游业的发展所直接带来的生计脆弱性和经济政策性的变化。这些季节性因素会对于拉卜楞镇的居民生计和经济活动发展带来一定的影响，尤其是拉卜楞镇旅游发展所直接带来的生计脆弱性，对许多社区居民来说无疑是个全新的社会心理问题，需要他们在实践中不断地去进行调整和应对。

1. 传统农业生产的脆弱性

在第五章第三节中已分析到，自 20 世纪初旅游发展开始后，拉卜楞镇的传统生计逐渐发生了变化，也一直在随发展阶段的不同而调整，现如今的拉卜楞镇民族社区已经完成了生计活动的变迁，将旅游业作为主要生计活动，再辅以农耕放牧等其他生计手段，在这种变化中，最为直接的冲突便是对农业生产的冲击，包括市场主体的变化以及耕地变迁等。

首先需要面对挑战的是那些仍然以农牧业为最主要生计手段的拉卜楞镇居民，由于旅游占有较大市场比率，而淡旺季和寒暑季游客的增减会使农牧产品市场价格造成波动，另外游客数量的不确定性也使得这一部分居民很难提前预测农牧业成本，因此居民难以在第一时间做出合理的应对措施。

其次，对于已经将生计重心放在旅游业的拉卜楞镇居民来说，将自家原有的耕地进行租赁或在外租商铺，需要承担后续的风险。由于居民目前将大量耕地用于外包和租赁，而后期随着政府对拉卜楞镇旅游规划战略转型以及外来合作企业的进驻，所带来的问题也是拉卜楞镇居民需要考虑的。居民目前将部分土地租赁给外来承包商和景区基础建设，而且随着旅游的进一步发展，更多土地将持续被用于旅游相关设施的建设，这可能会占用居民更多的土地，造成本来就与传统生计脱节的当地居民更加远离其原有的农牧生计方式，这时随居民失去土地而来的生计脆弱性将更加明显，甚至可能会对传统文化习俗造成较大的冲击。

2. 旅游发展带来的脆弱性

在旅游的影响下，拉卜楞镇社区的生计活动已经开始对旅游产业的发展产生依赖，尽管旅游业已经为社区带来了巨大的收入，但是由于旅游业本身具有一定的脆弱性与风险性，包括旅游政策的调整，淡旺季游客的变化，气候等外界环境影响等，这些不确定因素都将会增加拉卜楞镇居民生计的脆弱性。

第一，首当其冲的是旅游政策调整。2003—2013 年，由于甘南州政府与县相关部门对旅游产业的大力扶持，拉卜楞镇旅游业的发展呈现出一片辉煌景象，但随着国家政策的变化，新的民族旅游转型政策接踵而来，自2018年政府推行拉卜楞镇风貌改造的规定后，拉卜楞商业街路面及沿街建筑大幅度整改，因为甘南藏族自治州的温度一般都比较低，所以施工的时间与旅游旺季冲突，影响到了游客的出行和体验，有部分经营旅游商品的居民对此表示不满，认为这直接影响到了当地旅游业的发展。一位受访者表示："从去年开始游客一年比一年少，这政府在旺季修楼挖路到处都坑坑洼洼的这不是影响来玩的人的心情嘛，况且要求我们所有人把店外面牌匾什么的都弄的一模一样都没有自己的特色了怎么吸引游客啊。"同时有相当一部分旅游经营者表示会考虑从事其他行业。

第二，目前社区内的旅游产品开发和市场推广依然较为薄弱。长期以来大部分居民的收入仅仅靠售卖旅游工艺品，而拉卜楞寺门票则全部由寺院收取，普通居民能够通过拉卜楞镇宗教文化进行的旅游产品开发较为有限，造成了产品具有较低的附加值，这对于社区整体经济增长的带动作用不大。随着自驾游的兴起，大部分自驾游游客滞留时间很短，这对于拉卜楞镇民宿产业造成了较大的冲击。目前来拉卜楞镇的游客多为自驾游，有自己提前设计的旅游路线，游客们大多为观光型游客，只有少部分游客会在当地留宿，且消费还主要集中在拉卜楞寺的参观与旅游纪念品的购买。而多年来旅游产品形式单一，没有做到更多的创新，加之网购文化的普及，拉卜楞镇旅游产品推介力已经逐步降低。如何做好旅游宣传，扩大旅游市场，增加游客的滞留时长，提升游客的购买力，这是拉卜楞镇在今后旅游发展中需要深思的问题。

第三，旅游业生态链的断层影响整体产业发展。要想实现拉卜楞镇旅游业的可持续发展，那就要让整个地区的产业链运作起来，而就目前情况而言，拉卜楞镇各行各业的基础设施不够完备，联系度也不高，能使用的旅游公共交通设施也不足，而私营车辆在安全性上也缺乏管理，与景区的联动程度较低，在住宿方面也没有完备的条件。值得注意的一点是，拉卜楞镇的旅游纪念品是一大亮点，有着很浓厚藏族特色的饰品十分吸引游客，但饰品的生产加工多为当地居民自己手工制作和向外采购，所以价格与质量良莠不一，没有形成一个能符合市场标准的品牌产业链，如果规范起来，就会丧失一大部分消费者的购买欲，也就会失去一大部分市场，所以，拉卜楞镇要拥有一个完备的旅游业环境，这些都是不可或缺的一部分。

(四) 拉卜楞镇旅游发展的生计结果分析研究

1. 生计结果数据描述性统计分析

(1) 人口统计变量描述分析

首先我们通过发放调查问卷和与当地居民谈话的方法对拉卜楞镇当地人民的相关信息进行资料的收集，通过李克特量表收集居民对生计结果的感知。以下数据统计，含有当地人的各项基本信息（如：性别、年龄、家庭经济状况、工作去向、文化程度、家人是否在从事旅游相关工作），并依此进行数据分析。整个数据调查的过程中，总共发放了300份调查问卷，回收率100%，这些问卷中可作为有效数据来进行统计的为291份，可使用率为97%。在寻找这291份调查问卷中的规律结果后，得到了以下的分析：本次所有接受调查的受访者中，男性被采访者占有较大的比例，有178人，占据了总人数的59.3%，而女性被采访者只有122人，占总数40.7%。在选择被采访者的过程当中，为了确保信息真实可靠，多为直接上门采访取样调查。在当地人的年龄上，30至50岁占比最高，多达40.1%，有121人；其次为50岁以上的人，有83人，占被采访人总数的32%，这表示当地人口老龄化严重，因为年轻人多去外出务工，或者出去上学。在受教育程度方面，受访者绝大多数文化程度不高，占信息采集人口总数的近七成，数据说明了该城市整体受教育水平比较低，高学历人才占比较低。从家庭人均年收入来看，收入在50000元以上的比例最大，共有95人，占比32.6%。其次是20000—50000元的，有50人，大概占17.2%，数据表明了当代居民生活水平普遍较高，收入稳定。通过统计当地居民家庭劳力数量时发现：家庭中劳动力超过三人的住户有102家，占比约为35.05%；同时调查显示劳动力低于三人大于一人的住户有82人，大概占统计人口总数的28.2%，以上数据表明了当地居民劳动力数量充足。同时根据问题和走访数据得出有246个当地居民有直接或间接参与到当地旅游事业的发展中，占总采集数据人口的81.4%，这些都能表明当地人对旅游事业有着比较高的热情，会倾向于从事旅游行业。

(2) 测量指标数据描述性统计分析

将当地居民有关生计的数据进行统计并通过李克特量表对数据进行分析，结果如表61所示。

表61　　　　　　　样本描述性统计结果（N=291）

变量	题项	最小值	最大值	均值	维度均值	标准差	偏度	峰度
收入增加	FA1	3	5	4.32	4.58	0.327	-0.57	1.05
	FA2	3	5	4.14		0.362	-0.49	0.95
	FA3	2	4	3.72		0.618	-0.42	1.63
	FA4	2	5	4.62		0.732	-0.64	1.74
福利提升	FB1	2	5	4.16	4.05	0.482	-0.38	1.95
	FB2	3	4	4.03		0.547	-0.26	1.33
	FB3	2	5	3.97		0.661	-0.32	0.83
	FB4	1	5	4.25		0.610	-0.33	1.26
	FB5	3	4	4.32		0.427	-0.57	0.89
脆弱性降低	FC1	2	5	3.53	3.62	0.747	-1.96	1.62
	FC2	1	4	4.06		0.943	-1.87	1.93
	FC3	2	5	4.32		0.763	-0.26	0.26
	FC4	1	5	3.42		0.832	-0.78	-0.37
食物安全性提高	FD1	3	5	3.72	3.75	0.762	-1.62	1.73
	FD2	1	5	3.67		0.582	-0.82	0.25
	FD3	2	4	3.79		0.627	-0.27	1.11
	FD4	3	5	3.82		0.528	-0.73	0.73
自然资源的利用更加可持续	FE1	1	5	3.92	3.80	0.629	-0.94	0.37
	FE2	2	5	3.85		0.960	-1.56	1.88
	FE3	1	4	3.63		0.363	-1.25	1.67

在通常的数据处理中，如果峰度的绝对值不大于10并且偏度的绝对值不大于3时，表明数据结果真实可靠，符合统计学的标准正态分布。通过分析上表中的数据可以发现，各个项目的偏度绝对值和峰度绝对值指标均符合标准正态分布的要求。因此可对这些数据直接进行数理分析统计，得到我们想要的结构模型。

在表61中的数据分布中我们可以得出，在拉卜楞镇的旅游业经济推动下，大方向上还是能促进当地就业情况，让经济水平向更高的地方发展。从居民对于生计结果各项感知得分来分析，对增收创收方面，如受雇用机会、自主经营等都有比较好的改观。个人福利待遇上，每一条的平均水平都比较高，这都受益于旅游经济对当地经济发展水平的推动。在旅游经济发展的带动下，政府交通部门对整个镇子的道路进行了硬化翻修，同时公交车路线也更加完善，这为游客和居民生活带来了许多便利。居民最关注的是旅游经济对个人经济水平的影响，及其为当地带来的便利程度，与之相关的生计稳定性、环境的保护变得人性化、产业的稳定性提升等几个方面，其分值均在平均水平之上，说明旅游经济确实提高了人们的生活水平。

2. 生计结果量表信度和效度检验

（1）生计结果信度分析

本研究基于 DFID 框架构建了可持续生计结果测量指标并对指标进行编码（第四章），通过发放调查问卷调查拉卜楞镇社区居民对生计结果的感知，抽样采访调查了 300 人，回执问卷 300 份，全部回收，其中有效问卷 291 份，有效率 97%。由采访回执结果统计置信度分析，本章内容主要采用克朗巴哈系数来检验变量在各个测量题项上的一致性程度。

本实验有关可持续生计结论的内容主要包括以下 5 个方向，在下面的理论结果中，分别依次对每个方向进行相对应的可信度结果分析讨论，结果如表 62 所示。

表62　　　　　　　　生计结果量表信度分析

变量	题项	CITC	删除项后的 Alpha 系数	Alpha 系数
收入增加	FA1	0.762	0.784	0.873
	FA2	0.736	0.798	
	FA3	0.793	0.821	
	FA4	0.648	0.737	
福利提升	FB1	0.769	0.826	0.915
	FB2	0.847	0.882	
	FB3	0.714	0.867	
	FB4	0.727	0.842	
	FB5	0.797	0.859	

续表

变量	题项	CITC	删除项后的 Alpha 系数	Alpha 系数
脆弱性降低	FC1	0.696	0.782	0.862
	FC2	0.654	0.735	
	FC3	0.716	0.802	
	FC4	0.712	0.848	
食物安全性提高	FD1	0.773	0.865	0.899
	FD2	0.763	0.852	
	FD3	0.838	0.895	
	FD4	0.827	0.843	
自然资源的利用更加可持续	FE1	0.732	0.856	0.824
	FE2	0.739	0.815	
	FE3	0.639	0.720	

从表62中的数据分析得出，本章内容分析的可持续生计包含的五个变量的 Alpha 系数分均大于一致性信度所要求的0.7的标准，可以得出这些自变量数据普遍具有内部一致性信度。同时通过观察表中各标量的 CITC 均大于0.5的标准，说明测量题项结果均符合先前预计的研究要求表。初次意外如果从"删除该题项的 Alpha 值"的数据来进行分析，删除任一项都不会导致数值的增大，这也从侧面印证了量表有很好的信度。

（2）生计结果效度分析

效度分析主要是为了验证通过问卷或其他手段收集的信息是否具有有效性，即能否真实客观反映所要调查研究的相关问题，这是考证分析中十分重要的一个环节。本章节的内容主要包括运用因子分析法，以及对量表进行 KMO 和 Bartlett's 球形检验来讨论问卷信息的可信度。

本研究依据 DFID 可持续分析框架，根据已有文献选取因子，运用 SPSS 软件，检验了问卷上的所有数据并完成核验，所得结果见表63，其中 KMO = 0.918，当 KMO 值大于0.5，检验值显著，表明问卷数据效度分析符合要求。随后进一步开始分析，采用主成分分析方法，以特征根大于1为因子提取公因子，旋转时采用方差最大正交旋转进行因素分析，所得分析结果如表 64 所示。

表 63　　　　生计结果量表的 KMO 和 Bartlett's 检验

取样足够度的 Kaiser-Meyer-Olkin	度量	0.918
Bartlett 的球形检验	近似卡方	4824.275
	df	210
	Sig.	0.000

表 64　　　　生计结果量表的总方差解释

成分	初始特征值			提取载荷平方和			旋转载荷平方和		
	总计	方差(%)	累积(%)	总计	方差(%)	累积(%)	总计	方差(%)	累积(%)
1	9.14	46.27	44.46	9.08	43.85	41.95	3.89	19.37	18.47
2	2.75	10.07	54.47	2.38	11.95	55.86	3.47	17.27	36.27
3	1.97	9.15	63.86	1.68	9.26	63.97	3.26	15.85	41.86
4	1.47	6.16	68.52	1.43	6.85	68.43	2.85	13.32	61.48
5	1.18	5.36	74.25	1.14	7.01	76.36	2.46	12.74	72.66
6	0.85	2.97	77.47						
7	0.78	2.89	78.63						
8	0.63	2.65	82.74						
9	0.61	2.53	86.86						
10	0.57	2.21	88.37						
11	0.49	2.16	88.93						
12	0.38	1.73	89.26						
13	0.34	1.68	90.75						
14	0.32	1.52	91.85						
15	0.29	1.46	92.77						
16	0.27	1.38	93.99						
17	0.25	1.22	95.78						
18	0.22	1.13	97.02						
19	0.21	1.09	98.66						

从表 64 可以看出因素分析结果总共得到 5 个因素，方差贡献率分别为 19.37%、17.27%、15.85%、13.32%、12.74%，累计方差贡献率为 78.55%，大于 60% 这一常用标准，表明筛选出来的 5 个公因子可以解释全部的指标，旋转后的成分矩阵见表 65。

表 65　　　　　　　　　　旋转后的成分矩阵

题项	成分				
	1	2	3	4	5
FA1					0.713
FA2					0.757
FA3					0.746
FA4					0.738
FB1	0.783				
FB2	0.827				
FB3	0.705				
FB4	0.752				
FB5	0.785				
FC1			0.744		
FC2			0.686		
FC3			0.895		
FC4			0.799		
FD1		0.781			
FD2		0.768			
FD3		0.825			
FD4		0.811			
FE1				0.713	
FE2				0.805	
FE3				0.819	

由表 65 可知，各个测量题项的因素负荷量均大于 0.5，且交叉载荷均小于 0.4，因子每个题项均落到对应的因素中，因此表明量表具有良好的结构效度。

3. 生计结果差异性分析

（1）基于性别因素的生计结果分析

独立样本 T 检验对比受访者在性别上的差异，得到以下结果：

表 66　　　　　　　　　不同性别差异性分析

	性别	平均值	标准差	T	P
可持续生计结果	男	3.743	0.485	0.783	0.497
	女	3.834	0.455		

由表 66 可知，性别不同的被调查居民在可持续生计的数据结果中 P 值都远远高于 0.05 的既定标准，说明从可持续生计的影响因素方面来讲，性别并不会导致结果出现较大的差异。

（2）基于年龄特征的生计结果分析

对受访者的年龄采用单因素方差分析，得到以下结果：

表 67　　　　　　　　　不同年龄差异性分析

	年龄	平均值	标准差	F	P
可持续生计结果	18 岁以下	3.837	0.465	8.996	0.000
	18—30 岁	3.632	0.595		
	31—50 岁	3.946	0.474		
	51—60 岁	3.734	0.392		
	60 岁以上	4.053	0.437		

通过表 67 中的数据以及控制标量的分析方法可以得出：尽管不同年龄段的被调查居民在可持续生计的统计计算结果中都具有低于标准的 P 值，但是不同年龄段之间的差异却十分明显，且表现为年龄越大平均指数越高。这是由于在同等劳动水平的情况下，年龄越大的人人生经历越丰富，积蓄也较多，由于老年人对于生活抱有知足常乐的心态，对于生计的期望较低，因此在各个方面均呈现较为满意的结果。

(3) 基于不同学历的生计结果分析

对受访者的学历采用单因素方差分析,得到以下结果:

表68　　　　　　　　　　不同学历差异性分析

	学历	平均值	标准差	F	P
可持续生计结果	小学及以下	3.473	0.493	4.943	0.002
	初中	3.678	0.479		
	高中	4.097	0.436		
	大专/本科及以上	4.088	0.385		

从表68数据中可以得到,从单因素结果研究来看,受教育程度不一的被调查者在可持续生计结果中的p值低于0.05的标准,结果有着明显的差距,说明了学历越高,得分越高。这是因为受过高等教育的人视野开阔,更容易接受外国游客,能更多地用长远眼光来吸引前来投资的人。他们还对有利于人民和旅游业发展的社区生计战略政策具有高度的敏感性和认识,并能够积极适应这些政策,由此生计结果优于其他居民。

(4) 基于不同收入的生计结果分析

对受访者的收入采用单因素方差分析,得到以下结果:

表69　　　　　　　　　　不同收入差异性分析

	收入	平均值	标准差	F	P
可持续生计结果	4500元及以下	3.288	0.488	3.843	0.003
	4501—20000元	3.489	0.532		
	20001—46000元	3.945	0.564		
	46000元以上	3.932	0.536		

从表69数据中可以看出,单条数据可以得出,在当地不同经济水平的人群的差异值中的P值都在0.05的标准内,有着比较大的差距,且在可持续生计结果方面,呈现收入越高而得分越高的结果。

4. 生计结果验证性因素分析

对指标体系中的下列五项指标进行验证分析后，分别得到：0.74、0.72、0.75、0.79、0.69 的标准化系数 β，由于标准化指数结果均大于 0.6，可以对数据进一步分析，得到结果如表 70 所示。

表 70　　　　　　　　　验证性因素分析结果

构面	题项	非标准化因素负荷	标准误 S.E.	C.R.(t-value)	标准化因素负荷	CR	AVE
	收入增加	1			0.74		
	福利提升	0.874	0.076	10.743	0.87		
	脆弱性降低	0.873	0.155	8.364	0.96	0.84	0.62
	食物安全性提高	1.154	0.098	9.855	0.89		
	自然资源的利用更加可持续	1.097	0.185	9.732	0.84		
收入增加	FA1	1			0.69		
	FA2	1.175	0.086	18.743	0.74	0.85	0.60
	FA3	0.893	0.080	15.848	0.85		
	FA4	0.784	0.053	13.733	0.73		
福利提升	FB1	1			0.83		
	FB2	1.256	0.059	18.244	0.88		
	FB3	1.173	0.059	16.216	0.89	0.93	0.73
	FB4	1.155	0.073	17.830	0.74		
	FB5	1.325	0.075	17.266	0.81		
脆弱性降低	FC1	1			0.73		
	FC2	1.147	0.062	15.533	0.71	0.82	0.75
	FC3	1.138	0.064	14.826	0.30		
	FC4	1.064	0.036	11.832	0.79		
食物安全性提高	FD1	1			0.68		
	FD2	0.911	0.096	16.536	0.72	0.82	0.71
	FD3	1.064	0.053	19.367	0.54		
	FD4	1.085	0.084	18.643	0.88		

续表

构面	题项	非标准化因素负荷	标准误 S.E.	C.R. (t-value)	标准化因素负荷	CR	AVE
自然资源的利用更加可持续	FE1	1			0.53	0.73	0.59
	FE2	1.111	0.043	17.324	0.82		
	FE3	1.085	0.060	15.167	0.74		

以上数据中残差都是正向增长显著，能更加明确地解释相应产生的变化。同时从表中可以看出生计结果、经济变化、政策福利、脆弱性降低，粮食安全改善和自然资源等的组成部分的可靠性指数都不小于0.7，平均变异提取值均不小于0.5，且不会发散，符合标准，置信度和匹配度也在一个比较合理的范围内。根据表中数据可以得出，如果采用增加居民收入和福利，减少脆弱性背景的同时改善粮食安全和自然资源的可持续利用能力的方式，会对社区居民的可持续生计结果产生重大的积极影响，其中收入增加和福利对生计变迁结果影响最为显著。

基于DFID框架的5个生计结果变量，结合调查问卷与访谈结果，对得到的数据进行完整的数理分析，得出结论。

在收入增加方面，旅游事业的发展可以极大程度地促进当地民族地区社区居民的可持续生计。通过对当地居民的调查和访谈可以了解到，当地旅游以及相关产业的兴起给当地居民提供了很多的就业机会，同时带动了其他产业的发展。另外拉卜楞寺景区收益会对居民进行分红，也提升了当地居民的生活质量和收入水平。

从福利提升数据来看，福利提升对当地居民可持续生计也有很大的积极影响。由于旅游事业的带动，外地投资家纷纷到拉卜楞镇进行商业规划与建设，其最大的好处就是，外地投资者与当地社区居民达成协议，本地人拿出一部分土地作为商业用地，投资者应出资建造房屋。竣工后为居民保留一层，由居民自行经营，其余房间由投资者经营，收益归投资者所有。这种方法不仅提高了当地居民的生活质量，同时也增加了当地居民的资产储备。不仅如此，随着当地旅游及相关产业的发展，公共设施和基础建设的逐步完善也给当地居民带来了很多好处。

在脆弱性降低方面，脆弱性降低对可持续生计结果有正向影响。尽管减少脆弱性对人口的可持续生计成果有积极影响，但是通过表中数据可以得出它的影响能力是最小的。由于旅游业的发展，国外旅客逐渐占据主导地位，高峰时期的国外旅游人口是当地人口的十倍以上，导致乡村物资价格上涨。在大力发展旅游产业之前，当地居民已经形成了自给自足的农耕经济，民族旅游业发展后，政府大量征用土地用于住房建设、公共设施建设等，许多居民放弃了传统的纯农业生计方式，开始从事旅游管理或相关工作。

在改善食品安全方面，食品安全的改善与实现可持续生计有正相关关系。在更可持续地利用自然资源方面，它与生计结果满意度成正比。例如，虽然旅游发展使整个社区环境拥挤，水污染较严重，但是由于近年来政府逐渐意识到了可持续发展的重要性并且在相关地域采取了对应的环境保护的措施，环境问题已经在逐步解决。超过90%的家庭已接通污水处理管道，居民赖以生存的水源保护措施对社区居民的生活质量和满意度产生了重要影响。

（五）结论

本研究主要围绕"旅游发展对民族社区生计变迁的影响"这一核心问题进行论述，从居民对生计结果的感知和与生计变迁的前后过程两点开始论述。在可持续生计分析框架下开始分析，从当地社区与居民两个角度入手，逐层深入讨论问题。将夏河县拉卜楞镇作为研究案例，收集相关资料，构建指标评价体系。在研究方法上采用了定性定量结合的方法，与上门或者街头采访、发放调查问卷等多种途径相结合，通过研究当地近几十年的旅游发展和经济发展情况，描述分析了当地人和政府在旅游发展前后的生计策略、生计资本、生计脆弱性等方面的变化，随后通过生计结果的指标评价体系研究了社区居民对生计结果的感知。

根据生计变迁过程和生计结果之主要研究内容，将其分为以下几个方面加以阐述：

1. 生计策略的改变带动当地经济战略转型。民族社区发展旅游之后，旅游将会为社区带来经济的大幅度提升，一定数量的居民会偏向旅游业的生计策略，而这种策略会改变当地延续多年的传统生计策略，导致原有的以农牧业为主体的经济结构逐渐瓦解，从而加快居民劳动力和土地建设的改变。而随着旅游产业的逐渐渗透，社区经济结构会由传统的农牧业生产转变为以旅游发展为主体,农牧业发展为辅的经济构架。

2. 政策变化会影响民族社区的生计发生相应改变。民族社区多存在多民族聚居的情况,因此针对少数民族地区会存在一些特殊的旅游政策,而旅游政策会影响当地旅游的发展状况,进而对当地社区居民的生计也造成辐射性影响。在某些情况下,政策下发文件的扶持能让民族社区旅游的发展推进,同时也极大促进了当地旅游生计水平的提升。而另外一些情况下政策变化也会产生不同的经济变化,从而使居民减少旅游生计活动。分析拉卜楞镇案例可以得出结论,当政策倾向于扶持旅游业发展时,居民的生计活动会倾向于旅游生计;而当政策进行相关调整时,居民会根据大环境的情况选择更换生计方式。

3. 从居民层面来看,旅游生计策略逐渐诞生。在旅游未发展之前,当地人对于旅游业基本没有认知,当旅游业在社区内稳步发展时,居民会逐渐稳步地去接触旅游行业,从这时起,居民个人所在家庭的经济结构开始发生改变,旅游生计在家庭生计占比中逐渐提高,从一开始的旅游生计为辅,传统生计为主的生计方式逐渐改变为以旅游生计为主,传统生计为辅。因此,旅游生计策略经历了从无到有的过程,甚至在一些家庭中已经占据了主要地位。

4. 在旅游的影响下,生计资本变迁现象明显。主要包括:(1)人力资本方面,逐渐向旅游业转移,从而提升了社区整体的劳动生计能力。(2)耕地变化明显,居民耕地更多向旅游用地转化。(3)旅游促进了基础设施的建设,也改善了整个社区环境,包括道路修整、自然景观、生态环境等各个方面。(4)家庭层面,内部成员会因为旅游产生代际感;社区层面,旅游使社会关系外扩,促进了社区居民之间、社区居民与外界的交流。(5)旅游增加了社区的收入,对贫富差距缩减起到了正向影响。(6)传统手工技能和民族藏餐得到了传承和发展,并成为提升生计水平的有效途径。

5. 生计结果的感知方面,社区居民呈现正向反映。主要表现在:(1)居民对于旅游影响下的生计结果感知整体上较好,属于中上水平,而感知结果最好的两个方面为收入提升以及福利待遇。(2)生计结果感知的差异性方面,在性别上没有明显差异,但从年龄上看,存在年龄越大越满意的情况,一方面,老年人基本保有积蓄,对于生计水平要求不高；另一方面，老年人经历过比较贫困的时期，所以对于生计水平的提升容易知足。在学历方面，存在学历越高越满意的情况，由于学历高的居民具有更长远的眼光，对于国家政府的政策也容易深刻理解，所以对于旅游提升了他们的生计水平感知较为明显。

三　旅游发展对民族社区"旅二代"生活方式的影响研究

（一）研究设计

本研究选取碌曲县郎木寺镇作为案例地，并运用扎根理论质性分析方法，对郎木寺镇社区"旅二代"的生活方式旅游影响特征进行分析，探究"旅二代"生活方式的变化与旅游发展过程的联系性。从而挖掘出"旅二代"在旅游参与过程中产生的正负面影响以及他们对旅游发展的态度，以期为郎木寺镇未来旅游发展的合理规划提供一些可行的建议。

本研究访谈过程遵循扎根理论方法的研究要求，需要对受访者的相关观点和态度进行充分的理解和尊重，不能利用手段对其进行诱导和干扰，要让受访者遵循自身的真实想法进行表达，我们要做的是对其阐述的想法和观点进行准确的记录和总结。访谈提纲的设计，其目的在引导受访者对其成长过程中生活方式的旅游影响表现特征进行深刻、具体的描述，及其对社会发展与旅游发展对生活方式的影响进行自我对比区分。通过查阅相关文献，总结归纳并结合碌曲县郎木寺镇发展实际，结合相关的各项理论，作为研究和分析的基础，拟定提纲进行专家修正，开始进行预访谈，验证访谈的可行性。访谈提纲设计为以下三方面内容：一是旅游发展的背景类问题，了解受访者个人基本信息、旅游发展历程感知、家庭旅游参与、自身旅游参与等情况，重点了解受访者旅游发展的自身经历、对旅游发展的态度以及旅游参与现状；二是旅游发展对其生活方式影响的细节类问题，了解受访者物质生活方式、社会生活方式、精神生活方式因旅游发展或旅游参与所产生变化的描述；三是旅游发展对其他生活方式影响的补充类问题，了解产业发展、外来投资商关系、游客关系、邻里关系的维持以及环境变化的趋势等。

（二）研究实施

笔者先前通过网络进行了 5 组预访谈，根据预访谈效果对访谈大纲

第五章　西北民族地区旅游影响的实证研究　215

进行了修正。之后，在 2019 年 7 月 15—24 日，再次和调研团队一起，到达碌曲县郎木寺镇进行相关的田野调查，并对调查结果进行记录和整理。

第一步，理论抽样。进入案例地初步了解实际情况，提前将受访者进行理论抽样，确保访谈样本能全面准确反映"旅二代"群体。

第二步，正式访谈。通常借助深度访谈法实施相关的访谈计划，根据访谈大纲倾听并引导受访者从"物质生活方式、社会生活方式、精神生活方式"几个方面进行讲述，保证被访问者能够彻底表达自己的感受和情感。每个样本访谈时间约在 20 分钟至 60 分钟之间，针对特殊情况的受访者，可以借助电话、微信等现代化方式实现相互之间的沟通和交流，此外需要对相关的访谈内容进行记录，确保数据和信息的真实性和完整性。

第三步，对相关的访谈资料和信息进行整理和总结。在实际的研究过程中，需要对相关的访谈资料进行处理，使之便于记录和存储，为了充分体现数据的准确性和真实性，受访者的声音文字即使有误差和错误，我们也要对之进行实记录。比如，受访者在接受访谈时表现的语气和态度，我们通过文字对之进行准确的记录和登记，然后利用文字存储相关的访谈档案资料和记录性备忘笔记。

此次调研过程共获取了 35 个有效的初始样本，整理访谈文字资料 4.2 万余字，访谈内容均达到了期望目标。访谈的过程中，需要结合"旅二代"的定义进行具体的差异化处理，在选取合适的受访者后，对抽样信度和效度进行充分的保障。此外，还需要对受访者的性别、年龄以及从事职业等相关信息进行统计，同时考虑受访者的家庭环境、旅游参与方式、旅游影响程度等。由于 35 位受访者家庭教育、生长环境、个人经历和工作背景等不同因素的影响，他们对"生活方式的旅游影响"的主题理解和感受有一定的差异性，因此样本对于"旅二代"群体的研究具有一定的代表性。本研究从 35 份样本中，初步选取 25 个高质量样本进行数据分析，预留 10 份样本进行编码饱和度和信度检验。对 25 个访谈对象按照"L-XX"的形式进行编号，其中"L"代表受访的"旅二代"，"XX"代表其受访顺序，以数字表示（参见表 71）。

表 71　　　　　　　　　　访谈对象基本信息

编号	性别	年龄	民族	教育	家庭旅游经营	旅游参与情况
L-01	男	34	藏族	大专	藏银店	藏餐厅老板
L-02	女	16	藏族	高中	旅游设施承建	兼职服务员
L-03	男	28	回族	初中	民族工艺品店	工艺品店老板
L-04	男	30	回族	初中	日用品超市	超市老板
L-05	男	12	藏族	小学	牦牛肉特产店	特产店帮忙
L-06	男	15	回族	初中	家庭客栈	客栈帮忙
L-07	男	35	藏族	初中	牧民	青旅老板
L-08	男	34	藏族	小学	牦牛奶手工皂店	手工皂店老板
L-09	男	29	回族	初中	丽莎餐厅	纪念品店老板
L-10	女	26	回族	初中	丽萨餐厅	丽萨咖啡屋店长
L-11	男	22	藏族	初中	商铺房东	网络直播
L-12	男	8	藏族	无	家庭马场	兼职向导
L-13	男	18	藏族	本科	碌曲县旅游局	景区讲解员
L-14	女	32	藏族	无	藏衣店	藏衣店老板
L-15	男	35	藏族	大专	无（放牧）	马队负责人
L-16	男	30	回族	小学	清真饭馆	旅游包车司机
L-17	女	20	藏族	小学	无（放牧）	全职服务员
L-18	女	25	藏族	初中	地摊售卖纪念品	编藏辫兼向导
L-19	男	17	藏族	高中	唐卡画师（叔父）	唐卡学徒
L-20	女	19	回族	大专	家庭客栈	汉堡店店长
L-21	女	23	藏族	初中	口口香小吃店	小吃店收银
L-22	男	33	藏族	寺院教育	藏医诊所（师父）	喇嘛、藏医师
L-23	女	20	藏族	初中	藏族工艺品	咖啡师
L-24	男	27	藏族	大专	虫草经营	特产店老板
L-25	女	16	藏族	初中	藏家乐	卖花环

根据访谈对象基本信息，分析发现：性别构成方面，总样本男女比例各占64%和36%，男性多于女性的特征反映了"旅二代"群体中男性青年的旅游参与方式多样化程度大于女性；年龄构成方面，"10后"所占比率为4%，"00后"所占比例为28%，"90后"所占比例为36%，"80后"所占比例为32%，反映了"80后"和"90后"目前为当地旅游参与的主体；民族构成方面，藏族占72%，回族占28%，反映了当

地藏族的旅游参与活动明显比回族要多；受教育程度方面，小学及以下的部分相对较多，大约占总比例的24%，初中占据的比重最大，约有44%，其中高中所占比例相对较小，大约有8%，大专及以上学历占据了总比例的20%，曾接受过寺院教育的占据了4%，反映了"旅二代"因家庭旅游经营带来的思想观念转变影响较大，同时经济收入也有了不同幅度的提高，导致接受的教育程度相对提升；在家庭旅游经营和个体旅游经营方面，藏族青年因地域、文化等优势旅游参与方式较回族青年多元化，不过还会受到家庭观念和自身生活模式的影响，回族青年在餐饮、住宿、包车等行业发展强于藏族青年。

另外，为保证后期质性研究过程中编码饱和度达到科学标准，笔者在调研过程中还对同一职业（背景）的不同"旅二代"个体进行了补充访谈，同时通过查找网络社交信息、学术论文成果等途径搜集了一部分"旅二代"的思想表达，在此不一一罗列。

（三）信息编码

1. 开放性编码

开放性编码的作用和功能，主要是为了便于研究者对采集整理的相关资料和数据进行详细的分解和检视，有助于后续的对比分析，逐步实现信息的概念化和范畴化。具体操作步骤如下：

第一步，实现访谈资料的碎片化处理。对访谈资料进行参考，可以获取不同类型的资料片段，其中包括可以为问题研究提供依据、附带不同感情色彩的资料片段，然后把那些存在相似之处的资料片段进行归类。第二步，对编码要素进行有效快速地提取。同时，对于那些价值较低的资料片段进行排除，对部分体现较多感情色彩的词句进行保留。第三步，对不同的编码要素进行概念化处理。获取具有利用价值的编码要素，然后对其进行详细的整理和总结分析，完成上述步骤后命名，这就形成了初始的概念。第四步，对概念进行类别的划分，达到基本范畴的高度。对不同概念之间存在的联系进行分析，类别相同的概念需要进行整合，然后形成相关的基本范畴，进行命名。

从旅游对"旅二代"生活方式的影响出发，通过对访谈资料的思考和分析提炼出开放式编码要素，对其进行初步概念化，共提炼出102个初始概念，通过对这102个初始概念进行范畴化，形成27个副范畴，分别是：服装饰品、饮食方式、人居方式、出行方式、经济收入、生计方式、消费水平、消费方式、语言文字、人际交往、社会地位、游客关系、政府关系、邻里关系、民族关系、两性婚恋、子女教育、家庭角色、学习教育、娱乐活动、民族节事、宗教信仰、文化传承、民族认同、人生观、世界观、价值观（参见表72）。

表72　　　　　　　开放性编码分析（示例）

访谈材料	开放性编码	
	概念化	范畴化
L-01……我这里刚开起来的时候为了突出藏餐厅风格都要求服务员穿藏袍，但是工作时很不方便，容易沾到汤汤水水的，客人看见就会觉得藏族人很脏啊之类的，后面就不穿了……	方便工作不穿藏袍	OC-01 服装饰品
L-02……小时候我妈让我穿我们的衣服，我也没觉得有什么，慢慢地长大了，我走到街上最不喜欢游客给我拍照，我就感觉自己像个怪物一样……	游客凝视不穿藏袍	
L-02……现在只有节日之类的时候穿，我们都是"00后"嘛，当然想时尚一点啊，看见人家游客穿的都挺好看的，再加上我看看电视呀、网上呀今年流行什么我也就怎么打扮，爱美之心皆有之嘛……	学习穿衣打扮	
L-14……我小时候都是穿我们藏族的衣服，但是现在来我这里做衣服的大多都是中老年人，现在的年轻人都买衣服了，这又不时尚，很多人都不穿藏袍，我这个年纪（80后）的女的没几个会做衣服……	服饰文化	
L-15……我是做马队的，好多游客就是想体验民族风情，我们肯定比小时候更注重衣服的干净和款式啊，让他们喜欢这种感觉，我们也有面子。不能让人家说你一个藏族人连藏袍都不穿，我还跟着你的马队玩什么……	展示民族服饰	
L-01……就拿我们餐厅来说，游客肯定吃不惯传统的藏餐，现在我们就主要做的是新式藏餐，经过改良后就能让游客接受，我们平时也会这样吃……	改良藏餐	C-02 饮食方式

续表

访谈材料	开放性编码	
	概念化	范畴化
L-10……我们家最早是一个外国人来开的旅游餐厅，给当时外国游客吃饭，后来他走了我爸妈就接着干了，像这些苹果派、汉堡、咖啡都是他们教会我们做的，现在也成了当地的特色了，他们藏族人做饭都不行，这街上味道好的店大多都是我们回族人开的……	餐饮种类	OC-02 饮食方式
L-16……现在吃的乱得很，尤其是外地过来做生意的，为了挣旅游的钱有些用的材料都是廉价的，不像我们回族教义上就规定不能做损害别人的事，我现在尽量都不在外面吃饭……	食品安全	
L-21……我妈以前做饭我觉得不好吃，后面旅游发展我们家开了小吃店，我爸妈就和四川那边的人学做一些渣渣面那样的吃的，还和回族的学做不同口味的牛羊肉，现在我妈的技术很好，我们生意也很好……	烹饪技能	
L-25……以前只有过节时候才会吃这么丰盛，现在游客来了就点我们很多的食物，给他们做的时候我们也顺便给自己多做一点，我弟弟现在吃的比我小时候好得多……	饮食结构	
L-06……小时候我爸给别人跑车，我们很少见面，我上小学时候把家里的房拆了改成宾馆了，现在就在自己家里挣钱，一家人也能待在一起……	住房投资	OC-03 人居方式
L-07……我小时候跟着家人住在帐篷里，也没有固定的家，现在开自己的青年旅社，感觉稳定了，也方便了……	居住方式	
L-09……房子没有一点特色，全都被政府要求统一，你看这两天到处商铺都在刷红色的油漆，我家最早的广告牌是外国老板手画的，很有特色，现在也不让挂了……	建筑特色	
L-11……我小时候家里的房子很小，后面旅游发展的越来越好，我爸就盖了新房子，楼下商铺给做生意的租出去，我们住在楼上，电暖气、太阳能这些也都装上了，我觉得和城里楼房没啥区别……	住房条件	

续表

访谈材料	开放性编码	
	概念化	范畴化
L-15……以前那里都是木板房，我们藏族人讲究里不见土，外不见木，现在这些都没了，全部盖成了这种砖瓦房，我想找点回忆也只能靠照片了，很多外国游客就是因为喜欢这种传统的感觉，现在没有了他们也不来了……	民居文化	OC-03 人居方式
L-01……现在村里大家都在搞旅游，有钱了肯定出行方便了，家里最早是骑马，再买了摩托车，现在开餐厅，我已经换了两个越野车了……	交通工具	OC-04 出行方式
L-15……现在村里做生意家庭的小孩会骑马、骑牛的太少了，放牧的倒还好，作为马背上的民族还是要把这个保留下来的……	传统交通减少	
L-16……现在国内自驾游客多，车也越来越多了，一到旺季街道都是堵的，我们跑车也不好跑了……	交通拥堵	
L-20……镇上连个红绿灯都没有，有些越野车特别大特别快，去年我一个弟弟还被车碰了，反正我不喜欢……	交通安全	
L-23……以前去县城呀，合作呀一天只有一趟车，现在旅游的人越来越多，大巴也多了，我们去办事方便的很……	公共交通	
L-03……（旅游发展）那肯定带来的变化很大啊，做啥都能挣钱嘛，放牧一年能挣多少钱，有些人牛羊少连病都看不起……	收入提高	OC-05 经济收入
L-18……我小时候夏天出来和我妈妈卖东西那时候买东西的人多，卖东西的人少，现在都反过来了，生意越来越差，我只好编辫子，这个还不太多……	经营竞争	
L-24……这里和前几年没法比，外国人来的少了，中国人来也没有高消费了，好多店都关门搬走了，我还年轻呢挣不上钱，也得想别的办法了……	生计挑战	

续表

访谈材料	开放性编码	
	概念化	范畴化
L-08……哎,我没念下书,在家跟前又找不下啥工作,就跟着阿妈做这个生意了,比放牧情况好一点,也轻松。以后肯定也不让孩子干这个了,这老了干不动了谁养活,好好念书考个公务员最好……	代际传承	OC-06 生计方式
L-09……我16岁的时候,给劳累的游客背包,背上去背下来50块钱,现在小孩当向导、摆地摊、牵马,挣钱的门路更多……	就业机会	
L-11……以前年轻人大多是放牧啊、种地啊,投资又大又累。现在旅游挣钱比那些舒服多了,我就拿个手机一天随便玩一会直播也能挣个好几百……	劳动投入	
L-07……东西贵呀,我感觉比兰州的东西贵,一个可能是交通不方便,另一个我觉得主要还是做旅游的生意,太注重利益了,物价就太高了……	物价水平	OC-07 消费水平
L-14……我们这里的人接触外国人多啊,我小时候他们来我妈店里给我巧克力什么的,都是外国的、进口的,我用的第一个化妆品就是英国游客送的。你看街道上西餐、咖啡、汉堡这些都是旅游后外国人带过来的,但是现在这种影响几乎没有了,外国人也来得少……	进口商品	
L-03……以前我们青年人比谁的珊瑚大,谁的蜜蜡好,谁的黄金首饰多,现在和游客打交道,开始看他们穿什么、用什么、怎么玩,就会比较谁的手机,谁的车好……	消费观念	OC-08 消费方式
L-04……前几年游客来店里买东西,要的东西店里都没有,我们也没听过,后面进货时候我就多留意一下,进回来不光游客买,当地人也在用。现在啥都方便了,为了迎合游客我在网上、四川那边批发市场里也会买一些他们喜欢的东西……	消费商品	
L-11……郎木寺是东方小瑞士,喝酒呀、唱歌呀,想玩什么只要花钱都可以,反正我感觉自己一直没钱,还没玩好……	消费结构	

续表

访谈材料	开放性编码	
	概念化	范畴化
L-13……以前旅游对语言影响挺大的，他们（藏族人）很多都没和外界接触过，为了挣游客钱就学英语、汉语。但是现在我们语言学习主要是在学校，连寺院里的学校都是双语教学……	语言影响变化	OC-09 语言文字
L-17……我们现在主要说的还是藏语，我觉得旅游再怎么发展也不会影响到我们说藏语、用藏文，只能帮助我们练习学校学的汉语而已……	主要语言	
L-01……以前小时候主要是围绕着这个村交友的，现在可以说是全国各地的朋友因为旅游认识了，我有一个特别好的外国朋友，他每年都来找我玩，还有一个藏族名字……	交友范围	OC-10 人际交往
L-09……旅游让我认识了很多人，尤其是年轻人他们来店里吃饭、喝东西，我和他们交流真的长了很多见识，每个人的故事都让我深有感触……	学习交友	
L-11……我有很多直播粉丝，老铁们都好奇我们藏族的风土人情，我去年还带直播间的几个粉丝去草原上露营，反正现在朋友挺多……	网络交友	
L-18……我弟弟前段时间当向导认识几个游客，他们晚上叫我弟弟去喝酒，还给他抽烟，我感觉把他带坏了，就把他叫回家了，他还和我生气说不给他面子……	不良交友	
L-24……我有好多来玩的游客朋友，现在微信方便多了，他们回家后还帮我卖特产，我上次去四川玩的时候，有一些朋友还请我吃饭……	交友时间	
L-02……旅游发展让我们有钱了，社会地位肯定高。这个镇子上旅游建设都是我妈包的工程，我做什么还是比较容易……	经济地位	OC-11 社会地位
L-13……我觉得社会地位最大的变化是，大家都知道我们这里旅游很好，也特别羡慕我们，不像之前觉得我们藏族人比较凶，没有文化，生活不好……	社交地位	

第五章　西北民族地区旅游影响的实证研究　223

续表

访谈材料	开放性编码	
	概念化	范畴化
L-19……我们这里社会地位最高的还是寺院里的喇嘛和唐卡画师，因为我们都是有信仰的人，这是旅游改变不了的……	宗教地位	OC-11 社会地位
L-15……相对于我别的朋友，可能我接触的人比他们多，我又走过很多地方，他们有啥不懂的事情或者生活中有烦恼都会找我来聊天解决……	个人声望	
L-20……我们女孩子现在可以做自己喜欢的事情，以前藏族女的地位挺低的，又干不了重活，只能做饭之类的，现在我喜欢咖啡，我可以做自己喜欢的事情，还可以挣钱……	女性地位	
L-01……我小时候和游客关系很好，都是外国人，人家素质特别高，他们就问我，小孩有马嘛？我说有。他们说带我去转转，然后给我些零食，我年龄小走得慢，我记得还有一个年龄大的要背我；现在大多都是国内游客，消费能力也不行，素质也没有国外的好，你看看我这店里现在来的人只会划拳喝酒，铺张浪费，景区里的垃圾一直清理一直有……	游客变化	OC-12 游客关系
L-12……上次一个人我说好30块钱给他们讲解，结果出来的时候说我讲的不好不给我钱，我哭了他就给我10块钱……	游客素质	
L-15……现在游客要求比较高，我们家算是客栈环境好的，但是没法做消毒，就不提供浴巾，他们就投诉我们……	游客需求	
L-22……旅游越来越多，我们诵经他们就拍照，还有去看天葬拍照的，根本不懂尊重我们，还有游客说我们吃肉是假僧人……	游客行为	
L-09……给你讲，去年的时候，我们整个小镇组织起来免费给游客跳民族特色舞，一起跳舞、对歌、发羊排给游客，今年不让干了，没有理由……	产品设计	OC-13 政府关系

续表

访谈材料	开放性编码	
	概念化	范畴化
L-10……旅游规划的人什么都不懂,越来越没有这里的特色了,原来啊,这个镇上都是用上好的木头做的藏式回式的小二楼,人家说不行,全都拆掉了。旅游淡季什么都不做,一到旺季这里挖那里建,游客怎么玩……	旅游规划	OC-13 政府关系
L-03……现在生意不好做了,家家竞争都比较大,我们这几家的货基本上都差不多,有时候他们卖得比我便宜抢我的生意,我很气愤那又有什么办法,哎,现在人情味很淡……	经营竞争	OC-14 邻里关系
L-04……现在都是绑在一块做生意挣钱,我这几个邻居的宾馆里客人需要一些饮料、方便面之类我就给送过去,这种合作我们都好多年了……	合作经营	
L-06……我们有时候房间满了,也不会在网上关房,有客人预定了我就告诉他我家房子满了,邻居家还有,如果客人同意我就介绍过去,邻居也会这样帮我……	利益分配	
L-06……我想暑假去寺院门口当导游,他们(寺管会)嫌弃我是回族,就不让我去,我总能带游客去峡谷吧,我又不是啥都不懂,我有一个堂哥在那里卖纪念品,他们(藏族卖纪念品的年轻人)说抢他们生意,还打了我哥……	利益冲突	OC-15 民族关系
L-16……四川那边的藏族和回族关系很好,他们的活佛告诉他们要尊重回族信仰,还靠着我们回族人带动旅游生意和服务业;但是,甘肃这边可能经济发展快点,就有很多矛盾,之前为了修清真寺还打架打伤了我们回族的……	民族融合	
L-02……像我们这一代的话,我是从小接触各种人比较多,思想当然很开放啊,我偷偷结婚了,她是汉族,我们在西班牙领的结婚证,家里人知道这种情况,不同意,我们这一群人(同性恋)在网络、大众和社会上受到的压力很多很多……	两性观	OC-16 两性婚恋

续表

访谈材料	开放性编码	
	概念化	范畴化
L-07……我老婆是兰州人，我们通过青旅认识的，她有一次来这里玩，住我的店，挺喜欢我的生活方式的，后面我们就经常聊天，最后就结婚了……	婚恋方式	OC-16 两性婚恋
L-09……我是包办婚姻，15岁结的婚，老婆13岁跟的我。我老婆管店的二楼（咖啡屋），她结婚以后还继续上学，把该走的仪式都走完了，法定年龄领的结婚证。会煮咖啡，外国话也好，所以我感觉挺幸运的。要是以前，我们回族女的是不能和外人接触的……	婚姻生活	
L-18……我结婚后会选择生两个孩子吧，男孩女孩都可以，我不想远嫁，在这里靠旅游做生意很好，挣钱了把孩子教育好就行了……	生育观念	
L-24……以前我们有很多男的入赘女的家里，我觉得不可能这样，我打算找老婆找一个会做生意的，能和我一起把这个店开好，我爸也就放心了，现在肯定和以前不一样，以前肯定不会想她能不能做生意……	择偶观	
L-01……天天和游客打交道，人家过的啥日子，吃得好，穿得好，还可以到处玩，肯定要让孩子把书念下，总不能去放牧吧，我反正会不惜一切代价让他从这走出去……	文化教育	OC-17 子女教育
L-08……现在游客啥人都有，我店里来的游客说脏话的，穿着暴露的，品行不好的，我不愿意孩子看到这些，有时候会当成反面例子教育他们……	反面教育	
L-13……我爸给我选了旅游管理这个专业，是觉得我们这里旅游还可以好好打造，我学出来也好就业，回来发展自己家乡……	子女期望	
L-15……我现在有时候也领我孩子跟着马队出去，趁着我接触这些游客，让他也长长见识，不仅要学书本上东西，更多的得学社会上的东西，这比书本上还重要……	社会教育	
L-24……我要有了孩子，只要有时间我就会带他出去旅行，因为我看了太多的背包客了，旅行真的可以让人成长，让孩子知道这个世界有多大……	教育方式	

续表

访谈材料	开放性编码	
	概念化	范畴化
L-04……现在一天做生意忙，但旅游带来的效益还可以，实在点家庭关系也越来越好了，以前没钱天天为了生活吵架……	家庭关系	OC-18 家庭角色
L-10……我们全家都在围着这个餐厅和纪念品店干，我老公负责卖货，我爸妈主要是餐厅，我是咖啡厅，我还管家里的杂事，这比以前我们回族女性我会累很多，没办法，生活就这样嘛……	女性角色	
L-14……我老公在镇上跑车，在我忙的时候也帮我卖衣服，有时候客人多，他还帮我给孩子做饭，这要是放以前根本想都不敢想……	男性角色	
L-07……得经常学习啊，冬天淡季我带着媳妇去海南、厦门那边去看看人家青旅咋弄，学些经验回来再创新吧，现在不学习生意根本做不下去……	学习内容	OC-19 学习教育
L-11……我不想上学，也念不进去，现在我们特别重视旅游，我觉得收房租，做直播也很挣钱，反正旅游一直可以搞，上学当公务员多可怜……	学习风气	
L-12……我明年就不能带游客了，我爷爷要送去我当和尚，我不想当和尚，我想上学继续给游客讲……	学习欲望	
L-19……有次一个顾客问我上面画的是谁，我不知道，结果没想到他给我讲出来了，弄得我很尴尬，作为藏族人连自己的文化都不清楚很丢人，所以我还得好好学……	学习态度	
L-22……现在很多游客就是冲着藏医来找我看病的，所以我经常看书和我师傅学习……	职业技能	
L-02……在学习生活以外的时间都会去旅游，壮族地区、西藏和日本都去过，也没有说哪个地方很好，也没有说哪个地方很差，文化差异比较大……	外出旅行	OC-20 娱乐活动
L-03……现在旺季了，哪还有玩的时间，就趁着这时候挣钱呢，冬天闲一点但是这里也就没啥玩的了……	休闲时间	

第五章 西北民族地区旅游影响的实证研究　227

续表

访谈材料	开放性编码	
	概念化	范畴化
L-11……小时候骑马呀，打篮球呀，现在玩的很多啊，我平时就打游戏、喝酒、上网，反正每天闲着没事干，直播挣的钱就玩呀……	娱乐方式	OC-20 娱乐活动
L-16……现在家里都有钱了，尤其是一些靠收房租的家庭，年轻人就赌博、喝酒、打架，他们不用工作就有钱……	不良娱乐	
L-05……后天就是插箭节，我阿爸要带我去插箭，越来越热闹了，有好多游客来看……	重视节事	OC-21 民族节事
L-08……那些游客去看天葬，还拍照讨论，天葬是我们人生最伟大的布施，很神圣，他们很不尊重我们，说我们很残忍，他们的亲人去世有人成群结队去参观是什么感受……	影响节事	
L-24……现在过民族节日的时候外地游客比较多，很多年轻人都趁着过节做生意挣钱，都是年龄大的人去参加，再过些年估计节日越来越淡了……	占用节事时间	
L-06……我觉得宗教信仰在心里就行了，就像戴帽子，我不喜欢带，不戴帽子就不是回族人了？游客来还问这里是回族开的吗？那算了，我想感受藏族风情的客栈……	宗教观念	OC-22 宗教信仰
L-21……现在每天都特别忙，早上一起来就要帮忙卖饭，没有时间去转经，冬天闲下来我们都会去……	占用宗教时间	
L-22……我们诵经的时候，游客擅自闯入，大声喧哗，很让人烦，而且跑到我们僧人住的地方，很打扰我们的生活……	影响僧人生活	
L-23……你看看街道两边有些房子盖得比寺院还高，这就是不尊重，寺院是神圣的，可以来朝拜、学习，但是来游玩就不好了……	娱乐化冲击	
L-01……外面越新鲜的事物越在这里有吸引力，有些文化程度不高的人就容易把那些东西畸形化，改变了我们自己民族文化……	文化辨识	OC-23 文化传承

续表

访谈材料	开放性编码	
	概念化	范畴化
L-13……做生意的人为了吸引游客，将藏族将我们的天葬文化进行加工展现给游客，我估计郎木寺镇藏族文化会很快脱离真实的环境，成为简单的旅游符号，失去了原有价值意义……	文化商品化	OC-23 文化传承
L-15……随着旅游发展，慢慢镇子上外地过来做生意的人、来这里定居的人就越来越多了，他们的文化肯定给我们的文化传承带来了一定的影响……	外来文化	
L-17……县上发展旅游，有锅庄舞大赛，我们都特别喜欢，每个藏族女孩都会跳……	重视民族文化	
L-19……现在年轻人学这个的不多，太辛苦了，而且我们唐卡画师不能以挣钱为目的，我很多同学都觉得没有做生意划算……	技艺传承	
L-02……我出去看的多，我觉得藏族文化有好也有坏，我不做评价，现在都是自己咋想就咋做呗，为什么非要墨守成规……	文化认同	OC-24 民族认同
L-08……藏族肯定好啊，不然游客来这里干嘛，就是净化心灵来了，我们都是有信仰的人，你们汉族没有信仰会很累……	民族自豪感	
L-13……有些游客来说藏族人很粗鲁，卫生差，所以我每天接待游客的时候穿得很干净，也很有礼貌，他们只是停留在过去和一些误解中，作为年轻人我要通过自己的做法改变他们……	民族自尊心	
L-12……游客叫我我就喜欢他们，游客不叫我我就不喜欢他们……	拜金主义	OC-25 人生观
L-16……有些藏族小伙看见有游客在草场拍照就过去要钱，踩一脚50元，脾气很大，游客只好给钱走人了……	宰客现象	
L-18……以前我们藏族女孩到结婚年龄就结婚，然后每天在家里做家务，一辈子就这样结束了，现在好啊，我阿妈思想也开放了，支持我做我喜欢的事情，我也一直在想办法怎么在旅游上做得越来越好……	人生目的	

续表

访谈材料	开放性编码	
	概念化	范畴化
L-22……旅游发展让年轻人很浮躁,都想去外面看看,不想过原来放牧、念经祈福的平淡生活,寺院里现在不允许他们和游客接触……	人生态度	OC-25 人生观
L-01……以前我觉得政府这里不好,那里不好,现在我觉得政府政策真的很好,我们都是受了政府旅游发展的好处了,真的很感谢政府……	政治观念	OC-26 世界观
L-05……他们都来旅游,爸爸让我好好学习考大学,以后和他们一样去旅游,我想去看大海……	世界探索	
L-24……这里从外国人发展到现在满街道都是我们中国人,说明现在我们的社会越来越好了,希望游客再多点吧,让我们都有钱起来……	社会期望	
L-07……旅游给我带来的好处还是挺多的,我没文化,不是旅游发展我哪能有这么多经历,还找了老婆,希望这几年不好的生意现状能尽快改变一下吧……	幸福感	OC-27 价值观
L-13……我打算好好学专业知识,毕业回来为家乡的旅游出一份力,把这里的民族文化旅游真正规划好,让镇上的生活越来越好……	社会价值	
L-15……我挺喜欢我现在的职业的,我当兵回来放弃公务员工作做这个我觉得很值,每天很自由,说高大上一点,我也算是在宣传藏族文化,把藏族的东西介绍给游客……	职业价值	

2. 主轴性编码

主轴性编码的应用,主要是为了对当前存在的类属进行整理和分析,在整个研究分析过程中都能体现相应的作用和功能,需要把之前的相关开放性编码进行重组,然后从类属出发,将其视为主轴,对不同类属之间存在的相关联系进行明确和认知,选择最符合文本的主范畴,说明主范畴与副范畴、对应范畴之间的关系。在编码的过程中也发现了一些新的概念。本研究通过进一步分析和总结,获取了"日常生活""劳动生活""消费生活""交往生活""社会关系""家庭生活""学习娱乐""民族生活""世界三观"9个主范畴（参见表73）。

表73 主轴性编码分析

主轴性编码		关系内涵
主范畴	对应范畴	
AC-01 日常生活	服装饰品	"旅二代"的服装饰品是其日常生活的组成部分
	饮食方式	"旅二代"的饮食方式是其日常生活的组成部分
	人居方式	"旅二代"的人居方式是其日常生活的组成部分
	出行方式	"旅二代"的出行方式是其日常生活的组成部分
AC-02 劳动生活	经济收入	"旅二代"的经济收入是其劳动生活的组成部分
	生计方式	"旅二代"的生计方式是其劳动生活的组成部分
AC-03 消费生活	消费水平	"旅二代"的消费水平是其消费生活的组成部分
	消费方式	"旅二代"的消费方式是其消费生活的组成部分
AC-04 交往生活	语言文字	"旅二代"的语言文字是其进行交往生活的媒介
	人际交往	"旅二代"的人际交往是其交往生活的主要内容
	社会地位	"旅二代"的社会地位是其交往生活的最终体现
AC-05 社会关系	游客关系	"旅二代"与游客的关系是其社会关系的组成部分
	政府关系	"旅二代"与政府的关系是其社会关系的组成部分
	邻里关系	"旅二代"的邻里关系是其社会关系的组成部分
	民族关系	"旅二代"的民族关系是其社会关系的组成部分
AC-06 家庭生活	两性婚恋	"旅二代"的两性婚恋关系是家庭生活的组成部分
	子女教育	"旅二代"对其子女的教育是家庭生活的组成部分
	家庭角色	"旅二代"的家庭角色扮演是家庭生活的组成部分
AC-07 学习娱乐	学习教育	"旅二代"的学习教育是学习娱乐的组成部分
	娱乐活动	"旅二代"的娱乐活动是学习娱乐的组成部分
AC-08 民族生活	民族节事	"旅二代"的民族节事是其民族生活的组成部分
	宗教信仰	"旅二代"的宗教信仰是其民族生活的组成部分
	文化传承	"旅二代"的文化传承是其民族生活的精神支撑
	民族认同	"旅二代"的民族认同是其民族生活的组成部分

续表

主轴性编码		关系内涵
主范畴	对应范畴	
AC-09 世界三观	人生观	"旅二代"的人生观是世界三观的组成部分
	世界观	"旅二代"的世界观是世界三观的组成部分
	价值观	"旅二代"的价值观是世界三观的组成部分

3. 选择性编码

选择性编码的应用需要结合上述范畴来执行，必须以主轴性编码作为中心，实现编码的重新组合，并且系统建立核心范畴之间的联系，构建出理论框架的过程。选择性编码是扎根理论研究的最终结果，是质性资料分析的凝练提升。

本研究根据日常生活、劳动生活、消费生活三个主范畴分析提炼出"物质生活方式影响"的核心范畴；根据交往生活、社会关系、家庭生活三个主范畴分析提炼出"社会生活方式影响"的核心范畴；根据学习娱乐、民族生活、世界三观三个主范畴提炼出"精神生活方式影响"的核心范畴；核心概念类属在所有类属中占据中心位置，比其他所有的类属都更加集中，与大多数类属之间存在意义关联，最有实力成为资料的核心，且最容易进一步发展成为理论（参见表74）。

表74　　　　　　　　　选择性编码分析

选择性编码		对应范畴
核心范畴	主范畴	
SC-01 物质生活方式影响	日常生活	服装饰品、饮食方式、人居方式、出行方式
	劳动生活	经济收入、生计方式
	消费生活	消费水平、消费方式
SC-02 社会生活方式影响	交往生活	语言文字、人际交往、社会地位
	社会关系	游客关系、政府关系、邻里关系、民族关系
	家庭生活	两性婚恋、子女教育、家庭角色

续表

选择性编码		对应范畴
核心范畴	主范畴	
SC-03 精神生活方式影响	学习娱乐	学习教育、娱乐活动
	民族生活	民族节事、宗教信仰、文化传承、民族认同
	世界三观	人生观、世界观、价值观

（四）旅游发展对民族社区"旅二代"生活方式影响的理论模型框架

通过扎根理论的开放性编码和主轴编码，从获取的质性材料中提取归纳出旅游发展对碌曲县郎木寺镇"旅二代"生活方式影响有关的所有概念与范畴，在选择性编码阶段通过"条件—结果"矩阵建立起了核心范畴与主范畴、主范畴与副范畴之间的相互关联关系。基于以上扎根研究结果，旅游发展对"旅二代"生活方式影响的理论模型由"旅二代"物质生活方式影响、"旅二代"社会生活方式影响、"旅二代"精神生活方式影响三方面构成（参见图41）。

"旅二代"的物质生活方式影响、社会生活方式影响以及精神生活方式影响共同引起"旅二代"生活方式影响："旅二代"物质方面的日常生活、劳动生活、消费生活解构和重构了物质生活方式，形成了其物质生活方式的影响；"旅二代"社会方面的交往生活、社会关系、家庭生活解构和重构了社会生活方式，形成了其社会生活方式的影响；"旅二代"精神方面的学习娱乐、民族生活、世界三观解构和重构了其精神生活方式，形成了其精神生活方式的影响。

（五）旅游发展对民族社区"旅二代"生活方式影响的维度分析

1. 物质生活方式影响

（1）日常生活方式

随着民族社区旅游发展，郎木寺镇"旅二代"因旅游活动的强参与，对其日常生活方式的影响主要体现在服装饰品、饮食方式、人居方式、出行方式等方面。

服装饰品方面，大多数"旅二代"在旅游参与活动中为工作方便起见从而选择穿汉装，只有在民俗表演或节事活动时才穿民族服饰；部

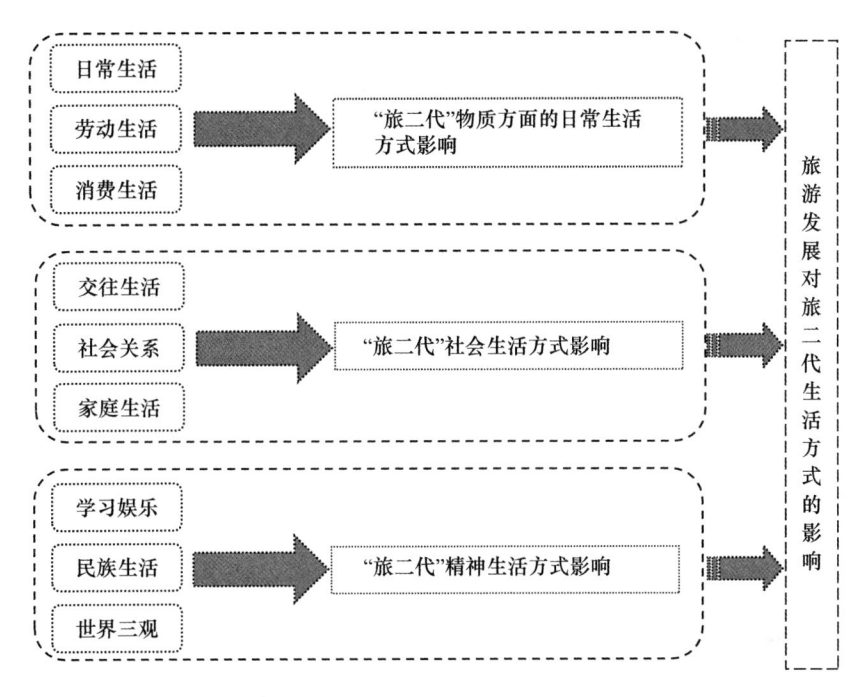

图 41　旅游发展对民族社区"旅二代"生活方式影响的理论模型

分女孩不喜欢穿着民族服饰而引起游客关注、拍照，认为旅游凝视给她们带来了不必要的烦恼；同时主客互动以及信息交流会使"旅二代"接触不同的服饰文化，影响他们的审美观，一些敢于尝试的青年便会学习游客的穿衣打扮；另外部分文化程度较高的"旅二代"则比较重视服饰文化，认为将藏族服饰文化展示给游客具有重要意义。代表性访谈材料如下：

……我这里刚开起来的时候为了突出藏餐厅风格都要求服务员穿藏袍，但是工作时候很不方便，容易沾到汤汤水水的，客人看见就会觉得藏族人很脏啊之类的，后面就不穿了……

……我是做马队的，好多游客就是想体验民族风情，我们肯定比小时候更注重衣服的干净和款式啊，让他们喜欢这种感觉，我们也有面子。不能让人家说你一个藏族人连藏袍都不穿，我还跟着你的马队玩什么……

饮食方式方面，随着旅游发展"旅二代"的饮食结构、饮食质量都较父辈有很大的提高，甚至因外国游客的到来逐渐出现了西餐厅、咖啡屋等西方餐饮文化；大多数"旅二代"因旅游经营会学习不同种类的餐饮制作方法，也会因经营竞争不断学习提高烹饪技能；同时为了迎合游客口味结合多种餐饮文化改良传统藏餐，产生了一部分新派藏餐；但是一些人觉得商家为了利益最大化使用廉价的食品材料，旅游旺季时候餐厅工作人员不注意卫生，他们尽量选择不在餐馆用餐。代表性访谈材料如下：

……就拿我们餐厅来说，游客肯定吃不惯传统的藏餐，现在我们就主要做的是新式藏餐，经过改良后就能让游客接受，我们平时也会这样吃……

……我们家最早是一个外国人来开的旅游餐厅，给当时外国游客吃饭，后来他走了我爸妈就接着干了，像这些苹果派、汉堡、咖啡都是他们教会我们做的……

……以前只有过节时候才会吃这么丰盛，现在游客来了就点我们很多的食物，给他们做的时候我们也顺便给自己多做一点，我弟弟现在吃的比我小时候好得多……

人居方式方面，旅游参与使其传统的牧居方式转变为定居方式；随着旅游带来的经济效益，大部分居民翻新了住房，空调、太阳能、卫浴等现代生活设施使用率大幅提升，极大程度上改善了居民条件；部分家庭将住房改建为民宿用于接待游客或者改建为商铺出租给外来经营户增加收入；盲目修建砖瓦房、钢混房使藏族传统人居文化受到了一定的冲击，原生态民居大量减少；政府盲目规划导致村落建筑同质化现象严重，民族村落形象遭受破坏，游客减少导致"旅二代"产生不满情绪。代表性访谈材料如下：

……我小时候家里的房子很小，后面旅游发展的越来越好，我爸就盖了新房子，楼下商铺给做生意的租出去，我们住在楼上，电暖气、太阳能这些也都装上了，我觉得和城里楼房没啥区别……

……以前那里都是木板房，我们藏族人讲究里不见土，外不见木，现在这些都没了，全部盖成了这种砖瓦房，我想找点回忆也只能靠照片了，很多外国游客就是因为喜欢这种传统的感觉，现在没有了他们也不来了……

出行方式方面，为促进旅游发展当地政府在交通基础设施、公共交通资源等方面加大投资建设，交通出行条件更加便捷；同时旅游参与活动和收入增加使"旅二代"的交通工具由骑马转变为摩托车、汽车；大量游客的进入也占用了居民公共交通资源，自驾游车辆造成街道交通拥堵、交通安全受到威胁。代表性访谈材料如下：

……现在村里大家都在搞旅游，有钱了肯定出行方便了，家里最早是骑马，再买了摩托车，现在开餐厅，我已经换了两个越野车了……

……现在国内自驾游客多，车也越来越多了，一到旺季街道都是堵的，我们跑车也不好跑了……

……以前去县城呀，合作呀一天只有一趟车，现在旅游的人越来越多，大巴也多了，我们去办事方便的很……

(2) 劳动生活方式

随着民族社区旅游发展，郎木寺镇"旅二代"劳动生活方式的影响主要体现在经济收入和生计方式这两大方面。

经济收入方面，"旅二代"的成长完整经历了旅游发展的各个时期，他们能真实体会到旅游经济收入的不同变化。通过旅游参与使"旅二代"经济收入与父辈相比有了大幅度提升，尤其是旅游扶贫、旅游创业等政策实施使他们的经济收入产生了质的飞跃；随着旅游参与人数增多、旅游经营竞争激烈，在促进创新经营的同时也涌现出不良竞争、虚假宣传等破坏市场秩序的现象；"旅二代"的经济收入增长速度随着旅游发展衰落期的到来进入了瓶颈阶段，也将面临多方面的挑战。代表性访谈材料如下：

……（旅游发展）那肯定带来的变化很大啊，做啥都能挣钱嘛，放牧一年能挣多少钱，有些人牛羊少连病都看不起……

……我小时候夏天出来和我妈妈卖东西那时候买东西的人多，卖东西的人少，现在都反过来了，生意越来越差，我只好编辫子，这个还不太多……

……这里和前几年没法比，外国人来的少了，中国人来也没有高消费了，好多店都关门搬走了，我还年轻呢挣不上钱，也得想别的办法了……

生计方式方面，旅游发展已经促使"旅二代"的生计方式由藏族的传统游牧、半农半牧方式过渡为进行不同的旅游参与活动；旅游发展带来了很多就业机会，他们可以在导游服务、马队经营、餐饮经营、纪念品零售、手工品制作、网络直播等多行业进行职业选择；旅游参与活动与传统劳作相比改善了工作环境，提高了工作趣味，减少了体力付出、增加了劳动收入；旅游参与大多以家庭经营为主，部分"旅二代"从小跟随父母从事旅游经营又将其继续壮大，家庭企业的代际传承得到了发展。代表性访谈材料如下：

……我16岁的时候，给劳累的游客背包，背上去背下来50块钱，现在小孩当向导，摆地摊，牵马，挣钱的门路更多……

……以前年轻人大多是放牧啊，种地啊，投资又大又累。现在旅游挣钱比那些舒服多了，我就拿个手机一天随便玩一会直播也能挣个好几百……

……哎，我没念下书，在家跟前又找不下啥工作，就跟着阿妈做这个生意了，比放牧情况好一点，也轻松……

（3）消费生活方式

随着民族社区旅游发展，郎木寺镇"旅二代"消费生活方式的影响主要体现在消费水平和消费方式两方面。

在消费水平方面，旅游经济的发展在一定程度上抬高了当地的物价水平，受访的"旅二代"认为尤其是在餐饮、住宿、房租、劳务这几方面较以前相比价格变化最大，无形中增大了他们的旅游经营成本和日常生活成本。同时由于郎木寺镇入境旅游成熟发展，也让他们的消费文化中融入了一部分国际元素，在日常与外国游客的交往沟通过程中，他们也会接受并购买一些国际品牌的高端商品。代表性访谈材料如下：

> ……东西贵呀，我感觉比兰州的东西贵，一个可能是交通不方便，另一个我觉得主要还是做旅游的生意，太注重利益了，物价就太高了……
>
> ……我们这里的人接触外国人多啊，我小时候他们来我妈店里给我巧克力什么的，都是外国的，进口的，我用的第一个化妆品就是英国游客送的。你看街道上西餐、咖啡、汉堡这些都是旅游后外国人带过来的……

在消费方式方面，"旅二代"在旅游参与活动中会逐渐改变自己的消费观念，从攀比黄金、珊瑚等珠宝饰品转变为注重现代产品消费、自我素质提升消费、旅游投资消费等科学消费观念。游客在旅游地的购物需求也带来了一些新的商品消费信息，丰富了他们的商品消费选择，例如：防晒霜、遮阳伞、鞋套、自拍杆等。同时旅游服务的不断完善，在满足游客旅游体验的同时也丰富了他们的日常消费结构，从单一化传统藏区消费方式过渡为多元化现代社会消费方式。代表性访谈材料如下：

> ……以前我们青年人比谁的珊瑚大，谁的蜜蜡好，谁的黄金首饰多，现在和游客打交道，开始看他们穿什么，用什么，怎么玩，就会比较谁的手机，谁的车好……
>
> ……前几年游客来店里买东西，要的东西店里都没有，我们也没听过，后面进货时候我就多留意一下，进回来不光游客买，当地人也在用。现在啥都方便了，为了迎合游客我在网上，四川那边批发市场里也会买一些他们喜欢的东西……
>
> ……郎木寺是东方小瑞士，喝酒呀，唱歌呀，想玩什么只要花钱都可以，反正我感觉自己一直没钱，还没玩好……

2. 社会生活方式影响

（1）交往生活方式

旅游发展对郎木寺镇"旅二代"交往生活方式的影响主要体现在语言文字、人际交往和社会地位等方面。

在语言文字方面，旅游发展对"80后""旅二代"的语言学习影响比较大，大多是通过旅游参与在和游客交流过程中学习语言，甚至在最初外国游客多于国内游客时他们英语水平强于汉族水平。而对于"90后""00后""旅二代"，基础教育普及程度高，学校全部实行双语教学，有的还开设英语课程，他们的语言学习途径主要通过学校课堂，与游客交流只是提高了他们普通话的熟练度。同时因为宗教信仰的缘故，大部分"旅二代"认为旅游发展不会使自己放弃藏语和藏文的使用。代表性访谈材料如下：

……以前旅游对语言影响挺大的，他们（藏族人）很多都没和外界接触过，为了挣游客钱就学英语、汉语。但是现在我们语言学习主要是在学校，连寺院里的学校都是双语教学……

……我们现在主要说的还是藏语，我觉得旅游再怎么发展也不会影响到我们说藏语、用藏文，只能帮助我们练习学校学的汉语而已……

在人际交往方面，旅游发展扩大了"旅二代"的交友范围，作为年轻人他们都喜欢通过与游客交流来了解外面的世界，丰富自己的人生阅历。旅游参与让他们有机会认识五湖四海的朋友，有的一直保持着稳定的交往关系。一些"旅二代"利用网络平台进行直播，拥有数万粉丝，他们通过网络社交途径宣传当地旅游资源和藏族文化，成为专业网络旅游主播。但是随着人际交往的便捷化，部分未成年人向游客学习抽烟、喝酒以及接受不良信息，这些不良交友行为严重影响了其身心健康。代表性访谈材料如下：

……以前小时候主要是围绕着这个村交友的，现在可以说是全国各地的朋友因为旅游认识了，我有一个特别好的外国朋友，他每年都来找我玩，还有一个藏族名字……

……旅游让我认识了很多人，尤其是年轻人他们来店里吃饭、喝东西，我和他们交流真的长了很多见识，每个人的故事都让我深有感触……

……我弟弟前段时间当向导认识几个游客，他们晚上叫我弟弟去喝酒，还给他抽烟，我感觉把他带坏了，就把他叫回家了，他还和我生气说不给他面子……

在社会地位方面，通过旅游活动使游客对藏族文化有了真实了解，从而消除了对藏族人的误解，"旅二代"的社交地位有了很大改变。旅游发展让"旅二代"收入增加、生活条件得到改善，与其他牧民青年相比，他们的经济地位也有明显变化。通过旅游参与使他们拥有良好的个人素质，丰富的人生阅历可以帮助他人解决问题从而树立了良好的个人声望。女性"旅二代"在旅游经营中扮演着重要的角色，通过参与餐饮、住宿等服务业实现了自己的社会价值，提升了藏族女性的社会地位。代表性访谈材料如下：

……旅游发展让我们有钱了，社会地位肯定高。这个镇子上旅游建设都是我妈包的工程，我做什么还是比较容易……

……相对于我别的朋友，可能我接触的人比他们多，我又走过很多地方，他们有啥不懂的事情或者生活中有烦恼都会找我来聊天解决……

……我们女孩子现在可以做自己喜欢的事情，以前藏族女的地位挺低的，又干不了重活，只能做饭之类的，现在我喜欢咖啡，我可以做自己喜欢的事情，还可以挣钱……

（2）社会关系方式

旅游发展对郎木寺镇"旅二代"社会关系方式的影响主要分为游客关系、政府关系、邻里关系、民族关系等方面。

在游客关系方面，旅游发展给了"旅二代"与不同游客的接触机会，他们与游客的关系也呈现出不同的状态。在访谈中普遍表示作为热情好客的藏族人，他们从内心欢迎游客的到来并愿意和游客友好相处。但是部分人认为国外游客与他们的友好程度要大于国内游客，他们更愿意接触入境旅游。因为藏区的条件限制，旅游接待服务与标准规范存在差距，游客出现的不理解、乱投诉行为让他们很被动。随着旅游人数增多，一些游客对民族风俗文化的不尊重导致"旅二代"和游客之间也会产生矛盾。代表性访谈材料如下：

……我小时候和游客关系很好，都是外国人，人家素质特别高，他们就问我，小孩有马嘛？我说有。他们说带我去转转，然后给我些零食，我年龄小走得慢，我记得还有一个年龄大的要背我……

……现在游客要求比较高，我们家算是客栈环境好的，但是没法做消毒，就不提供浴巾，他们就投诉我们……

……旅游越来越多，我们诵经他们就拍照，还有去看天葬拍照的，根本不懂尊重我们，还有游客说我们吃肉是假僧人……

在政府关系方面，"旅二代"全过程经历并参与了郎木寺镇的旅游发展，是政府旅游发展政策的直接受益者，他们感谢政府给他们带来的基础设施建设、就业创业帮扶、企业营销宣传等旅游红利。但是部分人认为在旅游参与活动中政府不能很好地接纳他们的建言献策，他们的切身利益受到影响，例如政府的产品设计工作缺乏灵活创新，旅游规划工作导致同质化现象严重，基础设施建设影响旅游旺季经营。他们迫切希望可以成立民间旅游协会与政府部门共同商议旅游发展事宜。代表性访谈材料如下：

……给你讲，去年的时候，我们整个小镇组织起来免费给游客跳民族特色舞，一起跳舞、对歌、发羊排给游客今年不让干了，没有理由……

……旅游规划的人什么都不懂，越来越没有这里的特色了，原来啊，这个镇上都是用上好的木头做的藏式回式的小二楼，人家说不行，全都拆掉了。旅游淡季什么都不做，一到旺季这里挖那里建，游客怎么玩……

在邻里关系方面，在旅游经济利益的驱使下"旅二代"的邻里关系逐渐从单一社区关系转变为多种角色关系。在旅游参与中部分邻里间形成了良好的合作经营关系，例如超市通过客栈向客人提供商品。面对经济利益也可以做到合理分配，例如回族客栈间相互介绍客源，合作宣传营销。但是从事纪念品零售的小摊贩会因为商品同质化严重导致经营竞争激烈，恶意宣传、降价销售、争抢客源等影响邻里关系的行为。代表性访谈材料如下：

> ……现在生意不好做了，家家竞争都比较大，我们这几家的货基本上都差不多，有时候他们卖得比我便宜抢我的生意，我很气愤那又有什么办法，哎，现在人情味很淡……
> ……现在都是绑在一块做生意挣钱，我这几个邻居的宾馆里客人需要一些饮料、方便面之类的我就给送过去，这种合作我们都好多年了……
> ……我们有时候房间满了，也不会在网上关房，有客人预定了我就告诉他我家房子满了，邻居家还有，如果客人同意我就介绍过去，邻居也会这样帮我……

在民族关系方面，郎木寺镇是藏、回两个民族聚居的社区，旅游发展加深了民族间的沟通交流。"旅二代"作为年轻的一代，他们的民族交往更加包容、开放。笔者在访谈过程中遇到一家年轻的藏回家庭，早晨妻子去寺院转经，丈夫去清真寺做礼拜，然后在餐馆开始接待游客。但是也出现一些利益分配不均产生的纠纷，部分宗教原因导致清真寺修建滞后、回族青年无法从事向导、讲解等工作。代表性访谈材料如下：

> ……我想暑假去寺院门口当导游，他们（寺管会）嫌弃我是回族，就不让我去，我总能带游客去峡谷吧，我又不是啥都不懂，我有一个堂哥在那里卖纪念品，他们（藏族卖纪念品的年轻人）说抢他们生意，还打了我哥……

……四川那边的藏族和回族关系很好，他们的活佛告诉他们要尊重回族信仰，还靠着我们回族人带动旅游生意和服务业；但是，甘肃这边可能经济发展快点，就有很多矛盾，之前为了修清真寺还打架打伤了我们回族的……

（3）家庭生活方式

旅游发展对郎木寺镇"旅二代"家庭生活方式的影响主要分为两性婚恋、子女教育、家庭角色等。

在两性婚恋方面，旅游发展对"旅二代"的两性观、婚恋交友、婚姻生活、生育观、择偶观等都带来了改变。与以往藏族传统婚恋不同，有的"旅二代"通过旅游参与和异性游客相识、相恋，最后组成家庭。也有被旅游发展带来的异文化所影响，产生了同性恋、丁克族等不同的两性观。另外，他们在选择配偶时与以前相比多会考虑对方的职业技能、旅游从业、个人收入等因素。在婚姻生活中，旅游参与给他们带来了更多的幸福感和充实感，对家庭生活也有了正确的规划，同时他们的生育观念也开始向优生优育、男女平等转变。代表性访谈材料如下：

……像我们这一代的话，我是从小接触各种人比较多，思想当然很开放啊，我偷偷结婚了，她是汉族，我们在西班牙领的结婚证，家里人知道这种情况，不同意，我们这一群人（同性恋）在网络、大众和社会上受到的压力很多很多……

……我老婆是兰州人，我们通过青旅认识的，她有一次来这里玩，住我的店，挺喜欢我的生活方式的，后面我们就经常聊天，最后就结婚了……

……以前我们有很多男的入赘女的家里，我觉得不可能这样，我打算找老婆找一个会做生意的，能和我一起把这个店开好，我爸也就放心了，现在肯定和以前不一样，以前肯定不会想她能不能做生意……

在子女教育方面，旅游发展让"旅二代"深刻认识到了文化教育的重要性，都表示自己要比父辈更加重视子女教育，利用旅游收入为子女提供更好的教育资源。鼓励子女外出旅行，通过旅游来了解大千世界帮助人生成长。引导子女学习旅游管理专业知识，期望他们将来从事家乡旅游事业。部分"旅二代"鼓励子女在假期参与旅游经营活动，认为可以开阔视野，增长见识，锻炼社会实践能力。但是面对游客的不良行为，他们有时也担心会影响子女的学习成长，便当作反面案例进行引导教育或者选择让子女不再接触游客。代表性访谈材料如下：

> ……天天和游客打交道，人家过的啥日子，吃得好，穿得好，还可以到处玩，肯定要让孩子把书念下，总不能去放牧吧，我反正会不惜一切代价让他从这走出去……
>
> ……我爸给我选了旅游管理这个专业，是觉得我们这里旅游还可以好好打造，我学出来也好就业，回来发展自己家乡……
>
> ……我现在有时候也领我孩子跟着马队出去，趁着我接触这些游客，让他也长长见识，不仅要学书本上东西，更多的得学社会上的东西，这比书本上还重要……

在家庭角色方面，"旅二代"旅游参与形式大多数以家庭单位为主，家庭分工对其凝聚力、责任心、幸福感都起到了促进作用，充实的旅游经营生活让家庭成员间得到相互理解，家庭收入提高也有效避免了生活矛盾的产生。女性的家庭角色凸显，既要承担家庭事务也要进行旅游参与，她们普遍表示生活压力比以前更大。与此同时，男性的家庭角色也有所变化，不再只是外出劳作，繁忙时也替妻子承担一些家庭事务，家庭男尊女卑的封建思想得到转变。代表性访谈材料如下：

> ……现在一天做生意忙，但旅游带来的效益还可以，实在点家庭关系也越来越好了，以前没钱天天为了生活吵架……
>
> ……我们全家都在围着这个餐厅和纪念品店干，我老公负责卖货，我爸妈主要是餐厅，我是咖啡厅，我还管家里的杂事，这比以前我们回族女性我会累很多，没办法，生活就这样嘛……
>
> ……我老公在镇上跑车，在我忙的时候也帮我卖衣服，有时候

客人多,他还帮我给孩子做饭,这要是放以前根本想都不敢想⋯⋯

3. 精神生活方式影响
（1）学习娱乐方式

旅游发展对郎木寺镇"旅二代"学习娱乐方式的影响主要分为学习教育、娱乐活动两方面。

在学习教育方面,为了提高职业素质和旅游经营的竞争力,"旅二代"已经开始重视自身的学习教育,明白了知识可以带来较高收入和优质生活。在文旅融合发展的大背景下,他们会投入大量的精力进行民族文化的学习和挖掘。部分人会选择在旅游淡季,通过旅行的方式前往旅游发展成功的地区学习一些经营模式、产品创新。但是一些靠出租房屋获利的"旅二代"则表现出厌学的反应,他们认为房东工作轻松、收入可观,没有必要去辛苦学习。代表性访谈材料如下:

⋯⋯得经常学习啊,冬天淡季我带着媳妇去海南、厦门那边去看看人家青旅咋弄,学些经验回来再创新吧,现在不学习生意根本做不下去⋯⋯

⋯⋯我不想上学,也念不进去,现在我们特别重视旅游,我觉得收房租、做直播也很挣钱,反正旅游一直可以搞,上学当公务员多可怜⋯⋯

⋯⋯我明年就不能带游客了,我爷爷要送去我当和尚,我不想当和尚,我想上学继续给游客讲⋯⋯

⋯⋯有次一个顾客问我上面画的是谁,我不知道,结果没想到他给我讲出来了,弄得我很尴尬,作为藏族人连自己的文化都不清楚很丢人,所以我还得好好学⋯⋯

在娱乐活动方面,旅游发展给"旅二代"带来了更多的娱乐活动。在旅游旺季他们的休闲娱乐时间会被工作大量占用,因此休闲时间主要集中在秋冬季节。活动内容也与之前相比丰富了很多,例如唱歌、喝酒、看电影、自驾游、网络游戏等。当地因旅游而出现的休闲娱乐场所,在满足游客的同时也给他们带来了多种选择。随着家庭收入迅速提高，部分"旅二代"也开始沉迷网络游戏，参与酗酒、赌博等不良娱乐活动，对社会治安造成了影响。代表性访谈材料如下：

……在学习生活以外的时间都会去旅游，壮族地区、西藏和日本都去过，也没有说哪个地方很好，也没有说哪个地方很差，文化差异比较大……

……现在旺季了，哪还有玩的时间，就趁着这时候挣钱呢，冬天闲一点但是这里也就没啥玩的了……

……小时候骑马呀，打篮球呀，现在玩的很多啊，我平时就打游戏、喝酒、上网，反正每天闲着没事干，直播挣的钱就玩呀……

……现在家里都有钱了，尤其是一些靠收房租的家庭，年轻人就赌博、喝酒、打架，他们不用工作就有钱……

（2）民族生活方式

旅游发展对郎木寺镇"旅二代"民族生活方式的影响主要分为民族节事、宗教信仰、文化传承、民族认同等方面。

在民族节事方面，旅游发展对"旅二代"的影响是双面的。因为旅游发展他们十分重视每个民族节事，将传统的节事文化进行传承和发展，打造了各种独具特色的民族旅游品牌。但是游客的参与让民族节事也受到了一些影响，过度商品化、娱乐化导致节事文化失去了本真性，部分"旅二代"在节事期间忙碌于旅游经营而没有闲暇时间参加或者将节事仪式进行简化。代表性访谈材料如下：

……后天就是插箭节，我阿爸要带我去插箭，越来越热闹了，有好多游客来看……

……那些游客去看天葬，还拍照讨论，天葬是我们人生最伟大的布施，很神圣，他们很不尊重我们，说我们很残忍，他们的亲人去世有人成群结队去参观是什么感受……

……现在过民族节日的时候外地游客比较多，很多年轻人都趁着过节做生意挣钱，都是年龄大的人去参加，再过些年估计节日越来越淡了……

在宗教信仰方面，由于郎木寺镇的特殊性"旅二代"依旧拥有完整的宗教信仰。但是随着旅游经济的发展，也产生了不同的变化，部分人认为宗教信仰应从内心出发没必要形式化，笔者在田野调查过程中发现当地回族青年很少有人戴回帽。在旅游旺季，经营活动占据了"旅二代"从事宗教活动的时间，他们大多只在秋冬季节从事宗教活动。游客的进入也占用了部分宗教资源，给"旅二代"的宗教活动带来了不便。因为旅游接待服务，他们的宗教信仰也面临着娱乐化冲击。代表性访谈材料如下：

……我觉得宗教信仰在心里就行了，就像戴帽子，我不喜欢带，不戴帽子就不是回族人了？游客来还问这里是回族开的吗？那算了，我想感受藏族风情的客栈……

……现在每天都特别忙，早上一起来就要帮忙卖饭，没有时间去转经，冬天闲下来我们都会去……

……你看看街道两边有些房子盖得比寺院还高，这就是不尊重，寺院是神圣的，可以来朝拜、学习，但是来游玩就不好了……

在文化传承方面，旅游移民、旅游经营移民和游客随着旅游发展进入社区，势必给"旅二代"带来文化冲击。旅游产品的粗犷开发使得民族文化失去原本意义，成为肤浅的旅游符号。一些文化程度较低的"旅二代"会被新鲜的外来文化所吸引，从而产生畸形化的文化传承。部分民族技艺无法带来巨大的经济效益而被"旅二代"忽视。但是近几年民族旅游的文旅融合发展使"旅二代"对民族文化的地位有了新的认识，他们也逐渐重视本民族文化的保护与传承发展。代表性访谈材料如下：

……外面越新鲜的事物越在这里有吸引力，有些文化程度不高的人就容易把那些东西畸形化，改变了我们自己民族文化……

……做生意的人为了吸引游客，将藏族将我们的天葬文化进行加工展现给游客，我估计郎木寺镇藏族文化会很快脱离真实的环境，成为简单的旅游符号，失去了原有价值意义……

……县上发展旅游，有锅庄舞大赛，我们都特别喜欢，每个藏族女孩都会跳……

……现在年轻人学这个的不多，太辛苦了，而且我们唐卡画师不能以挣钱为目的，我很多同学都觉得没有做生意划算……

在民族认同方面，旅游发展使得游客对藏族文化产生了浓厚的兴趣，当地的风土人情成为跨文化旅游的主要吸引物，由此"旅二代"的旅游参与使得其民族自豪感更加明显，他们认为游客通过藏族文化熏陶可以净化心灵、放空自我。但是在旅游活动的多文化交流中，他们也会向其他民族学习一些优秀的民族文化。在旅游接待服务中，面对游客凝视他们的民族自尊心也逐渐变强，会注意个人卫生、穿着打扮、礼貌用语，避免游客对藏族产生误解和偏见。代表性访谈材料如下：

……我出去看的多，我觉得藏族文化有好也有坏，我不做评价，现在都是自己咋想就咋做呗，为什么非要墨守成规……

……藏族肯定好啊，不然游客来这里干嘛，就是净化心灵来了，我们都是有信仰的人，你们汉族没有信仰会很累……

……有些游客来说藏族人很粗鲁，卫生差，所以我每天接待游客的时候穿得都很干净，也很有礼貌，他们只是停留在过去和一些误解中，作为年轻人我要通过自己的做法改变他们……

（3）世界三观

旅游发展对郎木寺镇"旅二代"世界三观的影响主要分为人生观、世界观、价值观三个方面。

在人生观方面，旅游发展带来的外界冲击使"旅二代"从一种与世隔绝的安逸现状中挣脱出来，迸发出了强烈的探索欲和自我激励，他们不再认为生活是来自上天的安排，而开始积极上进、勇敢追求自己向往的人生。从小经历旅游发展，与不同的游客接触过程让他们树立了明确的人生目的、人生价值和人生方向。但旅游带来的经济利益也让他们产生了拜金主义、投机取巧、不劳而获的扭曲人生观，从以前的注重精神生活转变为注重物质生活。代表性访谈材料如下：

……有些藏族小伙看见有游客在草场拍照就过去要钱，踩一脚50元，脾气很大，游客只好给钱走人了……

……以前我们藏族女孩到结婚年龄就结婚，然后每天在家里做家务，一辈子就这样结束了，现在好啊，我阿妈思想也开放了，支持我做我喜欢的事情，我也一直在想办法怎么在旅游上做得越来越好……

……旅游发展让年轻人很浮躁，都想去外面看看，不想过原来放牧、念经祈福的平淡生活，寺院里现在不允许他们和游客接触……

在世界观方面，旅游参与让"旅二代"打开了世界的大门，从封闭的藏区走向了世界，激发了他们探索世界的欲望。他们在旅游参与中不断地了解世界并通过自己的努力尝试改变一些现象。国家和政府实施的一系列旅游政策和措施促进了当地旅游的健康发展，帮助他们树立了正确的政治观念，在良好的营商环境下实现了自己的价值。另外他们还根据自己的成长经历建立了正确的社会期望，并为之而努力。代表性访谈材料如下：

……以前我觉得政府这里不好，那里不好，现在我觉得政府政策真的很好，我们都是受了政府旅游发展的好处了，真的很感谢政府……

……他们都来旅游，爸爸让我好好学习考大学，以后和他们一样去旅游，我想去看大海……

……这里从外国人发现到现在满街道都是我们中国人，说明现在我们的社会越来越好了，希望游客再多点吧，让我们都有钱起来……

在价值观方面，"旅二代"通过旅游参与使自身的人生价值观、职业价值观、社会价值观等得到了改变。通过旅游参与更好地实现了人生价值，提升了他们的幸福感。他们结合旅游发展和自身实际建立了正确的职业价值观，认识到了自己的职业在旅游发展中起到了什么作用，了解了民族旅游的重要性。同时旅游发展帮助他们构建正确的社会价值观，使他们从封闭的藏区生活转变为现代化多民族融合的生活，铸牢中华民族共同体意识，引导他们通过旅游参与实现自己的社会价值。代表性访谈材料如下：

……旅游给我带来的好处还是挺多的，我没文化，不是旅游发展我哪能有这么多经历，还找了老婆，希望这几年不好的生意现状能尽快改变一下吧……

……我打算好好学专业知识，毕业回来为家乡的旅游出一份力，把这里的民族文化旅游真正规划好，让镇上的生活越来越好……

……我挺喜欢我现在的职业的，我当兵回来放弃公务员工作做这个我觉得很值，每天很自由，说高大上一点，我也算是在宣传藏族文化，把藏族的东西介绍给游客……

（六）结论

1. 证实了旅游发展对"旅二代"生活方式产生了显著影响

本研究参考民族学、社会学的生活方式研究内容，确定旅游发展对"旅二代"生活方式之影响的概念及构成要素，进行了旅游发展对"旅二代"生活方式影响的因果关系描述，包括旅游发展对"旅二代"影响的具体内容及这一影响如何产生两部分。通过案例数据分析发现：民族旅游发展使得社区"旅二代"的物质生活、社会生活、精神生活与未参与或经历旅游的社区其他青少年群体相比，出现明显差异，这些差异共同作用和影响着"旅二代"生活方式现状。

2. 构建出旅游发展对"旅二代"生活方式影响的理论框架模型

通过对25个访谈原始资料进行扎根分析，提炼出102个初始概念，归类出27个副范畴，整合出9个主范畴，最终得出3个核心范畴。研究发现：旅游发展给民族社区"旅二代"生活方式带来的影响是由物质生活方式影响、社会生活方式影响以及精神生活方式影响三个核心范畴共同作用所引起的；日常生活、劳动生活、消费生活是物质生活方式的解构与重构；交往生活、社会关系、家庭生活是社会物质生活的解构与重构；学习娱乐、民族生活、世界三观是精神生活方式的结构与重构。

3. 得出旅游发展对"旅二代"物质生活方式的具体影响

通过对"旅二代"物质生活方式影响模型的各维度分析发现，旅游发展对民族社区"旅二代"的物质生活方式影响巨大。在日常生活方面，他们的生活质量得到大幅度提升，生活内容更加丰富充实，衣食住行文化产生不同程度的变迁，同时也出现了一些因为旅游带来的生活问题；在劳动生活方面，他们的经济收入明显增加，随着旅游发展也出现了一些经营竞争大、经济收入健康增长面临挑战等问题；在消费生活方面，旅游发展给他们带来物价过高、消费水平上升、消费观念转变、消费方式多元化等方面的变化。

4. 得出旅游发展对"旅二代"社会生活方式的具体影响

通过对"旅二代"社会生活方式影响模型的各维度分析发现，旅游发展对民族社区"旅二代"的社会生活方式影响巨大。在交往生活方面，旅游参与活动促进了他们语言学习，扩大了其社交范围，提高了其社会地位；在社会关系方面，游客行为直接影响了主客关系变化，他们感谢政府的旅游政策并期望决策更加科学民主，旅游参与使邻里关系由单一社区关系转变为合作竞争关系，旅游活动加深了民族间的沟通交流；在家庭生活方面，旅游发展改变了婚恋交友方式、婚姻生活习惯等，同时他们更加重视子女教育，旅游经营提升了家庭的凝聚力、责任心和幸福感。

5. 得出旅游发展对"旅二代"精神生活方式的具体影响

通过对"旅二代"精神生活方式影响模型的各维度分析发现，旅游发展对民族社区"旅二代"的精神生活方式影响巨大。在学习娱乐方面，他们经常通过外出旅行、查阅资料等方式进行自学，提高职业素质和旅游经营的竞争力，同时旅游发展也丰富了他们的休闲娱乐活动内容；在民族生活方面，旅游发展势必带来民族文化变迁，他们的民族生活方式都有不同程度的变化，文旅融合发展也使他们更加重视民族文化的传承保护；在世界三观方面，他们通过旅游参与树立了明确的人生目的、人生价值和人生方向，建立了符合时代发展的世界观和价值观。

第六章

西北民族地区旅游影响调控机制的构建及对策建议

第一节 西北民族地区旅游影响调控机制的构建

总体而言，虽然程度不同，但处于旅游地不同生命周期阶段的居民对旅游业发展基本都持支持态度。这就为西北民族地区提出的旅游影响调控机制减少了其中一方面的阻力，促使西北民族地区旅游发展相关调控的实施，促进其稳步发展。然而，西北民族地区旅游业在发展的过程中仍然显现出一些阻碍其进步和发展的现象和问题。基于西北民族地区旅游发展所产生的负面影响，本报告提出针对西北民族地区旅游发展在经济、社会文化、生态环境方面产生负面影响的相关调控措施。

一 西北民族地区旅游影响调控的内容

西北民族地区旅游产生的负面影响应需进行强有力的调控，以确保民族地区旅游实现可持续稳定发展。我们将感知维度分为三个维度，分别是经济、社会文化和生态环境这三个维度的感知。随着西北民族地区旅游业的发展，民族地区消费方式发生转变，利益相关者利益分配不均，西北民族地区的居民普遍认为物价上涨、土地房屋价格上涨，贫富差距正在不断地扩大，总体表现为居民生活成本增加。外来环境因素影响使民族文化被同化，外来游客的进入使得民族地区原有的封闭和宁静被打破，民族地区原有的传统民族文化的独特性受到冲击，原有的语言文化也会在旅游活动进行的过程中弱化。与此同时，旅游者带来的与民族地区不同的价值观念也会冲击当地居民原有的价值观、民族信仰等。例如，为了一味迎合旅游者的需要，当地居民会将一些具有特殊意义的神圣仪式搬到舞台上，进行反复频繁的演出，使民族传统文化失去了原有的内涵。同时旅游引起的生产、生活方式的改变，使得民族文化的原真性难以保持。民族地区旅游也会对与生活息息相关的饮食文化、服饰文化和民族建筑发生作用，衣、食、住三方面各民族普遍认为都会产生较为明显的影响。另外旅游发展也使得民族地区的环境破坏，也会造成一定程度的水污染、噪声污染、环境污染等。对此，相关行政管理部门应稳定物价，通过相关手段提升当地居民的经济水平，保护当地居民的利益，权衡利益相关者的利益。市场是旅游发展重要的主体，所以应正确发挥市场的作用。应大力保护当地传统民族文化，通过相关手段，例如通过宣传、培训等方式让当地居民了解到民族传统文化的重要性。建立科学的信仰与观念，矫正当地居民自身存在的一些不良的价值观念。相关环境保护部门需要调适旅游发展对环境所产生的负面影响，在旅游资源开发时也应注重生态环境的保护，促进西北民族地区旅游业的可持续发展。[1]

二　西北民族地区旅游影响调控的原则

（一）可持续发展原则

旅游应该是在可持续发展基础上开发研究进行的可持续发展，在发展的过程中我们应该注重将可持续发展的角度和观点融入旅游开发和研究当中，在旅游开发研究及其运作的过程中做好可持续发展的相关调控，让旅游资源能够长久、可持续地发展下去，使发展成果惠及子孙后代。在近20年西北民族地区旅游发展的过程中，可持续发展原则也贯穿其中并且起到了很重要的作用。例如在经济方面，可持续发展要求在经济发展的同时也要注重保护脆弱的自然环境系统，平衡经济发展与可持续发展的关系；在社会文化方面，该原则以机会公平为重点，既能满

---

[1] 参见肖佑兴《旅游地目的地旅游效应及调试政策——以白水台为例》，硕士学位论文，云南师范大学，2002年。

足当代人的需求又不损害后代人的需求；在生态环境保护方面，可持续发展主要强调人类应与自然和谐共处。可持续发展原则的提出，意味着任何旅游地必须从长远的角度出发，注重公平性、可持续性、需求性和有限性等特性，从而在一定程度上保证西北民族地区旅游的可持续发展。

(二) 政府主导原则

民族旅游政策要通过实践才能检验其科学性和可操作性，我国西北民族地区旅游政策应该与该地区社会实际发展情况相一致。目前我国西北民族地区旅游业基本上走过了旅游业的启动阶段，处于快速发展阶段，但整体上仍处于旅游业的发展成长期，旅游经济发展水平整体较弱，旅游市场尚未形成一个完整的运营与管理体系，旅游产业链仍然没有完全成熟。针对现阶段我国西北民族地区旅游业的发展现状，西北民族地区旅游业发展应该坚持政府主导原则。具体来说，"我国民族地区各级政府应履行其职能，政府在旅游业管理中应着重于旅游法规体系的建立和完善、规范市场竞争、协调相关职能部门、发挥政府的宏观调控和市场监管职能"[①]。坚持政府主导原则，西北民族地区旅游业发展应有政府出台的相关政策进行保障，使各要素都能在相对稳定的政策环境下发挥它们的作用，以实现西北民族地区旅游业发展的最优目标。

(三) 建设与发展相统一原则

旅游扶贫是民族地区经济发展的一个重要途径，旅游发展也为民族地区当地居民提供了许多就业机会，可以在一定程度上解决当地居民的生计问题。由于西北民族地区不当的开发也使得民族地区面临生态、资源破坏、民族文化蜕变、利益分配不均等一系列问题。所以西北民族地区要发展，就不能一味求快或者单纯追求经济效益而破坏民族地区原有的社会文化、生态环境等。西北民族地区在旅游业开发、发展的过程中也要兼顾所产生的一系列问题，应合理统筹这些问题并发挥相关行政部门的作用，妥善解决此类问题，例如在西北民族地区旅游业发展的过程中，针对旅游地居民的利益、旅游企业效益与环境效益之间的矛盾，政

---

① 参见熊元斌、朱静《论旅游业发展中的有限型政府主导模式》，《商业经济与管理》2006 年第 11 期。

府及其相关部门应出台相关政策法规来规范利益的分配，并做好防范预警工作，尽可能地减少这些问题的发生，使西北民族地区旅游业实现稳定有序发展，最终促进西北民族地区旅游业蓬勃发展。

（四）旅游地居民利益优先原则

西北民族地区应保障民族地区少数民族居民的利益。民族地区旅游规划与开发与民族地区居民的旅游态度有着直接的关联，赢得当地居民的支持，才会实现当地旅游业的和谐发展。[1] 如果西北民族地区当地居民对旅游资源规划与开发持反对态度，会直接导致当地旅游业发展的停滞或衰退。因此，在旅游发展中，民族地区政府为了实现当地旅游业的繁荣发展，必须尊重当地居民的意愿，切实保护当地居民的利益，适度采取社区参与的方式，更大程度地调动当地居民的积极性，最终促进民族地区旅游业的健康可持续发展。旅游者是旅游活动的主体。西北民族地区还应在发展旅游的过程中重视旅游者的利益，协调好当地居民与旅游者的利害关系。要使旅游者对西北民族地区旅游业发展有良好的感知，必须重视旅游者的利益。这样旅游者才可能有机会继续到访，或通过电话、互联网等一系列传播方式影响身边的人，吸引更多的潜在旅游者进入本地区，为该地区旅游业发展注入活力。

（五）民族传统文化开发保护原则

我国独具特色的少数民族文化，是在原生态的自然环境与悠久的历史中体现的。它们民族特色鲜明、底蕴深厚，是中华民族灿烂文化的重要组成部分。西北民族地区也因为其特色鲜明、绚丽多姿的民族文化吸引着众多游客前来欣赏体验。由于它满足了游客的求异、追求审美和体验的心理，这些特色鲜明的少数民族文化正是各少数民族地区旅游开发的核心优势。然而旅游业在给少数民族地区带来巨大经济效益的同时，也导致了民族文化的"商品化、舞台化、庸俗化"以及民族认同感在一定程度上弱化等不良现象的出现，很多民族地区甚至将神圣的、有规定时限的祭祀仪式搬上舞台频繁演出，这就弱化了民族地区的民族认同感和民族归属感，不利于民族文化的保护。所以在西北民族地区旅游业

---

[1] 参见吴晓东、陈一军等《民族地区旅游扶贫长效机制研究——基于文化建设软实力的视角》，北京理工大学出版社2015年版。

发展的过程中应该处理好民族特色资源开发与民族文化保护之间的关系，实现经济发展、找准民族地区特色的文化资源进行挖掘，同时注重保护传统民族文化，尽可能实现旅游业发展带来的经济效益与社会效益的"双丰收"，最终推动西北民族地区旅游业的健康可持续发展，也进一步促进西北民族地区的旅游文化繁荣发展。

三 西北民族地区旅游影响的作用机制

（一）西北民族地区旅游影响的作用阶段

在旅游还未到来之前，西北民族地区旅游目的地对外界而言是一个具有较高程度的自封闭性质和低度有序循环的空间地域系统。系统内各要素具有很强的自循环性和自流通性，维持着稳定的物质、能量、信息"流"的交换。当然，旅游目的地系统也是一个动态的开放系统，形成一个稳定的耗散结构。系统不断与外界发生物质和能量交换，外界物质、能量、信息"流"的变化也都会引起系统的变化。但由于旅游目的地系统还是一个低度有序循环的耗散结构系统，与外界物质、能量、信息"流"的交换是极其有限的，外界的各种"流"很少介入到旅游目的地系统中。同时，旅游目的地超稳定结构的自平衡机制使外界导入的少量"流"产生不了足够的扰动和冲击，从而使旅游目的地系统在大规模开发和旅游者介入之前能基本保持它的超稳定自循环结构。

当旅游目的地得到发展后，随着大量旅游者的涌入和旅游产业的进驻，旅游目的地超稳定的自循环结构会产生一系列变化。首先，旅游者凭借综合势能对旅游目的地进行作用，从而产生各种经济的、社会的和环境的旅游效应，旅游目的地原有的物质和能量交换平衡被打破，使得旅游目的地由一个低度有序的自循环结构演化为高度开放的耗散结构。而旅游目的地系统与外界物质、能量和信息"流"的交换程度和方向都会对系统的熵值产生影响，从而决定系统的演化方向。当旅游目的地系统与外界发生物质和能量的交换，引入的负熵流大于系统内熵值的增加，旅游地表现为积极的旅游效应；相反，引入的负熵流小于系统内熵值的增加，旅游地则表现为消极的旅游效应。其次，旅游地表现出来的旅游效应反过来会对旅游者产生影响，影响旅游者对获得的产品进行评价，并对其他旅游者产生"宣传效应"，从而影响旅游目的地客源市场，改变旅游目的地旅游者的数量，进而又影响旅游效应的大小。此外，旅游目的地还通过各种途径对客源市场输入各种旅游信息，影响旅游者的出游决策和本地旅游者的数量。

（二）西北民族地区旅游效应的影响因素

旅游者的到来，使旅游目的地系统的内外部环境发生了显著的变化。在旅游目的地内部，影响旅游效应的几种主要因素——旅游目的地环境因素、旅游开发商因素、当地居民因素之间也是相互影响、相互作用的。旅游者的涌入，促进了目的地旅游产业的发展，并给旅游目的地带来了显著的经济影响。在旅游产业发展的同时，旅游目的地的居民就业结构发生了转变，经济地位发生了变化和分化。参与旅游业发展的居民在经济上获得了更多的利益，生活方式也发生了变化。同时，旅游目的地的社会环境也在不断发生着变化，这些变化既会表现为积极的效应，也会表现为消极的效应，取决于旅游者、旅游产业、旅游地居民之间相互间的结果。居民对旅游业发展做出自己的损益判断，本地不同利益群体由此也对发展旅游的态度产生分化和变异。从社会交换理论的角度来看，从旅游业中得到利益的居民大力赞同旅游业的发展；而那些没有从旅游业中获取利益的居民则反对旅游业的发展。这样居民就持有各自的态度，支持、中立或反对旅游业的发展，并采取各种措施来影响旅游业的发展和旅游效应的变化。在旅游目的地内部因素中，旅游开发商因素和旅游环境容量因素会对旅游效应的发展变化起到重要作用，并对当地居民和旅游者的感知态度产生影响。

由于受到内外部应力的综合作用，旅游目的地系统的物质与能量交换平衡状态会出现紊乱或变异。当外应力的作用方向与系统内应力的作用方向协调一致时，旅游目的地系统向良性方向发展，产生积极效应；当外应力的作用方向与系统内应力的作用方向相反并超出系统的容忍度时，系统结构的不协调问题就会呈现，旅游目的地系统向恶性方向发展，产生消极效应。旅游目的地系统是在内外应力相互作用下不断发生变化的，所带来的社会、经济文化和生态环境影响也不只是单纯的积极或消极效应，而是正负效应交织存在。

为了平衡旅游者因素、旅游目的地环境因素、旅游开发商因素以及当地居民因素相互作用产生的影响，使旅游目的地系统朝良性方向发展，作为公共利益代言人的政府职能部门应该积极采取相应的措施——引入"负熵流"来平衡各种不协调问题。以法律和政府为主的旅游业管理和协调因素，能够在这些方面起到至关重要的作用。政府应该积极发挥旅游业的管理者和协调者的作用，保障旅游主体、旅游客体、旅游媒体的各种权利，并赋予其义务，促进旅游业的良性发展，对旅游效应进行协调和优化。同时，政府部门也受到各方面的影响，促使其不断进行制度创新和机能改革，进一步提升对旅游业的发展进行协调、对旅游效应进行优化的能力。

(三) 西北民族地区旅游效应产生的特点

通过分析旅游影响作用机制，西北民族地区旅游效应的特点主要有：

1. 旅游效应的影响因素复杂多样，而对于西北民族地区来说，由于其综合势能较低，抗干扰能力较差，所受到的旅游影响冲击也较大。

2. 旅游效应往往是正负效应交织在一起的，西北民族地区在追求积极效应的同时，消极效应经常随之而生，一旦消极效应的作用效果超出了系统的自循环能力，旅游目的地系统将会自动出现退化。

3. 旅游目的地系统的旅游效应是可以人为调控的，通过政府和有关利益团体的管理和协调因素的作用，可以对旅游效应系统进行协调和优化，促进旅游目的地系统向良性方向发展。

(四) 构建西北民族旅游发展生态约束机制

1. 旅游发展生态约束机制的支持体系

建立健全法律保障，赋予旅游发展生态约束机制以法律效力，加强西北民族地区的环境保护法制建设。区域生态环境和文化环境属于公共资源，它所产出的是社会效益，并非市场属性决定，因此对生态环境的保护和建设不能单纯依靠教育手段或市场原则，其利益相关者通过法律、行政、经济调控等手段才能得到长足的发展。进行生态环境保护建设需要大量资金投入且见效极慢，但是环境适宜是旅游可持续发展的重要保障，构建约束机制必然需要大量的资金投入，然而西北民族地区社会经济发展水平较为滞后，仅依靠自身力量很难提供资金支持，所以政府应该为其提供支持。此外，建立旅游系统之外的监督体系十分必要，应对区域环境质量和旅游业环境影响进行科学、客观的检测，对旅游业发展规划的质量、执行效果、管理力度等进行有效监督。

2. 旅游发展生态约束机制的驱动体系

通过建立民族地区生态环境资源的有偿使用制度，使旅游发展和环境保护相互促进，旅游的子系统和区域生态系统形成良性循环。① 环境保护工作投入大回收期长，收益外溢的特点与旅游业相比缺乏经济驱动因素，再加之生态环境资源的无偿使用导致环境的破坏。因此，只有通过环境价值核算，建立生态环境资源的有偿使用制度，为环境保护加入经济驱动因素，使生态效益能够转化为直接的经济效益，达到旅游效益的公平分配，实现旅游发展和环境保护的相互促进。

3. 旅游发展生态约束机制的协调体系

生态、经济与社会的协调发展是可持续发展的前提条件，旅游发展的生态制约机制就是要运用教育、经济、法律、技术等手段将系统内的各部分有机结合起来，各要素之间在功能和结构上和谐统一、有序的发展。首先要加强西北民族地区的环境教育与宣传，培养当地居民、旅游者、旅游经营者和旅游决策者正确的环境伦理观和生态文化观，加强对文化生态知识的普及和多元文化价值的倡导；其次要对西北民族地区旅游资源开发价值进行综合评价，根据自然生态环境条件进行旅游地空间布局，在提高旅游可达性、可进入性的同时，保证旅游生态环境承载力，减少旅游负面影响。

4. 居民参与社区文化和生态保护机制

旅游目的地居民是旅游业发展的主要利益相关者，在旅游影响的调控和改善中具有至关重要的作用，尤其是环境保护。第一，民族地区居民的主要经济来源是旅游和农牧业，环境是他们赖以生存的条件，让当地居民主动参与到旅游的开发决策、经营管理中来，共享旅游发展带来的成果能够增强其环境保护意识；第二，鼓励当地居民参与环境治理和生产、生活方式向资源节约型转变，对居民进行环保意识的宣传教育，动员居民对旅游者、企业等进行环境监督和相互监督，整合资源，建立民族地区环境保护和生态建设的立体网络。

---

① 苗红：《西北民族地区旅游开发生态约束机制研究》，硕士学位论文，西北师范大学，2002年。

四 西北民族地区旅游影响调控机制

按照系统论的观点，旅游效应作为一个系统，它具有系统的整体性、关联性、动态性、有序性、预决性五个方面的特点。旅游效应系统处于动态演化过程中，正负效应之间具有相互转化的功能，但其自然趋势是：由较少的负效应逐渐转变为较多的负效应。如果要减少负效应的产生，必须要有外界负熵的引入。旅游影响调控就是作为一种负熵引入到旅游效应系统当中的，它是以可持续发展理论为指导，根据旅游影响作用机制，对旅游效应系统进行诊断和判别，并采取相应的措施手段进行协调和优化，引导旅游效应系统向良性的方向发展，实现旅游的可持续发展。

（一）建立西北民族地区旅游影响的监测预警机制

西北民族地区相关行政管理部门应该在确定旅游产生的经济、社会文化及生态环境影响的各项指标的前提下，通过将层次分析与模糊分析方法相结合，确定旅游地各种影响的指标标准，计算出西北民族旅游地区环境承载力，对超出指标状况进行评价，建立科学合理的环境承载力进入体系。并设置旅游影响监测预警系统，对民族旅游地旅游系统中各要素的发展动向进行实时监控，一旦数据显示指标异常，就会进行预警并能够及时反馈给管理部门，从而及时高效地解决问题。对于旅游企业，相关行政管理部门应建立相应的市场监管机制，通过互联网等手段大量收集旅游者对于旅游企业的评价，形成大数据，为旅游企业信用评价提供数据基础。此外，还应利用相关技术与方法对西北民族旅游地居民和民族旅游者的社会文化影响感知进行综合分析，然后对其感知的因果关系及旅游社会文化影响的趋势做出科学的、有预见性的判断，从而为科学的决策与评价提供参考。[①]

（二）建立西北民族地区旅游的培训机制

由于西北民族地区旅游资源的独特性和稀缺性，西北民族地区在发展旅游的过程中尤其要注重民族地区传统文化的传承和保护，保存文化

[①] 罗盛锋、刘永丽、黄燕玲、刘星：《西南民族地区旅游影响调控研究——基于游客感知视角》，《中国农业资源与区划》2015年第5期。

个性、保持民族性、保持传统民族文化的原真性，不能让传统的民族文化受到外来环境或事物的破坏和侵蚀。应该在旅游发展的过程中合理开发，注重传统民族文化，注重保护非物质文化遗产，保护民族地区当地居民的价值观和信仰。所以在西北民族地区发展旅游业的过程中，应该建立培训机制，让当地居民、旅游者及利益相关群体认识到保护民族文化的重要性。同时，还应该专门成立相关的组织机构，对民族旅游地旅游系统中各要素的发展动向进行整合，对于有关民族传统文化项目开发之前应该请权威的文化专家进行评估，确保其在西北民族地区的可进入性，再对其能否进入旅游目的地做出科学的评价。不断对民族文化在旅游发展过程中的运用进行验证，以保证西北民族地区旅游业发展过程中传统民族文化的纯粹性。

（三）建立西北民族地区旅游的评价机制

西北民族地区相关行政管理部门应对旅游影响的各项指标实施监控，如西北民族旅游地居民、旅游者及相关利益群体的社会影响的感知等指标，结合旅游地旅游影响的各项指标标准，科学有效地针对居民、民族旅游者等相关群体对各种影响的感知，做出科学的评价，进而建立较为完善的西北民族地区旅游评价机制，也为后续的反馈工作做好铺垫。通过建立完善的评价机制，可以了解旅游地居民、旅游者及相关利益群体等的旅游诉求，从而使民族地区有目的的进行旅游地改进与发展。

（四）建立西北民族地区旅游的反馈机制

地区相关行政管理部门根据前期的监测、评价结果，将民族旅游系统中各要素的评价纳入旅游地社会管理系统中，及时了解民族旅游者与当地居民在旅游业发展中的情感与利益诉求，同时也通过调查访问等方法进一步了解游客对旅游影响发展状况的感知，进而根据反馈的问题分析研究、采取行之有效的对策，使民族旅游者的正面感知最大化、负面感知最小化，使当地居民对本地民族旅游影响的认知能力与知识水平有所提升，以促进西北民族地区旅游业达到可持续发展。此外，反馈机制会对下一个环节的决策机制提供有益的指导。

（五）建立西北民族地区旅游的决策机制

西北民族地区旅游地相关行政管理部门在得到旅游产生的经济、社会文化及生态环境影响的反馈，结合各个利益相关者诉求之后，提出多种可行的解决方案，选择最满意的解决方案。采取相应的决策机制，经过反复的反馈与调控优化，及时跟踪和纠错，完成民族旅游地旅游社会文化影响调控的关键环节，进行评价，做出科学的决策。相关行政管理部门还应通过互联网进行宣传，提升民族旅游地居民的社区参与意识，促使其主动参与到本地民族文化的保护行动中，改善旅游地形象，扩大西北民族地区旅游产生的积极影响，尽量减少西北民族地区旅游产生的消极影响，增强主客双方的积极感知，促进西北民族地区旅游业的发展。

（六）建立西北民族地区旅游的协调机制

西北民族地区相关行政部门进行决策之后，就应对决策产生的包括政府、旅游企业、当地居民、旅游者等利益相关者进行协调，例如在旅游发展过程中产生的利益分配不均等、民族文化受侵袭、生态平衡被打破等问题，这些问题都需要相关行政部门建立协调机制，加强主客双方对西北民族旅游地的积极感知。由上一环节的决策机制对这一环节的协调机制进行直接的影响，完成整个调控机制的最终环节。扩大西北民族旅游产生的正面影响，通过调控机制抑制西北民族旅游产生的负面影响，从而实现良性循环，促进西北民族地区旅游业可持续发展。

五 基于利益相关者旅游发展调控方案

针对西北民族地区旅游业发展所存在的负面影响，本报告提出相关调适方案：为了在一定程度上减少西北民族地区经济方面存在的消极影响，建立和完善西北民族地区旅游扶贫机制就成了重要的方法和举措。通过旅游业的发展，促进该地区当地居民经济的发展和提升。西北民族地区需要保障民族地区少数民族居民的利益。同时，在利益分配的过程中，构建科学、公平、合理的旅游利益分配机制是西北民族地区旅游扶贫的重要环节。对民族地区来说，在旅游扶贫利益分配上一定要做好利益相关者的利益分配，促进西北民族地区旅游业合理有序发展，从而进一步加快西北民族地区的城镇化进程。在西北民族地区旅游业发展的同时，还应充分发挥市场管理的作用，政府引导市场合理有序发展，扩大旅游业发展的正面影响。人才是旅游业发展的重要因素之一，应充分发挥旅游人才在其中的作用。在选拔和培训方面，应有重点、有方向地对旅游人才进行选拔和培训，为西北民族地区旅游业的发展带来活力。在旅游产业的发展带动下，西北民族地区的经济随之发展起来，使得当地居民的生活水平得到进一步提升。

至于西北民族地区社会文化方面存在的消极影响，可以通过制定社区参与机制的方式，促进社区参与旅游发展的众多环节，支持其开展各种形式的旅游经营活动，扩大就业范围，为西北民族地区旅游克服消极影响发展积极影响做出贡献。同时应保护民族文化的纯真性和本原性，加强对于民族文化的保护意识。在民族地区旅游资源开发的同时注重对于少数民族文化的保护，努力实现经济效益、文化效益与社会效益的全面发展，推动西北民族地区旅游业的健康与可持续发展，进一步促进西北民族地区的旅游文化繁荣发展。

轻生态而重经济、效益分配不均导致西北民族地区旅游业发展过程中产生的负面影响加剧。薄弱的生态保护意识也成为西北民族地区旅游发展所面临的重大障碍。对环境方面产生的负面影响，政府及相关部门应建立完善的生态检测机制，加强旅游环境的影响评价和环境审计，清楚地了解和预测旅游发展给环境带来的各种影响及其程度，以及旅游发展的各种成本，从而对旅游发展的成本收益进行测算，并采取各种措施来预防发展中可能产生的消极效应；相关企业也应在环境保护方面发挥带头作用，节能减排，植树造林。同时遵循可持续发展原则，在发展的过程中我们应该注重将可持续发展的角度和观点融入旅游发展和研究当中，在旅游开发及其发展的过程中做好可持续发展的相关调控，让旅游发展达到可持续发展的结果，使发展成果惠及子孙后代。

第二节　西北民族地区旅游业发展的对策建议

旅游业的发展为西北民族地区带来了一系列积极的影响，如在带领西北民族地区部分贫困人民脱贫致富方面起到了重要的作用，同时，旅游业的发展在促进旅游目的地改善基础设施建设，改善环境方面也起到了不容小觑的作用。所以当地政府、相关旅游企业都越来越关注当地旅游业的发展，希望通过旅游业的发展提高当地的经济收入，同时实现经济、社会与环境效益的共同进步与发展。本研究对西北地区民族地区旅游产业进行宏观层面的综合评价及微观层面的系统分析，结合相应的理论与研究结论，针对该区域存在的问题提出相应的对策与建议。

一 加强西北民族地区区域内的基础设施建设

旅游基础设施建设是旅游业发展的基础保障和先决条件。西北民族地区地理条件较差，基础设施建设是重中之重，首先应加强交通基础设施的通达度，建立系统的从主要旅游城市到具体的旅游景点的连通，形成整体的旅游交通体系与公路配套网络，使游客更加便捷地参观体验旅游景点，提升游客的旅游体验。其次要加强旅行社，酒店等基础设施建设，提升区域的整体接待能力。此外，还应该实行西北民族地区的多元化旅游发展投资模式，鼓励民间资本投入当地旅游业发展中来。

二 结合当地民族文化，开发有特色的旅游产品

随着旅游活动的进一步发展，人们对旅游产品的要求随之提高，文化内涵底蕴深厚的旅游产品往往在旅游市场上更能得到消费者的青睐。西北民族地区应该充分利用民族文化差异优势，以文化为旅游产品设计的内核，同时加强文化创意在旅游产品设计中的作用，挖掘出具有各地民族特色风情的核心旅游产品，开发有代表性的民族文化旅游精品。藏传佛教文化、伊斯兰文化等都具有非常浓厚的神秘色彩，这正是吸引旅游者前来体验的独特之处。西北民族地区应该在发展旅游业的同时注重创新，使旅游产品更具有市场竞争力。此外，在开发中要正确地认识民族传统文化的内涵，瞄准本地区的资源特色，结合本地区及周边地区的旅游环境，合理、科学开发和利用，体现具有地区特色的民族传统文化，避免庸俗化。[①]

同时，对于损害民族文化的不法活动应该加以抵制，对不符合现实情况的宣传要进行合理的调控，对夸大或歪曲事实的民俗风情活动或产

---

① 黄芳:《民族地区旅游业可持续发展问题研究》，《内蒙古财经学院学报》2001 年第 2 期。

品要加以严格的监管和制裁，以保护传统民族文化的原真性。对不符合实际、失真的宣传要进行干预，对肆意亵渎和歪曲旅游地民俗风情资源的现象要加以控制和制裁，以保证具有独特魅力的民族文化能真正得以弘扬和保护。

三　结合民族特色，塑造旅游形象

西北民族地区旅游业发展的过程中，要提升旅游地的吸引力和竞争力，就必须树立鲜明的旅游形象。使旅游地的定位更加清晰，突出当地旅游特色。同时也可以使旅游者对旅游目的地旅游的定位和方向更加明晰。如甘肃甘南藏族自治州扎尕那景区的宣传语为：天堂迭部，邂逅精彩。同时还可以创造出一系列的旅游文化创意产品让旅游者可以真正参与到民族旅游之中。如开展草原骑马，篝火晚会等一系列民俗体验活动，突出当地的民族特色，以弥补传统意义上游客到景点只能观赏的旅游活动的形式，进一步促进民族地区旅游业的长足发展。在发展的过程中注重旅游形象的塑造，增强旅游目的地的吸引力。

四　处理好旅游资源开发与环境保护的关系

西北民族地区旅游资源丰富，独具民族特色，民族风情浓郁。近些年来，为了地区发展与旅游者的旅游需求，政府及相关旅游部门大力支持西北民族地区旅游业的发展，着力推进旅游资源的开发。但西北民族地区由于技术、资金等很多方面还不成熟，在开发的过程中产生了一系列的问题，给西北民族地区的生态环境、社会文化等方面带来了一定的负面影响。民族地区应该转变观念，保护资源。合理利用现有资源，在现有的旅游景点中推陈出新，生产出旅游精品。加强旅游纪念品等延伸产业的开发，打造品牌化、高质量的纪念品。

五　加强居民旅游感知态度监测

西北民族地区应加强对居民旅游感知的态度检测，态度是感知的"晴雨表"。当地居民作为该地区旅游发展的重要主体之一，发挥着重要的引导作用。随着西北民族地区旅游发展的日益成熟，游客的大量涌入，旅游业发展带来的各种层面的成本代价都会缓慢出现，而且其中的大部分成本代价会由目的地社区居民承担。如果不能有效管控好旅游带来的成本，势必会导致目的地居民与游客以及旅游企业的关系恶化，增加目的地社会矛盾，从而影响当地旅游发展。在旅游发展的同时，当地政府主管机构应更加关注当地居民对于旅游的态度感知变化，及时解决旅游发展中出现的问题与矛盾。可以通过聘请研究人员进行不定期的调研座谈以及时掌握居民旅游感知态度的变化。

六 加快培养当地旅游人才

旅游人才是西北民族地区旅游业发展的重要推动力之一，所以在该地区对于旅游人才的培养也是亟待解决和改善的问题。应有重点、有方向地根据民族地区旅游发展需要培养适合的旅游人才，提升旅游品质与服务质量，促进整个地区旅游业的可持续发展。西北民族地区文化水平与素质相对较低，所以要加强对于此类人员的培训，在培训的过程中要增加旅游管理等相关课程，使当地的旅游人才及时了解当地的风土人情与民族文化，又具备专业的旅游管理素养，促进旅游业的发展。此外，西北民族地区还可以通过一些国家政策合理引进人才，给民族地区旅游业提供更加专业化的指导，引导旅游业走向专业发展之路。通过旅游人才和旅游服务人员的整体素养和知识文化水平加强旅游服务质量，体现当地独具特色的民族文化魅力和民俗风情。

七 深层次挖掘民族特色文化

西北民族地区旅游相关部门应该通过调查研究对当地的民族文化进行深层次挖掘，对其要有一个系统全面的了解。这样才能有重点地对一些珍稀的民族文化进行保护。同时应该发挥民族文化的优势，根据各民族特有的民族文化进行旅游产品设计，保护传统的民族文化。同时要注重游客体验，把最真实的东西展现在旅游者眼前，让旅游者体会传统民族的独特韵味。但是旅游资源开发中也要注重保护，不能把所有的民族形态特征都毫无保留地表现出来，对于特定民族的一些珍贵的有禁忌的民族仪式，还应保留其传统的开展方法，按照当地的风俗习惯来。要对民族文化进行针对性的开发和保护。

八 面向区域可持续发展，合理开发旅游资源

可持续发展符合当今世界发展的潮流与趋势，是顺应时代发展的必然选择，更是西北民族地区旅游开发过程中需要遵循的准则。所以，西北民族地区旅游发展应遵循可持续发展原则，防止过度开发、全盘开发、滥用资源。盲目开发也会对当地环境产生一定的负面影响，从而影响西北民族地区旅游业的长久可持续发展。地方政府需要从一定深度上处理好民族文化、生态环境保护与旅游发展之间的关系，应协调好三者的关系，实现经济效益、社会效益和环境效益三者的统一。

参考文献

专著

韩全学等:《在六分之一国土上》,新疆青年出版社1998年版。

谢彦君:《基础旅游学》,中国旅游出版社2015年版。

叶弈乾、何存道、梁宁建:《普通心理学》,华东师范大学出版社2004年版。

吴生彦:《甘肃省旅游资源开发与布局研究》,载《历史文化论丛》(第1辑),兰州大学出版社2004年版。

武文:《文化学论纲》,兰州大学出版社2001年版。

吴晓东、陈一军等:《民族地区旅游扶贫长效机制研究——基于文化建设软实力的视角》,北京理工大学出版社2015年版。

张帆、王雷震、李春光:《旅游业对秦皇岛市社会经济的贡献研究》,社会科学文献出版社2003年版。

张文:《旅游影响——理论与实践》,社会科学文献出版社2007年版。

邹统钎等:《旅游学术思想流派》,南开大学出版社2008年版。

中国人类学民族学研究会民族旅游专业委员会:《关于进一步推进民族地区旅游业发展的若干建议》,第五届中国民族旅游论坛资料汇编,2014年。

学位论文

白锦秀:《青海土族文化资源与文化旅游开发研究》,硕士学位论文,山东大学,2006年。

陈淑琳:《民族旅游对目的地文化影响的研究——基于夏河县的实证分析》,硕士学位论文,西北民族大学,2011年。

窦建丽:《喀什民俗文化旅游发展研究》,硕士学位论文,新疆大学,

2006年。

高小岩:《甘肃省少数民族地区旅游业发展现状及对策研究》,硕士学位论文,兰州大学,2007年。

何玲:《旅游发展背景下的民族文化变迁与保护研究》,硕士学位论文,西南财经大学,2014年。

李惠惠:《基于多层次灰色评价方法的旅游对民族地区社会文化变迁的影响研究——以甘南藏族自治州为例》,硕士学位论文,西北师范大学,2015年。

林欣:《基于居民感知视角的旅游影响研究——以南岳衡山为例》,硕士学位论文,湖南师范大学,2010年。

苗红:《西北民族地区旅游开发生态约束机制研究》,硕士学位论文,西北师范大学,2002年。

祁欣:《新疆旅游可持续发展研究》,硕士学位论文,中央民族大学,2010年。

史雯:《基于居民感知视角的跨文化旅游影响研究——以甘南藏族自治州为例》,硕士学位论文,西北师范大学,2012年。

王琼:《喀纳斯景区社区居民旅游影响感知实证研究》,硕士学位论文,石河子大学,2015年。

吴士锋:《西北民族地区不同生活方式对环境影响的时空比较研究》,硕士学位论文,兰州大学,2011年。

席文娟:《居民感知的旅游影响和社区参与研究——以新疆那拉提风景区为例》,硕士学位论文,新疆大学,2012年。

肖佑兴:《旅游地目的地旅游效应及调试政策——以白水台为例》,硕士学位论文,云南师范大学,2002年。

徐彤:《甘南州居民对旅游影响感知与态度差异的历时性研究——以甘南藏族自治州为例》,硕士学位论文,西北师范大学,2016年。

杨二俊:《藏区旅游地居民对旅游影响的感知研究——以夏河拉卜楞镇为例》,硕士学位论文,西北师范大学,2008年。

张雷:《青海省旅游业发展研究》,硕士学位论文,中央民族大学,2011年。

张丽:《延边地区民俗村居民对旅游影响的感知与态度研究》,硕士学位论文，延边大学，2012年。

朱晓霞：《民族社区居民对旅游影响的感知研究——以西藏林芝县八一镇为例》，硕士学位论文，四川师范大学，2014年。

期刊

把多勋、杜敏：《西北民族地区旅游产业对充分就业水平影响研究——以甘南自治州为例》，《内蒙古财经学院学报》2009年第10期。

把多勋，夏冰：《多元目标体系导向的西北民族地区旅游产业发展模式》，《兰州大学学报》（社会科学版）2010年第6期。

陈丽琴：《民族旅游对黎族女性社会地位变迁的影响和思考》，《社会科学家》2016年第4期。

成媛：《旅游人类学视野中的宁夏旅游》，《西北第二民族学院学报》（哲学社会科学版）2006年第4期。

丁敏、李宏：《旅游社区增权理论研究综述》，《首都师范大学学报》（自然科学版）2016年第31期。

冯晓华、孟晓敏：《喀纳斯景区少数民族居民旅游影响感知及旅游参与初探》，《城市发展研究》2013年第1期。

方岚：《基于社会交换理论的旅游规划价值观探讨》，《经营管理者》2010年第10期。

冯晓宪、晏妮、彭秀英：《贵州少数民族非物质文化遗产保护与旅游开发的辩证关系研究》，《贵州民族研究》2009年第6期。

贺祥、贺银花、蔡运龙：《旅游活动对民族文化村寨影响效应的研究——以贵州省西江苗寨为例》，《凯里学院学报》2013年第31期。

黄芳：《民族地区旅游业可持续发展问题研究》，《内蒙古财经学院学报》2001年第2期。

黄玉理、龙良富、王玉琼：《我国世界遗产地居民对旅游影响感知与态度的比较研究——以平遥、丽江古城为例》，《人文地理》2008年第2期。

胡志毅、张兆干：《社区参与和旅游业可持续发展》，《人文地理》2002年第17期。

贾生华、陈宏辉：《利益相关者的界定方法述评》，《外国经济与管理》

2002 年第 5 期。
蒋宗豪:《黄山风景区旅游容量及相关环境问题研究》,《农村生态经济》1996 年第 2 期。
马剑锋:《黑龙江省少数民族旅游经济发展初探》,《黑龙江民族丛刊》2010 年第 3 期。
努尔娇娃·切克太、陈学刚:《典型图瓦社区居民对旅游影响的态度研究——以喀纳斯村为例》,《学理论》2013 年第 8 期。
金毅:《论全球化背景下的民族文化旅游》,《民族》2004 年第 3 期。
李春阳:《发展宁夏民族特色旅游的思考》,《回族研究》2005 年第 4 期。
李陇堂、薛晨浩、任婕、张冠乐、王艳茹:《基于模糊理论的宁夏沙漠旅游环境影响综合评价》,《旅游研究》2015 年第 2 期。
李洁、徐秀美:《基于旅游影响感知的佤族歌舞变化定量比较研究——以云南民族村佤族寨和沧源翁丁原生态村落为例》,《旅游研究》2014 年第 3 期。
李静:《甘肃民族旅游资源开发与研究——以裕固族为例》,《西昌学院学报》(社会科学版) 2009 年第 1 期。
李志飞:《少数民族山区居民对旅游影响的感知和态度——以柴埠溪国家森林公园为例》,《旅游学刊》2006 年第 2 期。
刘丽梅:《西部民族地区旅游业发展历程与启示》,《内蒙古财经大学学报》2014 年第 6 期。
刘晓冰、保继刚:《旅游开发的环境影响研究进展》,《地理研究》1996 年第 15 期。
刘晓春:《民族旅游与民族地区旅游业发展问题探讨》,《黑龙江民族丛刊》2016 年第 4 期。
刘赵平:《社会交换理论在旅游社会文化影响研究中的应用》,《旅游科学》1998 年第 4 期。
陆林:《城市旅游地居民感知差异及其影响因素系统分析——以中山市为例》,《城市问题》2005 年第 2 期。
罗盛锋、刘永丽等:《西南民族地区旅游影响调控研究——基于游客感知视角》,《中国农业资源与区划》2015 年第 5 期。
卢小丽、肖贵蓉:《居民旅游影响感知测量量表开发的实证研究》,《旅游学刊》2008年第6期。

饶勇、何莽:《人力资本投资优先:西部民族地区旅游业转型发展的路径选择》,《广西民族大学学报》(哲学社会科学版)2012年第1期。

苏静、孙九霞:《旅游影响民族社区社会关系变迁的微观研究——以岜沙苗寨为例》,《旅游学刊》2017年第32期。

孙九霞、张倩:《旅游对傣族物质文化变迁及其资本化的影响——以傣楼景观为例》,《广西民族大学学报》(哲学社会科学版)2011年第153期。

陶伟、刘峰、刘家明:《宁夏回族民俗文化旅游资源的开发研究》,《地理科学进展》1999年第3期。

王录仓、李巍:《旅游影响下的城镇空间转向——以甘南州郎木寺为例》,《旅游学刊》2013年第28期。

王梅、角媛梅等:《红河哈尼梯田遗产区居民旅游影响感知和态度的村寨差异》,《旅游科学》2016年第3期。

王鹏辉:《新疆民族旅游的社会文化影响研究》,《北京第二外国语学院学报》2006年第7期。

魏小安:《关于旅游业成为经济增长点的若干问题》,《旅游调研》1999年第3期。

文萍、李红、马宽斌:《不同时期我国青少年价值观变化特点的历时性研究》,《青年研究》2005年第12期。

熊元斌、朱静:《论旅游业发展中的有限型政府主导模式》,《商业经济与管理》2006年第11期。

薛尘琪、刘长运、范红艳:《目的地居民旅游感知态度研究——以丹江口水库南部东岸及南岸为例》,《地域研究与开发》2011年第30期。

许丽君、汪建敏:《全域旅游视角下宁夏旅游带动战略研究》,《宁夏社会学》2017年第6期。

闫国疆:《问题与反思:近30年中国身份认同研究析评》,《西南民族大学学报》(人文社会科学版)2013年第4期。

闫瑜:《从甘肃文化资源特色谈甘肃旅游发展》,《甘肃科技》2007年第3期。

张波:《旅游对接待地社会文化的消极影响》,《云南师范大学学报》

2004 年第 36 期。

张福春、吴建国:《民族地区旅游产业关联研究——基于新疆 2007 年投入产出表的测算》,《商业时代》2012 年第 31 期。

张广瑞:《关于旅游业的 21 世纪议程——实现与环境相适应的可持续发展》,《旅游学刊》1998 年第 5 期。

张俊英、马耀峰等:《基于旅游影响感知与态度的乡村旅游地居民类型划分——以青海互助土族自治县小庄村为例》,《干旱区资源与环境》2013 年第 4 期。

张文、唐飞:《评述 Ap 和 Crompton 的旅游影响评估尺度》,《北京第二外国语学院学报》2004 年第 24 期。

张晓娜:《民族地区旅游业现状及发展对策研究》,《现代营销》(下旬刊)2014 年第 6 期。

赵秋红:《腾冲旅游开发对农村发展的影响研究》,《云南地理环境研究》2005 年第 17 期。

赵玉宗等:《旅游地居民旅游感知和态度研究综述》,《旅游学刊》2005 年第 4 期。

赵赞:《基于 PSR 模型框架下旅游发展对民族传统文化影响机制分析》,《中国农学通报》2010 年第 13 期。

左冰:《社区参与:内涵、本质与研究路向》,《旅游论坛》2012 年第 5 期。

网络文献:

《改革开放 30 年新疆社会经济发展成就概览之十》, http://www.xjtj.gov.cn/sjcx/xjssn_3776/201407/t20140722_429612.html, 2017。

外文文献

Boissevain. J., "The Impact of Tourism on an Dependent Island: Gozo, Malta", *Annals of Tourism Research*, Vol. 6, No. 1, January 1979, p. 76.

Archer, "Tourism Multipliers: The State of the Bangor", *Occasional Papers Economics*, Vol. 5, No. 11, May 1980, p. 85.

Keogh B., "Social Impacts of Outdoor Recreation in Canada", *Toronto:*

John Wiley Press, 1985, p. 23.

Perver Korca, "Resident Attitudes toward Tourism Impacts", *Annals of Tourism Research*, Vol. 23, No. 3, July 1996, p. 696.

Akis S., N. Peristianis, J. Warner, "Residents Attitudes to Tourism Development: The Case of Cyprus", *Tourism Management*, Vol. 17, No. 7, December 1996, p. 485.

Oppermann M., "Rural Tourism in Southern Germany", *Annals of Tourism Research*, Vol. 23, No. 3, October 1996, p. 90.

Ross E. Mitchell, Donald G. Reid, "Community Integration: Island Tourism in Peru", *Annals of Tourism Research*, Vol. 28, No. 1, January 2001, p. 120.

Mark R. Hampton, "Heritage: Local Communities and Economy Development", *Annals of Tourism Research*, Vol. 32, No. 4, May 2005, p. 212.

Mathieson. A., G. Wall, "Tourism: Economic, Physical and Social Impacts", *Harlow: Longman*, 1982, p. 112.

David Jamison, "Tourism and Ethnicity: the Brotherhood of Coconuts", *Annals of Tourism Research*, Vol. 26, No. 4, October 1999, p. 944.

Pierre L. van den Berghe, "Marketing Mayas: Ethnic Tourism Promotion in Mexico", *Annals of Tourism Research*, Vol. 22, No. 3, July 1995, p. 568.

Robes Yiping Li, "Ethnic Tourism A Canadian Experience", *Annals of Tourism Research*, Vol. 27, No. 1, January 2000, p. 115.

Besculides A., M. Lee, P. McCormick, "Residents Perceptions of the Cultural Benefits of Tourism", *Annals of Tourism Research*, Vol. 29, No. 2, April 2002, p. 303.

C. A. Santos, G. Yan, "Representational Politics in Chinatown: the Ethnic Other", *Annals of Tourism Research*, Vol. 35, No. 4, October 2008, p. 879.

Jennifer Devine,:《拉丁美洲的旅游与社会文化变迁》,张进福译,《旅游学刊》2013年第28期。

Hawkins J., "Inverse Images: The Meaning of Culture, Etlmicity and Family in Postcolonial Guatemala", *Albuquerque: University of New Mexico*

Press, 1983, p. 133.

Liu J. C., P. J. Sheldon, T. Var, "Residents Perceptions of the Environmental Impacts of Tourism", *Annals of Tourism Research*, Vol. 14, No. 1, April 1987, p. 17.

Rafael Marks, "Conservation and Community: the Contradictions and Ambiguities of Tourism In the Stone Town of Zanzibar", *Habitat Intl*, Vol. 20, No 2, June 1996, p. 265 - 278.

Ross S., Wall G., "Evaluation Ecotourism: The Case of North Sulawesi, Indonesia", *Tourism Management*, Vol. 20, No. 6, Vol. 20, No. 6, December 1999, p. 673.

Linda E. Kruger, "Community and Landscape Change in Southeast Alaska", *Landscape and Urban Planning*, Vol. 72, No. 1, April 2005, p. 235.

Butler. R. W., "The Conception of a Tourist Area Cycle of Evolution: Implications for the Management of Resources", *Canadian Geographer*, Vol. 24, No. 3, December 1980, p. 78.

Doy. G., "A Causation Theory of Visitor-resident Irritants, Methology and Research", *Proceedings of the Travel and Tourism Research Association Conference*, San Diego, 1975.

Smith. M. D., Krannich. R. S., "Tourism Dependence and Resident Attitude", *Annals of Tourism Research*, Vol. 4, No. 4, October 1998, p. 783.

Ap J., "Residents Perceptions on Tourism Impacts", *Annals of Tourism Research*, Vol. 19, No. 4, 1992, p. 665.

Freeman. R. E., "Strategic Management: A Stakeholder Approach", *Boston: Pitman*, 1982.

Pearce L. P., Mocardo G., "Tourism Community Analysis, Asking the Right Questions", *London: Boutledge*, 1999.

Lichty R. W., Steinnes D. N., "Measuring the Impact of Tourism on a Small Community", *Growth and Change*, Vol. 13, No. 2, 1982, p. 36.

Deying Zhou, John F. Yanagida, Ujjayant et al., "Estimating Economic Impacts from Tourism", *Annals of Tourism Research*, Vol. 24, No. 1,

1997, p. 76.

David, Allen J. and Cosenza R. M. , "Segmenting Local Residents by their Attitude Interests and Opinions Toward Tourism", *Journal of Travel Research*, Vol. 24, No. 2, 1988, p. 8.

McCool S. F. , Marin S. R. , "Community Attachment and Attitudes Toward Tourism Development", *Journal of Travel Research*, Vol. 32, No. 3, p. 29.

Williams D. R. , Mcdonald C. D. , Riden C. M. , et al. , "Community attachment, regional identity and resident attitudes development", *Proceeding of the Travel and Tourism Research Association Conference*, San Diego, 1995.

附录 1

旅游发展对民族社区"旅二代"生活方式的影响访谈提纲

1. 您的基本情况?
(性别、年龄、民族、职业、文化程度、居住时间、旅游经营等)
2. 您觉得当地旅游发展对您物质生活方式有影响吗?
(衣、食、住、行、生计、消费等)
3. 您觉得当地旅游发展对您社会生活方式有影响吗?
(语言、社交、社会地位、婚恋、子女教育、家庭地位等)
4. 您觉得当地旅游发展对您精神生活方式有影响吗?
(学习、娱乐、节事、宗教、传统技艺、文化、价值观等)
5. 你觉得当地旅游发展对您其他生活方式有影响吗?
(产业发展、外来投资商关系、游客关系、邻里关系、环境变化等)

附录 2

旅游影响下民族社区居民生计结果访谈提纲

一 旅游对居民收入增加方面

(收入来源主要是什么?《以前和现在》旅游对您家收入影响大吗? 旅游收入在您家的收入中占比例多少? 旅游带来就业机会多吗? 居民的贫富差距大吗?)

二 旅游对居民福利提升方面

(参与旅游经营后对您的生活有什么变化? 旅游发展对你家居住条件改善有没有促进作用? 旅游发展在哪些方面对您的生活影响比较大?)

三 旅游对社区脆弱性降低方面

(旅游发展后当地的物价波动情况? 季节对旅游产品服务等的影响? 旅游产品价格波动情况?)

四 旅游对食物安全性提高方面

(旅游发展后您家里农牧情况是否有所变化? 食品安全系数如何?)

五 旅游对自然资源的利用更加可持续情况方面

(旅游发展后当地的水土资源、环境资源情况? 您的生态环境意识?)

六 其他问题

1. 相比开办民宿或者从事与旅游有关的工作,还有更好的谋生方式吗？

2. 您认为如果从事旅游有关的工作，最重要的资本是哪些？（如资金、人力、政策、自然风景资源、知识、宣传营销等）

3. 您认为哪些因素制约着您及其他居民从事旅游工作？

4. 您认为旅游能帮助当地居民脱贫致富吗？民宿等旅游业应怎样发展或者结合其他谋生方式，以不断提高和改善居民的生活质量或生计？

5. 您认为发展旅游以来社区或者当地主要的变化有哪些？

6. 请您谈一下您对本地旅游发展前景的预测。

附录 3

旅游影响下民族社区居民生计调查问卷

尊敬的女士/先生：您好！我们是西北师范大学的研究生，为获得本地民族社区居民生计的有关资料及数据，进行本次调研，其结果将仅用于学术研究。请您根据您的了解，认真回答问卷题目，感谢您的理解与支持！

问卷编号：　　　　　　　　　调查时间：

第一部分：基本信息

1 您的性别是（　　）；

A. 男　　　　　　　　　　B. 女

2. 您的年龄是（　　）；

A. 18 以下　　　　　　　　B. 18—30 岁

C. 31—50 岁　　　　　　　D. 51—60 岁以上

E. 60 岁以上

3. 您的受教育程度是（　　）；

A. 小学及以下　　　　　　B. 初中

C. 高中　　　　　　　　　D. 大专/本科及以上

4. 您家庭人均年收入为（　　）；

A. 4500 元及以下　　　　　B. 4501—20000 元

C. 20001—46000 元　　　　D. 46000 元以上

5. 您家庭的成年劳动力数量（　　），其中男性_____人，女性_____人；

A. 1 人及以下　　　　　　　B. 2 人

C. 3 人　　　　　　　　　　D. 4 人

E. 5 人及以上

6. 您家人是否参与旅游经营或相关工作（　　）；

A 是　　　　　　　　　　　B 否

7. 您的职业是＿＿＿＿＿＿＿＿；

8. 您认为自己家庭或其他村民贫困的主要原因是（　　）；

A. 自然环境恶劣　　　　　B. 自然灾害

C. 疾病　　　　　　　　　D. 缺乏教育和技术

E. 失地　　　　　　　　　F. 缺少劳动力

G. 其他（请说明）

9. 如果您居住在景区周边，您是否一定会选择从事农家乐等与旅游有关的工作（　　）；

A. 是　　　　　　　　　　B. 否

C. 不一定，原因：＿＿＿＿＿＿＿＿

10. 旅游收入在您家庭总收入中的比例是多少（　　）；（估算）

A. 全部收入　　　　　　　B. 八成以上

C. 六—八成　　　　　　　D. 四—六成

E. 两—四成　　　　　　　F 两成以下

11. 在旅游淡季，您一般都从事什么工作或活动（　　）；

A. 外出打工　　　　　　　B. 从事农活

C. 交通运输　　　　　　　D. 在家休息

E. 其他＿＿＿＿＿

12. 您家土地（是，否）被征用，具体用途是（　　）。

A. 公共交通用地　　　　　B. 建筑用地

C. 旅游景区用地　　　　　D. 其他

第二部分：社区旅游情况

1. 您所在社区与旅游的关系是（　　）；

A. 大多数居民参与旅游发展

B. 较为典型的社区和旅游协同发展

C. 零散户参与旅游业发展

D. 很少或基本上没有农户参与旅游业

2. 您所在社区旅游发展的模式是（　　）；

　A. 政府主导型　　　　　　　B. 外来企业主导型

　C. 居民合作组织领导型　　　D. 居民自发经营型

3. 当社区需要较大的旅游设施投资时，主要的资金来源是（　　）；

　A. 政府资金　　　　　　　　B. 居委会主导自筹

　C. 当地龙头旅游企业出资　　D. 其他_____

4. 您所在社区经济收入主要来源于（　　）；

　A. 农业　　　　　　　　　　B. 农产品加工业

　C. 商贸　　　　　　　　　　D. 观光旅游

　E. 民宿经营　　　　　　　　F. 其他

5. 您认为哪种居住方式更利于从事乡村旅游有关工作（　　）。

　A. 分散居住方式　　　　　　B. 社区集中居住方式

　C. 其他（请说明）

第三部分：社区居民生计结果感知

以下问题中，1—5 不同的数字代表您同意与否的程度，请您在能够代表您意见的数字上画"√"：

5：高度赞同　4：赞同　3：中立　2：不赞同　1：极不赞同

类别	相关问题	1	2	3	4	5
收入增加	1. 旅游使居民获得受雇用机会					
	2. 旅游使居民获得创业机会					
	3. 旅游收入在家庭总收入中比例上升					
	4. 旅游收入在社区居民（利益相关者）之间分配合理					
福利提升	5. 旅游使居民居住条件改善					
	6. 旅游使基础设施（服务）质量改善					
	7. 旅游使环境更加美观					
	8. 旅游发展使居民素质和能力得到提升					
	9. 发展旅游促进村屯规划建设管理					

续表

类别	相关问题	1	2	3	4	5
脆弱性降低	10. 旅游从业的工作机会受季节性影响力变小					
	11. 旅游产品（服务）的生产（提供）能力受季节性影响变小					
	12. 旅游产品（服务）价格波动变小					
	13. 旅游使得当地物价水平波动变小					
食物安全性提高	14. 旅游使特色旅游产品种植、养殖、制作得到重视					
	15. 旅游使食物类产品安全系数增加					
	16. 旅游有助于家庭膳食水平的提升					
	17. 旅游有助于食物短缺问题解决					
自然资源的利用更加可持续	18. 旅游更加注重水资源的保护					
	19. 旅游有助于保护和环保工程的实施					
	20. 旅游使农户生态价值观增强					